Les pingouins n'ont jamais froid

Du même auteur,
chez le même éditeur

Le Pingouin, 2000
(et «Piccolo» n°118)

Le Caméléon, 2001
(et «Piccolo» n°89)

L'Ami du défunt, 2002
(et «Piccolo» n°85)

Le Dernier Amour du président, 2005
(et «Piccolo» n°112)

Truite à la slave, 2005
(«Piccolo» inédit n°96)

Laitier de nuit, 2010
(et «Piccolo» n°133)

Surprises de Noël, 2010
(«Piccolo» inédit n°75)

Le Jardinier d'Otchakov, 2012
(et «Piccolo» n°99)

Journal de Maïdan, 2014

Le Concert posthume de Jimi Hendrix, 2015
(et «Piccolo» n°125)

Vilnius, Paris, Londres, 2018

Andreï Kourkov

Les pingouins n'ont jamais froid

Traduit du russe par Nathalie Amargier

Ouvrage traduit avec le concours
du Centre national du livre

LIANA LEVI *piccolo*

Toutes les notes de bas de page, sauf mention contraire, sont de la traductrice.

Titre original : *Zakon oulitki*

ISBN : 978-2-86746-768-4

www.lianalevi.fr

1

La traversée du détroit de Drake avait duré quatre jours, et il en fallut presque autant à Victor pour se remettre. Il avait embarqué sur *L'Horizon* dans le port d'Ushuaïa, en Argentine, avec des chercheurs spécialistes du pôle. Dès l'arrivée, ses compagnons de voyage s'étaient mis au travail, en pleine forme et pressés de réaliser mesures et analyses avant l'imminente période de nuit polaire. Victor, lui, était resté allongé dans sa chambre au premier étage du bâtiment principal, où vivait le personnel de la base.

Il ne descendait que pour manger et jeter un coup d'œil à l'extérieur. Il entretenait de bons rapports avec tout le monde et s'était même lié d'amitié avec un biophysicien qui étudiait la résistance humaine en milieu extrême. Victor avait l'impression que pour se faire une juste idée de la chose, il aurait suffi d'effectuer quelques traversées, par gros temps, du détroit de Drake, dont la largeur, malgré ce nom de détroit, était sans doute supérieure à celle de la mer Noire. Pour sa part, le scientifique avouait certes avoir passé les quatre jours sur sa couchette, la tête bourdonnante et l'estomac révulsé, mais il ne voyait pas là un sujet de recherche.

Petit à petit, Victor se mit à explorer la station, et même à sortir. On lui avait remis une combinaison rouge vif à bandes jaunes réfléchissantes, et enseigné une règle d'or: inscrire son nom et l'heure précise de chaque sortie sur le tableau accroché à gauche de la porte, fût-ce pour prendre l'air dix minutes. Au bout d'une heure, tout le monde partait automatiquement à la recherche de l'absent.

L'histoire de la base Vernadski, ancienne base Faraday, était plutôt tragique, et Victor commençait à comprendre pourquoi les Anglais l'avaient offerte à l'Ukraine. Ils n'avaient jamais eu de chance en ce lieu, y perdant au cours des années seize personnes et deux avions de fret. Vu du rivage, cet ensemble composé de quelques petits bâtiments et d'un plus grand, avec un étage et un grenier qui servait d'entrepôt, évoquait une colonie pénitentiaire, un lieu de relégation insulaire.

Le seul endroit où l'on pouvait se détendre un moment était le bar, au rez-de-chaussée du bâtiment d'habitation. Mais même là, tout était glacial. On n'y vendait pas à boire et il n'y avait jamais eu de serveur. On pouvait simplement s'y rendre avec une bouteille d'alcool et s'installer au comptoir. Boire et humer une cascade de soutiens-gorge de toutes tailles accrochés à un poteau, entre le comptoir et le plafond, tous porteurs d'une dédicace de leur ancienne propriétaire. C'était là une curieuse tradition de la base : les femmes qui y séjournaient laissaient en partant cet élément de leur lingerie au bar, comme pour susciter des rêves érotiques chez les chercheurs du pôle.

Victor s'était effectivement senti émoustillé. Ses mains s'étaient tendues d'elles-mêmes vers ces dentelles rigides, enveloppes de formes si nécessaires et agréables aux hommes. Bien que désormais vides, elles éveillèrent chez lui, lorsqu'il les effleura du bout des doigts, une sensation printanière. Il lui sembla respirer un parfum de cerisier en fleurs.

Son imagination l'aurait peut-être entraîné plus loin, mais deux chercheurs vinrent s'accouder au comptoir. Ils apportaient plusieurs bouteilles de bière argentine et lui en proposèrent une, qu'il refusa.

– Tu as tort, constata l'un d'eux. C'est les dernières, après y en a plus!

Le biophysicien spécialisé dans les milieux extrêmes s'appelait Stanislav, ou plus simplement Stas. Environ deux heures plus tard, il vint trouver Victor et lui proposa de faire un tour. Ils descendirent vers le rivage, en direction de la rampe en bois qui servait à mettre à l'eau et à remonter les Zodiac orange. C'est là que Victor vit ses premiers manchots sauvages. Ils étaient petits, des jouets comparés à Micha[1].

– Ce sont des manchots Adélie, lui expliqua Stas. Nous sommes sur une île, ce n'est pas vraiment l'Antarctique.

Ils gagnèrent ensuite le local technique où vrombissait le groupe électrogène, avant d'atteindre un laboratoire, fermé, où l'on procédait à des mesures magnétiques.

– Il y a un gars de Moscou dans la base, il porte le même prénom que moi, lui révéla soudain Stas, en regardant alentour pour vérifier qu'ils étaient bien seuls. Il est malade, il n'a pas quitté l'infirmerie. Je lui ai parlé de toi et il tient à faire ta connaissance. Ça te dit?

– Pourquoi pas? répondit Victor avec une certaine indifférence.

Ils regagnèrent le bâtiment principal. Victor remonta dans sa chambre, et Stas lui promit de passer le prendre une petite heure plus tard.

Le Moscovite souffrant était un solide gaillard d'une quarantaine d'années. Le lit qu'il occupait était trop petit pour

---

1. Dans *Le Pingouin* (Liana Levi, 2000), Victor vit avec un pingouin (un manchot, en réalité), prénommé Micha. Son gagne-pain consiste à rédiger des nécrologies («petites croix») de personnalités vivantes. Il se retrouve aussi embrigadé dans une série d'«enterrements avec pingouin», du dernier chic pour certains. Un jour déboule un certain Micha, avec sa toute petite fille, Sonia, qui lui demande d'écrire la «petite croix» d'un ami, Sergueï... Quand Micha, «pas le pingouin, l'autre», disparaît, Victor devient père de famille, engage une baby-sitter, Nina, et se trouve pris dans un imbroglio de plus en plus infernal qui le mène en Antarctique. *(N. d. E.)*

lui. Il était allongé sur le dos, les jambes légèrement repliées. Son visage rond était livide, et le mot «malade» prit aussitôt pour Victor un sens plus concret.

Stas sortit, les laissant seuls.

– Qu'est-ce que tu fais ici? s'enquit le Moscovite d'un ton calme et triste, regardant Victor de ses yeux rouges, enfiévrés.

– Rien de spécial, je suis venu visiter la région...

– Écoute, on va pas se raconter de bobards, soupira le malade. Je m'appelle Stanislav Bronikovski, je suis banquier. Je suis venu ici pour me planquer. À Moscou, on voulait ma peau. Tu vois, je te déballe toute la vérité. Alors, toi, tu es là pour quoi?

– Moi aussi je me planque, avoua Victor, désarmé par la sincérité du banquier.

– Voilà qui est mieux, articula Bronikovski.

– Pourquoi, mieux?

– Pour rien. C'est juste bien que nous soyons collègues, en quelque sorte. Parce que tu aurais pu être aussi celui qui a été envoyé pour me liquider.

Victor considéra le banquier avec commisération et perplexité.

– Mais je sais que ce n'est pas toi... En tout cas, on m'a déjà eu, même ici...

Un silence de plusieurs minutes s'installa, et Victor allait partir, mais le banquier le sentit et lui adressa à nouveau la parole:

– Reviens me voir quand tu pourras. J'ai un jeu d'échecs... Je peux t'aider, tu sais! ajouta-t-il d'un ton mystérieux.

Victor quitta l'infirmerie, promettant de revenir sous peu.

À partir de ce jour, il se montra assidu au chevet de Bronikovski. D'une part, il avait beaucoup de temps libre, et d'autre part, il faisait froid dehors, même si la météo était bien plus clémente que ce qu'il avait redouté. Il ne faisait que moins quinze. Le bâtiment d'habitation était bien chauffé, l'infirmerie encore mieux. Ils jouaient aux échecs, discutant de choses et d'autres. Parfois, Victor notait que le banquier cherchait à le tester, mais cela n'avait rien de surprenant. Bronikovski était paranoïaque. Et pas qu'un peu. Victor, lui, n'aurait jamais imaginé que l'on puisse lancer un tueur à ses trousses jusqu'en Antarctique. Après tout, qui était-il pour mériter que l'on envoie un homme à l'autre bout du monde l'abattre ? Un banquier, c'est autre chose. Dans le langage des échecs, c'est un roi. Finalement, les craintes de Bronikovski n'étaient peut-être pas si absurdes. En outre, son étrange maladie progressait de jour en jour, et le médecin le bourrait d'antibiotiques, sans pouvoir établir de véritable diagnostic. Il avait failli l'envoyer aux Américains, à la base Palmer, à trois cents kilomètres, mais avait renoncé.

Bronikovski se plaignait de maux de ventre et ne mangeait presque rien. Seule sa solide constitution lui permettait de tenir sur ses réserves. Un jour, Victor remarqua que sa pâleur devenait bleutée. C'est alors que le banquier lui murmura :

– Je sais qui m'a empoisonné.

Il n'en dit pas plus. Surmontant sa douleur, il joua une partie avec Victor, en silence. Ensuite, il tira de sous le lit une bouteille à moitié pleine d'un alcool argentin. C'était une boisson que Victor avait déjà goûtée et qu'il appréciait moyennement.

– Écoute, souffla Bronikovski en remplissant deux tasses, j'ai une proposition à te faire.

Victor le regarda avec attention.

– J'ai un moyen de partir d'ici, des papiers avec un faux nom, ils arriveront demain par bateau. Il y aura un Polonais, Wojciech. Il doit me ramener, mais quand il me verra dans cet état...

Bronikovski laissa échapper un lourd soupir.

– De toute façon, moi, je ne m'en sortirai pas. Si tu veux, tu peux partir à ma place. Mais seulement si tu me promets de faire ce que je vais te demander…

Victor acquiesça d'un signe de tête. Bronikovski lui expliqua qu'il allait lui remettre une lettre destinée à sa femme, et une carte de crédit qui lui permettrait de retirer de l'argent durant son voyage, mais qu'il devrait ensuite restituer à sa femme.

– Mais sur ces papiers, s'inquiéta Victor, il y aura ta photo ?

– Wojciech va la remplacer par la tienne en deux minutes. C'est un pro.

Victor réfléchit quelques instants et accepta. Aussitôt, le visage hâve de Bronikovski s'éclaira d'un pauvre sourire.

2

Moins d'un mois plus tard, Victor descendait le marchepied d'un train en gare de Kiev. Dans la poche droite de son pantalon, il avait un passeport polonais, et dans la gauche, un ukrainien, bleu. À l'épaule, il portait un sac de sport qui ne pesait rien, puisqu'il contenait en tout et pour tout un sachet plein de jetons de casino, un carnet et un paquet de biscuits polonais.

Le ciel était chargé de nuages, mais cela n'annonçait ni orages, ni averses. Victor sortit de la gare et s'arrêta sur l'esplanade. Si son « pilote automatique » avait fonctionné, il l'aurait mené tout droit à l'arrêt de bus pour rentrer chez lui. Mais les derniers événements l'avaient « débranché », et ses premiers pas devant la gare lui semblèrent ceux d'un cosmonaute malhabile sur la Lune. Son manque d'assurance, l'élasticité suspecte du goudron sous ses pieds, tout semblait concourir à le faire trébucher. Il se demandait comment faisaient les autres pour avancer si tranquillement, se hâter sans hésitation. Leurs pilotes automatiques marchaient bien, c'était la différence.

Il lui fallait pourtant aller quelque part. Il avait en poche une poignée de hrivnas qui avaient fait un tour dans l'hémisphère austral. Si le pouvoir n'avait pas changé entre-temps, si aucun nouveau glissement vers la Russie ne s'était produit, cet argent pouvait encore lui servir à s'offrir quelques petits plaisirs, comme un ticket de bus. Mais pour aller où ?

Il regarda autour de lui, aperçut un kiosque à journaux. Sous ses pieds, le goudron se raffermit. Parmi la trentaine de titres disposés sur le comptoir, il distingua aussitôt ses chères *Stolitchnyé vesti.* Il les acheta, et, s'éloignant d'à peine un mètre, les déplia. Il passa ainsi une bonne demi-heure à lire, avide d'absorber toute l'actualité de Kiev.

Rien n'avait changé. D'après ce numéro-là du journal, du moins, on pouvait constater que tout, dans la capitale, suivait son cours habituel. Des ONG étrangères aidaient des orphelinats, deux députés du Parlement ukrainien allaient être emprisonnés en Allemagne pour fraude bancaire, la famille d'un homme d'affaires avait été décimée par une fusillade à Kherson, tandis qu'une jardinerie de luxe ouvrait dans le quartier d'Obolon. La seule chose qui désola Victor, ce fut la lecture de quelques nécrologies à l'avant-dernière page : minables, écrites avec les pieds par un auteur inconnu qui se dissimulait sous un pseudonyme qui autrefois avait été le sien, « Un Groupe de Camarades ». Par ailleurs, le nom d'Igor Lvovitch ne figurait plus dans l'ours du journal. Le rédacteur en chef s'appelait désormais P. Weisman.

Le doux souvenir de quelques enterrements passés le visita, fugace. Il se revit, avec Micha, auprès du cercueil d'un défunt illustre, sous le soleil, pendant l'éloge funèbre prononcé par un parent ou un ami ; les mots ne le touchaient pas, lui et Micha n'appartenaient pas à leur monde, ils faisaient partie du rituel, ou plutôt Micha, le pingouin, en faisait partie, et lui, Victor, était le prolongement du pingouin.

C'est ainsi qu'ils se contentaient d'attendre la fin des funérailles, du temps, de la vie, comme si elle était quasi éternelle.

Victor pensa tout à coup que ce serait bien de vivre éternellement et de mourir jeune. Que la vie soit infinie, distincte du temps, isolée par une sorte de cloche transparente. Que tout reste naturel, que les arbres du boulevard Chevtchenko continuent à pousser, que les chiens continuent à lever la patte sur eux, que les jeunes filles deviennent des femmes, sans que lui, Victor, ne change.

Les digressions stupides sont plus agréables et faciles à formuler que les grandes idées.

Victor repensa à Micha. Où pouvait-il être? À la clinique de Féofania? Peu probable... Plutôt entre deux enterrements. Le mieux était sans doute de le chercher au cimetière de Baïkovo un jour où s'y concentrerait une grande quantité de Mercedes, puisque la vie n'avait pas changé.

Victor se mordilla les lèvres. Le froid piquant de l'Antarctique lui brûlait encore les joues. La patrie de Micha, ce rude désert glacé, avait gagné son respect. C'était un vrai pays. Peu importait à cette terre le drapeau que des conquérants scientifiques s'ingéniaient à y planter. Elle resterait toujours une patrie de pingouins libres et indomptés. Quant aux mainmises et à la volonté d'y tracer des frontières, ce n'était que vain orgueil pour manuels de géographie; quelques pays désireux de paraître plus imposants, froids et inaccessibles qu'ils ne l'étaient en réalité forgeaient ainsi l'éducation patriotique de leurs écoliers. Mais ces pays étaient vindicatifs et mesquins. Ils avaient le pouvoir de capturer les pingouins et de les enfermer dans des zoos, rendant ainsi l'Antarctique plus abordable et docile. Regardez-le, il est là, dans cette cage, notre Antarctique: petit-déjeuner à huit heures, déjeuner à treize heures, nettoyage à seize heures.

Un rayon de soleil inattendu transperça le ciel gris, faisant lever la tête à Victor. Les nuages noirs devenaient plus clairs, ils se désagrégeaient, le vent n'allait pas tarder à les balayer.

Il rangea le journal dans son sac, cligna des yeux encore quelques instants en direction du soleil. Celui-ci disparut, mais on voyait qu'il ressortirait vite. C'était encore l'été, même si l'automne approchait à grands pas.

Victor songea que lui aussi devrait se mouvoir à grands pas. Il avait envie de rentrer chez lui et de prendre un bon bain. Ensuite, il lui faudrait retrouver Micha et s'assurer qu'il allait bien. Il avait une dette envers lui. Il avait pris sa place dans l'avion, et c'est lui qui s'était retrouvé en Antarctique. Certes, il avait eu une bonne raison d'agir ainsi. Mais à présent, il devait honorer ses dettes. Toutes ses dettes. À lui, malheureusement, personne ne devait rien.

La ville défilait derrière la vitre du bus. Le soleil de midi illuminait la chaussée et les trottoirs. Assis sur le siège voisin, un petit vieux en jean et tee-shirt blanc était plongé dans la lecture du prospectus d'une société qui organisait l'installation d'émigrants au Canada. La publicité ressemblait à un test, ou plutôt à un jeu télévisé. Question : quelle est votre formation ? Trois réponses possibles : technique supérieure, trois points ; technique, deux points ; études de lettres ou de sciences sociales, un point. Victor porta son regard au bas de la feuille : *Additionnez vos points, et si vous en obtenez plus de quinze, n'hésitez pas à vous adresser à nous, vous avez toutes les chances de devenir citoyen du pays à la feuille d'érable !*

Il hocha la tête, puis recommença à parcourir le prospectus des yeux et calcula son score. Il arriva péniblement à huit points. Pas la peine de compter sur la feuille d'érable. Il poussa un soupir de soulagement. L'absence de chances confère toujours beaucoup plus de liberté que leur surabondance.

Trois cents mètres séparaient l'arrêt de bus de son immeuble. Il fallait passer devant une crèche, une école et un square.

Victor n'avait pas envie de se presser. Devant la crèche, il s'arrêta pour observer un groupe d'enfants qui jouaient au petit train sous la surveillance d'une jeune éducatrice. Ils avaient deux ou trois ans, et, à la queue leu leu, les mains posées sur les épaules les uns des autres, ils se dandinaient, comiques, suivant une voie ferrée imaginaire autour du bac à sable. On aurait dit des pingouins.

Il se mit à contempler les visages des bambins, et pensa à Sonia, puis à son père, Micha, pas le pingouin, l'autre, qui lui avait confié la petite. Étrange que le Micha pingouin ait vécu plus longtemps que l'autre… Encore qu'il faille vérifier.

Victor reprit son chemin, léger, mais quand il arriva devant l'entrée de son immeuble, le pilote automatique se débrancha à nouveau, et il se sentit désemparé. Il leva la tête vers les fenêtres de son appartement. De là-haut, un poids sembla lui tomber dessus. Il soupira et entra dans le hall.

Machka, la chatte de la voisine, déboula de l'escalier. Il se détendit un peu, mais dès qu'il arriva à son étage, le désarroi le reprit à la vue de sa porte blindée, si familière, à l'air inviolable. Quelqu'un y avait ajouté une serrure, cinquante centimètres en dessous de la précédente. Victor la considéra avec circonspection. Il serrait dans sa poche la clé de l'ancienne, mais le nouveau trou de serrure semblait rire de toutes ses dents face à la lourde clé de laiton tiédie dans la paume de sa main.

Il recula d'un pas et examina le paillasson. Lui aussi était neuf, en caoutchouc, et proclamait, en relief, *Welcome.* Il resta quelques minutes immobile. La porte d'en bas claqua, le secouant soudain, distillant un sentiment de danger, de peur. Il se figea, écouta les pas qui montaient. L'inconnu s'arrêta au troisième, son trousseau de clés tinta, une porte s'ouvrit et se referma. Le silence revint, et Victor descendit, l'œil aux aguets. Du hall, il examina les alentours. Sa frayeur n'avait pas disparu. Elle n'était pas totalement rationnelle. C'était sa peur d'avant, échappée du passé, surgie de sa mémoire et qui était venue l'envelopper.

De l'autre côté de la cour, au milieu de laquelle s'élevaient deux poteaux de béton supportant des cordes à linge, la porte d'entrée de l'immeuble d'en face resplendissait de peinture fraîche verte. Là-bas, premier étage droite, vivait la mère Tonia, la maman de Tolik, son ami d'enfance. Toute sa vie, elle avait vendu du lait, ici même, dans cette cour. Dès six heures du matin, son appel retentissait, pénétrant par les vasistas ouverts: «Du lait! Du bon lait!» Pour Victor, il signifiait: «Debout!», sauf que là c'était sa maman à lui qui le disait, et que le cri «Du lait!» entrait dans sa chambre une heure à une heure et demie auparavant et le préparait déjà à se lever.

Il traversa promptement la cour et monta au premier.

– Vitia? s'exclama la mère Tonia, ravie de le découvrir à sa porte. Entre, entre! Et moi qui te croyais parti!

Pourquoi l'appelait-on «la mère Tonia» à l'époque? songea Victor. Elle était loin d'être vieille. Et elle ne négligeait pas sa tenue. Il était manifeste qu'elle prenait soin d'elle. Les marchandes de lait conservent longtemps leur jeunesse et leur peau douce. Voilà un métier qui est bon pour la santé. «Elle doit bien avoir la soixantaine à présent», estima-t-il.

– Tu as faim? Je viens justement de faire un bouillon de poule. J'ai acheté un poulet, mais il devait être mort de vieillesse. Il ne pouvait plus servir qu'à ça, faire un bouillon…

Victor accepta une assiette.

En allant à la cuisine, il jeta un coup d'œil dans le salon où, posé sur une desserte, figurait un portrait de Tolik, jeune à jamais. Bien des années auparavant, il s'était tué en tombant d'un arbre. À l'époque, il y avait beaucoup de grands arbres autour des immeubles, et eux, les gamins, se construisaient des cabanes sur les plus hautes branches. Ils choisissaient une fourche large et solide, y fixaient un plancher, et regardaient, depuis leurs vingt mètres d'altitude, le petit monde des adultes qui édifiaient le communisme. À vrai dire, chacun se fabriquait plutôt son communisme personnel. Cela avait des allures de compétition secrète, à celui qui engrangerait le plus de communisme chez lui. À celui qui aurait le plus de saumon fumé et de champagne soviétique dans son réfrigérateur. Dieu, c'était au siècle dernier, déjà !

La soupe rappela aussi à Victor quelque chose d'un lointain passé, ou plus exactement le passé tout court, sa douce enfance à la maison. Elle était là, dans la cuisse de poulet coriace qui collait aux dents, avec les yeux de gras, formant des dessins à la surface du lac de bouillon.

– J'ai aussi du riz froid, se souvint la mère Tonia. Je t'en mets un peu ?

Victor acquiesça, et elle ajouta dans l'assiette deux cuillerées à soupe de riz, qui coulèrent aussitôt.

– Tu habites où, maintenant ?

– Toujours ici.

– Ah, tu loues ton appartement, alors ? Je pensais que tu l'avais vendu.

Victor réfléchit un instant.

– Non, c'est la nièce d'un de mes amis qui y vit, avec un enfant...

– Oui, c'est vrai, elle a un mari tellement sympathique... un grand... il est policier, je crois, ou militaire ?

– Un mari ? Policier ? s'étonna Victor. Je ne savais pas qu'elle était mariée...

Par la fenêtre, il jeta un regard quelque peu inquiet en direction de son logement.

– Je peux passer un coup de fil ?

– Bien sûr, tu as le téléphone juste là, sur le frigo.

Victor se leva et composa le numéro de chez lui.

– Allô !

C'était la voix claire de Sonia.

– Sonia ? demanda Victor en souriant dans le combiné.

– C'est tonton Kolia ?

– Non, c'est tonton Vitia.

Il y eut un silence, puis Sonia reprit d'un ton plus enjoué :

– Tonton Vitia ? Tu es où ?

– À Kiev. Et toi ?

– Moi, je suis à la maison… Et Micha, il est avec toi ?

– Non… Mais il est quelque part par là, à Kiev…

– Il s'est perdu ?

– Oui, voilà, il s'est perdu, mais je vais le retrouver !

– Trouve-le vite, et ramène-le à la maison ! Parce que maintenant tata Nina a un chat, et il me griffe. Micha, au moins, il griffait pas !

– Bien sûr, convint tristement Victor. Micha ne griffait pas. Et tata Nina, elle est à côté de toi ?

– Non, elle est sortie faire des courses. Dis, tu vas venir ?

– Oui, promit Victor, je vais venir, mais pas tout de suite. Je viendrai sans doute à un moment où tata Nina et ce tonton Kolia ne seront pas à la maison… Il vit avec vous ?

– Oui. Mais il est gentil. Il m'a acheté des rollers. Puis hier, il est parti pour deux jours, et il a promis de me rapporter des coquillages.

– D'accord… donc, il est allé à la mer… Dis-moi, c'est vrai qu'il est policier ?

– Non, c'est pour de faux. En vrai, il est vigile, mais pas juste vigile, c'est un chef. Oh, j'entends tata Nina qui arrive ! Tu veux lui parler ?

Victor coupa brusquement court à leur conversation :

– Non, Sonietchka, je rappellerai plus tard !

Il raccrocha, puis regarda la mère Tonia, qui s'affairait

devant la gazinière comme si de rien n'était. Il se rassit, lança un nouveau coup d'œil à ses fenêtres.

– Si tu veux, tu peux passer la nuit ici, ça dérangera moins que chez toi, lui proposa-t-elle en se retournant.

– Merci, ça va aller... Dites, je peux vous laisser mon sac ? Je viendrai le récupérer demain...

– Naturellement, fais comme ça t'arrange.

3

Victor avait besoin de se détendre. Il suivait le Krechtchatik[1], les mains dans les poches. Il n'avait sur lui que ses deux passeports. Dans son blouson, les jetons de casino s'entrechoquaient doucement. Ils l'avaient accompagné jusqu'en Antarctique. En partant de chez la mère Tonia, Victor les avait tirés du sac de sport d'un geste machinal. À présent, dans la lumière déclinante du soir, il arpentait un Krechtchatik familier par endroits, puis qui lui semblait étranger, et ces jetons donnaient à sa balade un parfum de jeu, de sort à taquiner. Toutefois, la poche intérieure de son coupe-vent renfermait quelque chose d'infiniment plus précieux, la carte Visa du banquier Bronikovski. « 8997 » se répéta-t-il mentalement. C'était le code. Pour l'instant, sa mémoire fonctionnait bien. À côté de la carte, il conservait dans une enveloppe la lettre du banquier à son épouse. Il ne lui avait même pas demandé s'il avait des enfants. Il verrait plus tard. Quand il arriverait à Moscou, il trouverait cette femme, lui remettrait la lettre et lui raconterait tout.

– Vous voulez essayer notre loterie-minute ? À tous les coups on gagne, il n'y a pas de perdants ! claironna une voix effrontée à côté de lui.

---

1. Boulevard principal de Kiev.

Victor s'arrêta. Un gars d'une vingtaine d'années, en jean et chemise à carreaux, avec une veste jetée par-dessus, souriait et faisait des signes de tête. Victor regarda dans sa direction et aperçut une jolie brochette de joueurs qui se pressaient autour d'une table pliante. Le voyant tourner la tête, ils se mirent vivement à «jouer».

– Merci, si je ne peux pas perdre je ne joue pas, répondit-il. D'autant que de toute façon, je gagne toujours!

– Ça, ça peut s'arranger, rétorqua le jeune.

– Sans doute, mais ça me va comme ça.

Victor lui adressa un très cordial sourire, le contourna et poursuivit son chemin.

Bizarrement, ce bref échange l'avait stimulé. Il lui avait rappelé avec quel fatalisme il avait gagné à la roulette juste avant son départ. Avec quelle lassitude il avait accueilli cette chance sans limites. La chance des imbéciles et des novices. S'il n'était déjà plus novice, il pouvait toujours être un imbécile. Un mot plutôt neutre. Tout le monde est imbécile, seulement certains le sont pour le plaisir et d'autres très sérieusement, et toute leur vie.

Il passa une demi-heure dans un café, puis descendit vers le Podol[1], où l'attendait une mauvaise surprise. Le bar à vin *Le Bacchus* n'existait plus. Il avait été remplacé par une boutique de mode qui brillait de toutes ses arrogantes vitrines. Traversant la rue Konstantinovskaïa, il trouva une petite brasserie en sous-sol, et eut le plaisir d'apprendre qu'on pouvait aussi y boire du vin au verre. Un cabernet moldave était juste ce dont il avait besoin. Le temps s'arrêta. À une table voisine, de libres citoyens de la ville de Kiev buvaient sans retenue, leurs visages rougeauds apparaissaient et disparaissaient de son champ de vision, et Victor baignait dans la douce chaleur

1. Le vieux quartier de Kiev, sur la rive basse du Dniepr.

du vin. Une voix d'enfant résonnait dans sa tête, la voix de Sonia qui demandait des nouvelles de Micha et se plaignait du chat qui griffait.

– Eh, l'ami, c'est pris ici?

Victor leva les yeux vers celui qui venait d'interrompre le cours de ses pensées. Deux gaillards désignaient de la tête les chaises libres à sa table. Il jeta un coup d'œil tout autour, s'assura que toutes les autres places étaient occupées, et leur fit signe que c'était bon. Ils n'avaient qu'à s'asseoir et boire autant qu'ils voulaient.

C'est exactement ce qu'ils firent. Ils n'empêchaient pas Victor de songer, et leur conversation, sans intérêt, lui parvenait comme de derrière un mur.

Il commanda un autre verre.

La brasserie n'avait pas de fenêtres. Suspendues au plafond sombre, des ampoules diffusaient une lumière jaune, et le néon vert qui dessinait la marque Heineken au-dessus du bar semblait complètement déplacé en ce lieu. «Qu'est-ce que Heineken vient faire ici, se demanda Victor. Il n'y a là que des boissons locales, banales, ukrainiennes, bon marché.» Cela valait aussi bien pour la bière que pour le vin ou la vodka, que certains consommateurs, selon la vieille tradition soviétique, rajoutaient d'un geste qu'ils croyaient discret dans leur chope de bière pour en augmenter la teneur en alcool. Et ça marchait. Dans un coin, un homme, à l'aspect par ailleurs correct, ronflait déjà doucement. Quelqu'un s'approcha, se pencha vers lui. Victor observait, intrigué, imaginant que l'endormi allait sans doute être emporté dehors, mais il n'en fut rien. Il avait simplement une montre au poignet, et celui qui était venu à lui désirait juste connaître l'heure. Il souleva l'avant-bras gauche inerte, remonta la manche de la veste et, après avoir étudié la disposition des aiguilles sur le cadran, remit le bras du dormeur en place.

Victor n'avait pas de quoi se payer un troisième verre. Il remonta les marches raides vers la sortie et se retrouva dans la rue, nimbée des lumières du crépuscule, avec la chaleureuse lueur des vitrines qui se répandait sur les trottoirs. En tournant à gauche, il tomberait sur le Dniepr au bout de trois cents mètres, et l'air frais du fleuve le requinquerait.

Il flâna environ une heure sur les quais, en direction du pont du métro. Les voitures filaient sur la chaussée. Il avançait, pensant à lui-même, à son retour. Il acceptait facilement que quelqu'un ait pris sa place dans son appartement. En fait, ce foyer n'était plus le sien. Un autre monde s'y était installé, dans lequel il n'avait sans doute pas le droit d'entrer. Seule Sonia lui semblait plus proche qu'avant son départ. Elle était sans attaches, comme lui. Cela les rapprochait, mais le passé les rapprochait encore plus. Le défunt Micha, pas le pingouin, l'autre, les unissait, lui dont le visage s'était déjà effacé de la mémoire de Victor. Mais il avait sa voix dans l'oreille. Et Sonia était tout ce que Micha avait laissé au monde en souvenir de lui. D'ailleurs, ce n'était pas au monde qu'il l'avait laissée, c'était à lui, Victor…

Il arriva au pont et prit le métro jusqu'à la station Rive gauche. Ses pas le portaient tout droit au casino *Johnny*.

Là, rien n'avait changé. Il avait oublié les visages, mais la disposition du hall d'accueil, l'entrée des salles dissimulée derrière de lourds rideaux, le guichet où l'on changeait les jetons, tout était pareil. Il présenta en silence quelques jetons tirés à l'avance de son sachet au cerbère qui gardait l'entrée des salles de jeu.

Il s'arrêta devant la roulette la plus proche, misa et regarda les trois gars à moitié ivres qui avaient eux aussi disposé leurs jetons sur les cases numérotées de la table. La bille commença à sautiller. Le jeune croupier la suivit du regard en clignant paresseusement des yeux. Le jeu n'avait pas d'intérêt pour lui, et toute son attitude semblait dire : « Ce n'est pas encore le soir ! Attendez un peu ! Dans deux-trois heures, ça commencera à jouer pour de bon ! »

Victor, lui aussi, n'accordait qu'un regard blasé à la bille. Mais lorsqu'elle s'arrêta sur le 10, il comprit que ses jetons allaient revenir au casino. Surpris, il rejoua, et reperdit. Cela le dégrisa. Les autres joueurs perdaient aussi, mais dans le plus grand calme, comme s'ils étaient venus exprès. Et lui, pourquoi était-il là ? Parce que c'était l'endroit où il avait passé sa dernière journée avant de quitter Kiev. Mais à l'époque, il célébrait sa mort imminente, et c'était pour cela qu'il n'avait cessé de gagner, tandis qu'aujourd'hui... Sa mort semblait être restée dans le passé, dans sa vie précédente. Avec sa chance.

Il tenta encore quelques coups, sans succès. L'un de ses voisins remporta soudain une dizaine de jetons, mais ceux de Victor étaient immanquablement ratissés par le croupier et poussés dans l'ouverture, le gouffre qui recueillait toutes les mises perdantes. Celui sur qui tout cela tombait, là, en bas, devait s'enrichir à vue d'œil.

Victor en eut assez. Il allait replonger la main dans sa poche, mais il se ravisa et recula. Durant une dizaine de minutes, il regarda les autres continuer à jouer. Une serveuse passa, tenant un plateau chargé de coupes de champagne. Cadeau de la maison pour compenser la guigne tenace. Victor but, puis se dirigea vers le guichet d'échange.

– Vous reprenez les jetons non utilisés ?

– Vous avez gagné ? s'entendit-il répliquer.

– Tout juste.

Il déposa sur le petit comptoir une poignée de rondelles en plastique coloré qu'il poussa vers le changeur.

– J'en ai encore ! prévint-il.

– Quelle chance ! s'exclama le jeune homme, d'une voix où perça une certaine tension.

– Je te laisse dix pour cent, annonça Victor, se penchant vers le guichet et fixant l'employé droit dans les yeux.

Celui-ci hocha la tête, et Victor acheva de sortir ses jetons de sa poche.

– Ça en fait un paquet... murmura le jeune homme.

– Compte d'abord, on verra bien.

Victor se redressa. Il entendait la respiration du changeur dans sa cabine. Il comptait, triant les jetons par couleurs.

– Vous en avez pour huit cents dollars[1].

Victor sourit. D'après ses calculs, cela aurait dû faire le triple, mais il n'avait aucune envie d'ergoter.

– OK, c'est bon, ce sera toujours ça...

Il trouva les toilettes et s'enferma pour compter les billets qu'il venait d'obtenir. Au lieu des huit cents dollars promis, le changeur ne lui en avait donné que sept cent soixante, mais cela ne l'indigna pas. Il se considérait tout de même gagnant dans l'affaire, puisqu'il avait échangé de l'argent factice contre de vrais billets.

La seule chose qui le contrariait était d'avoir perdu. Sa période de chance était bel et bien terminée. Cela ne signifiait pas, bien sûr, une condamnation définitive. Il pouvait tenter de faire appel auprès du destin. Mais comment vérifier le résultat? Il ne mettrait plus les pieds dans un casino, en tout cas. Deux fois dans une vie, c'était amplement suffisant. Une première et une dernière fois.

1. En l'absence de stabilité monétaire intérieure, le dollar est officieusement devenu, dès la fin des années 1980, la véritable devise de l'URSS, et la situation perdure.

4

À croire que même dans la semi-obscurité du soir, Victor portait sur son visage les dollars qu'il avait en poche. Il suivait le Krechtchatik, allant droit devant lui, sans dévier, forçant les autres passants à l'éviter, mais cela ne l'empêcha pas de se faire héler à deux reprises par des filles délurées et trop court vêtues, même pour la douceur d'un soir d'été. Cinq minutes plus tard, près du café *La Grotte*, une troisième, les cheveux aussi courts qu'un garçon et de grosses lunettes de soleil remontées sur la tête, lui lança :

– Va pas si vite, tu risquerais de me rater !

Stupéfait, il s'arrêta et la remarqua, toute petite, en mini de haut en bas.

– Rater quoi ? lui dit-il.

Elle fit un grand sourire et laissa ses lunettes lui retomber sur le nez. Ainsi, elles paraissaient énormes, dissimulant presque tout son visage. Seul son sourire dépassait.

– Tu as un endroit où aller ? demanda soudain Victor sans attendre la réponse à sa vague question précédente – et en effet, y répondre aurait été indécent.

– J'ai ça, répliqua la gamine. On y va !

– Attends…

Victor se frotta la lèvre inférieure et poursuivit d'un ton pensif :

– C'est quoi, ton programme ? Et tes prix ?

Elle remonta ses lunettes dans ses cheveux.

– Pas plus que ce que tu as en poche. Rentre-les, tu vas les perdre.

Elle tendit sa menotte vers la poche gauche du blouson de Victor, en tira un billet de cent dollars qui dépassait, le lui agita devant le nez avant de le plier en deux et de le remettre en place.

– Tu frimes ?

– Non, je suis distrait de naissance. C'est quoi, ton nom ?

– Svetik. Et le tien ?

– Vitia.

– Eh bien, Vitia, on y va !

Ils remontèrent en direction du cinéma *Droujba*, puis Sveta lui fit prendre la rue Lutheranskaïa pour grimper vers Petchersk. Il marchait quelques pas derrière elle et regardait alternativement les alentours et sa silhouette. Elle se retournait sans cesse pour s'assurer qu'il était toujours là.

– Et sinon, tu fais quoi dans la vie ? lui demanda-t-elle en se retournant encore.

Elle posait la question sans entrain ni curiosité.

– Moi ?

Il soupira et réfléchit un instant. La bonne réponse s'imposa d'elle-même :

– Je reviens du pôle.

– Du pôle ? Eh ben... T'étais en camp ou quoi ?

– Non, j'ai passé un hiver en mission, enfin, un été, plus exactement.

– Sur la banquise ?

– Presque. J'étais en Antarctique, au milieu de toute une expédition scientifique. Tu sais, l'Ukraine a une datcha là-bas, l'ancienne base Faraday. J'étais responsable de la protection des pingouins.

– Une datcha ? En Antarctique ? Tu déconnes ! se moqua-t-elle.

– D'une part, je n'aime pas ce genre de vocabulaire, et d'autre part, je ne déconne pas. Je reviens bien de l'Antarctique.

Sveta s'arrêta brusquement, ses yeux ronds se mirent à briller.

– Voilà, monsieur Dupôle, on est arrivés !

Il s'aperçut alors qu'ils étaient devant la grille grand ouverte d'une maternelle. Les lampadaires de la rue éclairaient faiblement les balançoires et les bacs à sable. Les fenêtres du bâtiment à un étage étaient éteintes. Il regarda Sveta, puis loucha du côté des toits de planches des aires de jeux. Il craignit un instant que Sveta le régale du romantisme adolescent de l'amour en plein air, et il n'en avait aucune envie. Il détestait les espaces ouverts, que ce soit en Antarctique ou au centre de Kiev, surtout quand la nuit devenait noire.

– Bon, et maintenant? demanda-t-il, légèrement irrité. On fait quoi?

– N'aie pas peur, Vitek, gazouilla-t-elle. J'ai une clé magique!

D'un pas léger, elle s'approcha d'une porte sur le côté du bâtiment, l'ouvrit sans hésiter et plongea dans la pénombre en l'invitant du geste à la suivre.

À l'intérieur régnait un grand silence qui lui sembla inquiétant.

– Ne crains rien, y a personne!

Elle dit pourtant cela à voix basse, et fit un nouveau geste pour lui indiquer le chemin.

Ils montèrent à l'étage, suivirent un large couloir en écoutant le parquet grincer sous leurs pas. Sveta ouvrit une porte. Victor s'était habitué au manque de lumière. Il découvrit un dortoir de vingt petits lits faits au carré, comme à l'armée. Les gros oreillers alignés, façonnés en triangles, lui rappelèrent aussitôt les camps de pionniers de son enfance soviétique.

– Reste pas planté là, faut s'organiser un peu si on veut que ce soit confortable!

Disant cela, Sveta colla plusieurs lits les uns aux autres. Avec cinq petits, elle en fit un grand, puis se retourna vers Victor.

– Eh, le polaire, déshabille-toi, ça gèle pas ici!

Il se sentit mal à l'aise. Il regarda alentour, écouta le silence, considéra les lits d'enfants auxquels Sveta n'avait pas touché, soigneusement disposés contre le mur gauche de la salle.

– C'est quand même encore une école ? demanda-t-il.

Sveta n'avait plus que sa culotte sur elle.

– De huit heures à dix-huit heures, c'est une école.

– Et de dix-huit heures à huit heures ?

– Mais qu'est-ce que tu as, Vitek ? s'étonna-t-elle, quelque peu exaspérée. C'est quoi qui t'inquiète ?

– Rien, rien du tout.

Il se ressaisit, cessa de penser et se dévêtit en vitesse.

Ils étaient allongés en travers du lit « en kit », et il respirait le parfum de Sveta, quand elle frôla enfin sa poitrine de la main, se tourna sur le côté et murmura :

– N'aie pas peur, ce n'est pas un bordel. D'ailleurs, dans la journée aussi c'est là que je travaille...

– Qu'est-ce que tu fais ?

Il se retourna vers elle et effleura ses lèvres du doigt.

– Pas éducatrice, c'est sûr, rétorqua-t-elle en lui embrassant le doigt. J'apprends juste des chansons aux petits. Je leur joue des mazurkas et des polkas au piano, et ils dansent, ils improvisent. C'est impressionnant !

– Et c'est comme ça que tu gagnes ta vie ?

– Oui, on me paie l'équivalent de quinze dollars par mois, en hrivnas... Mais bon, c'est pas pour le fric qu'on aime sa patrie, pas vrai ?

– Quelle patrie ?

Sveta le prit dans ses bras et le serra contre elle.

– Ma patrie, c'est cet endroit ! J'y ai passé cinq ans de ma vie, d'abord chez les tout-petits, puis en grande section. Mes parents me posaient à huit heures et me reprenaient à dix-huit heures.

– Pourquoi tu fais ça? Tu as quand même un salaire à peu près correct?

– Mais ta gueule! s'indigna-t-elle soudain. Tu m'as pas encore filé un rond et tu comptes déjà mes sous! Allez, au boulot, et plus vite que ça!

Elle éclata de rire, le retourna sur le dos, grimpa sur son ventre et l'embrassa sur la bouche.

– Ta spécialité, c'est pas le pôle, c'est la tchatche! lui dit-elle d'un ton presque tendre.

– Non, c'est surtout que je l'ai bouclée pendant trop longtemps.

Les murs du vaste dortoir renvoyaient l'écho du grincement des sommiers. Victor se prit à adorer les proportions miniatures de Sveta. Il la faisait passer, légère, d'un côté à l'autre, l'attirait contre lui, se serrait contre elle, cherchait ses yeux, sa bouche. Cela dura longtemps, jusqu'à ce que la lointaine sonnerie d'un téléphone monte de l'obscurité. Il sonna trois fois avant de se taire. Victor, qui avait soulevé la tête, resta ainsi à écouter.

– C'est rien, c'est chez la directrice... Un faux numéro, à tous les coups... T'as faim?

Surpris par la question, il se détendit, reposa la tête sur l'oreiller et tourna les yeux vers Sveta.

– C'est quoi, le menu du jour?

– Le même depuis 1973. De la semoule avec une rondelle de beurre et un peu de confiture de fraise au milieu. Les plus gourmands mangent d'abord le centre en buvant leur verre de jus de pommes bouillies, les plus futés mélangent tout et avalent l'assiette entière.

– Eh bien! Finalement, ça aurait été sympa... s'amusa-t-il.

– Pourquoi «ça aurait été»? se vexa-t-elle. Tu me crois pas, c'est ça? Allez, viens! Les lavabos sont à droite dans le couloir, les chiottes aussi.

Une fois rhabillés, ils passèrent dans l'autre aile du bâtiment, côté cantine, où, dans le noir, Sveta prépara à l'aveugle deux assiettes de semoule. Ce n'est que lorsqu'elle ouvrit le réfrigérateur pour prendre le lait qu'une douce lueur jaune tomba sur le plancher. Les petites flammes bleues de la gazinière apportèrent aussi un semblant de confort domestique. Mais ensuite, lorsque Victor dut se plier en quatre pour tenir sur une chaise d'enfant et entama sa part d'authentique bouillie à la confiture, avec une cuillère en aluminium, toute sensation de bien-être disparut. Sveta était assise en face, sa petite taille parfaitement adaptée au mobilier. Victor ne put s'empêcher de le relever:

– Tu as fait exprès de ne pas grandir? Pour rester ici?

– Tout juste, répondit-elle gaiement. D'abord, on ne fait jamais de mal aux enfants. Ensuite, on leur pardonne presque tout. Et enfin, on cherche toujours à les gâter. Tu comprends?

– Oh oui. Dis-moi comment je pourrais te gâter...

– Pour l'instant, c'est moi qui te gâte, parce que tu es tout gelé, que tu arrives du pôle. Je t'offre de la bonne semoule! Et je ne te demande pas grand-chose, cinquante dollars en tout et pour tout!

– Tu trouves que c'est peu? sourit Victor.

– Mon vieux, je fais pas de tarif réduit pour les spécialistes du pôle... Mais si tu insistes, je trouverai bien quelque chose!

– Non, non, je n'insiste pas! C'était juste pour plaisanter...

Victor ouvrit les yeux dans les petits lits assemblés. Un réveil posé par terre venait de se mettre à sonner. Un rayon de soleil l'éblouit, il cligna des paupières, tourna la tête, se pencha, chercha le réveil du regard et comprit qu'il était dans le sac de Sveta. Elle dormait, son petit nez à peine retroussé enfoncé dans l'oreiller.

Il se leva, ouvrit le sac, sortit le réveil et l'arrêta. En le remettant en place, il vit des clés de voiture et un papier officiel. Il vérifia que Sveta dormait encore avant de le déplier. C'était sa carte d'étudiante, au nom de Svetlana Alekhina, troisième année d'École de commerce international.

« Troisième année ? » Il était stupéfait. Il regarda encore la jeune fille endormie. Sur la photo, elle avait l'air d'une adolescente boudeuse.

Perplexe, il rangea la carte dans le sac, se leva, alla regarder par la fenêtre. Il s'étira, parcourut d'un regard inhabituellement vif la cour de l'école, et recula aussitôt en y voyant entrer deux vieilles dames en grande conversation.

Il se pencha sur Sveta, lui toucha l'épaule.

– Svetik ! Debout ! Y a du monde qui arrive !

Elle ouvrit nonchalamment les yeux.

– Le réveil a pas encore sonné ?

– Si, y a un quart d'heure.

– Quoi ?

Elle sauta du lit, enfila ses vêtements.

– Magne-toi ! Aide-moi à remettre les lits en place, vite !

Sous sa direction, ils eurent tôt fait de diviser leur grand lit en cinq petits, bien alignés. En un tournemain, elle leur rendit une apparence acceptable, même si Victor nota que ceux d'en face étaient mieux faits.

Ils se faufilèrent dehors par une porte dérobée, de l'autre côté du bâtiment, et tombèrent nez à nez avec deux gaillards qui portaient de gros cartons. Sveta leur lança un joyeux « Bonjour » et fila devant. Victor les laissa passer avant de la rejoindre.

– C'était qui ?

– Des types d'une boîte informatique qui louent les sous-sols. Ça leur sert d'entrepôt pour leurs ordinateurs.

Elle consulta sa montre, tourna sa frimousse encore endormie vers Victor. Ses yeux trahissaient un léger regret qui semblait préfigurer les paroles d'adieu à venir.

– Vitek, et mon salaire bien mérité ?

Il sortit docilement ses billets de sa poche, en trouva un de cinquante dollars qu'il lui tendit.

– Navrée, faut que je file, s'excusa-t-elle d'une voix plus chaleureuse. Si tu te penches, je te fais un bisou !

Il se pencha vers elle, fluette, mignonne, modèle réduit. Elle l'embrassa sur la bouche.

– Peut-être qu'on pourrait se revoir ? lui proposa-t-il.

– Passe-moi ton numéro, je t'appellerai.

Il faillit lui donner son téléphone, mais se rappela soudain que c'était à présent celui de Nina, de Sonia et d'une espèce de vigile qui ressemblait à un policier.

– Je n'ai pas le téléphone... Pas encore...

– T'es vraiment pas dégourdi, toi ! Avant de claquer tout ton fric polaire avec des filles, achète un portable !

– Et toi, tu as un téléphone ?

Elle soupira.

– Oui, mais j'ai aussi ma mère qui dort à côté, et elle aime pas qu'on la réveille...

– D'accord... Je me débrouillerai pour te retrouver, de toute façon !

– Parfait ! approuva-t-elle en souriant. Si tu y arrives, t'auras un bisou !

Ils allèrent ensemble jusqu'à la rue Chelkovitchnaïa. Sveta sauta sur la chaussée, agita la main, et une voiture particulière déboîta aussitôt sans prévenir pour la prendre. Elle discuta le prix de la course avec le conducteur, puis fit un geste d'adieu à Victor, s'assit, et la voiture démarra.

Il la suivit du regard, soupira et continua tout droit, puis tourna rue Lutheranskaïa et descendit vers le Krechtchatik.

5

À l'intérieur du café en sous-sol *Au Kiev d'antan*, qui venait à peine d'ouvrir en cette heure matinale, régnait une agréable fraîcheur. La patronne, devant son gros percolateur hongrois, bâillait sans retenue en disposant des gâteaux de la veille sur le comptoir.

Elle servit à Victor un café infâme. En outre, elle y avait mis trop de sucre. Heureusement, elle ne l'avait pas remué.

Il était encore prisonnier des sensations de la nuit. Il pensait à Sveta, à son allure enfantine, si troublante et si naturelle. Seule sa carte d'étudiante n'allait pas dans le tableau, comme si elle avait été fausse, ou un simple justificatif pour obtenir une réduction sur les tickets de métro. D'ailleurs, c'était une éventualité. À Pétrovka[1], on pouvait se procurer sans la moindre difficulté tous les documents officiels possibles et imaginables, y compris une carte d'agent du ministère de l'Intérieur ou des services secrets. Il suffisait d'y coller sa photo et d'y faire apposer un tampon. On pouvait ensuite s'en servir à sa guise, dans la limite du raisonnable, évidemment.

Il avala une gorgée de café, et, bizarrement, n'en ressentit pas l'amertume. Au lieu de cela, ce fut le goût de la bouillie à la confiture de fraise qui resurgit, un goût d'enfance.

Pour la première fois de sa vie, il avait, avec facilité et naturel, acheté une nuit de passion. Sans malaise, sans remords. Sans honte, sans douleur, sans humiliation. Que lui avait dit Bronikovski à ce sujet? Qu'un jour arrive l'âge où ce n'est plus gratuit, mais où on a honte de payer? Il eut un sourire triste. Le banquier se trompait. En fait, Victor n'avait pas l'impression d'avoir payé. Certes, il avait donné cinquante dollars à cette adorable gamine, mais c'était juste comme ça, il les lui

1. Quartier où se tient un grand marché aux livres, aux timbres, aux papiers...

avait offerts pour la remercier des délicieux instants passés ensemble. À moins qu'il lui ait su gré de la facilité avec laquelle il avait abandonné ce billet vert? Car tout avait été simple, familier, comme s'ils se connaissaient déjà et sortaient simplement d'une nouvelle nuit à l'école, où, visiblement, il se passait bien des choses étranges et romantiques quand les enfants n'étaient pas là. On y stockait des ordinateurs au sous-sol, on y préparait de la bouillie, la nuit, à la cantine... Le grenier aussi devait sans doute abriter son activité, invisible, inaudible, indécelable. Les joyeux mystères de l'existence.

Avant l'Antarctique, ce genre de mystères ne faisait pas partie de sa vie. Peut-être parce qu'il se tenait à l'écart, isolé par son quotidien en vase clos de chef d'un foyer éclaté. Avant, il avait des obligations, nourrir Micha, le pingouin, rédiger ses sombres « petites croix », les relire, et parfois verser une larme chiche sur les futurs défunts. Il devait songer à Sonia, donner de l'argent à Nina et lui assurer un statut de femme au foyer. Il avait les clés de son petit univers. À présent, la porte de ce monde avait été équipée d'une nouvelle serrure qui l'avait fait fuir. La veille au soir, dans sa fuite, on lui avait proposé un peu de bonheur. Et ce matin, le bonheur irradiait dans tout son corps. Il s'étirait tel un chewing-gum, même si la saveur se diluait peu à peu.

Il s'imagina la maternelle, son bâtiment, ses bacs à sable et ses balançoires, mais cette fois avec les enfants, dont lui, en short marron et pull bleu marine, avec sa frange châtain clair coupée à ras. Le déjeuner, la semoule avec la confiture et le petit iceberg de beurre fondant sur le dessus. La sieste. Puis la chanson du lapinou.

Il s'inquiéta brusquement de ce que pouvait bien faire Sonia. Elle n'était jamais allée à l'école, n'avait jamais joué avec d'autres bambins. Son enfance se déroulait complètement à part...

Il quitta le café, chercha des yeux une cabine téléphonique et appela chez lui. Cela sonna longtemps sans que personne décroche, ce qui le rendit nerveux. Et si c'était Nina qui allait répondre ? Que lui dire ? « Ça va ? Quoi de neuf ? »

Heureusement, ce fut Sonia. De sa voix claire et enjouée, elle lui annonça que Nina était partie, que tonton Kolia n'avait ni dormi à la maison ni téléphoné, qu'elle avait mis le chat dehors, et que bien qu'il griffe, il était très intelligent, savait demander à sortir et à rentrer en grattant à la porte. Après lui avoir donné toutes les nouvelles, elle s'enquit soudain :

– Dis, c'est quand que tu viens à la maison ?

Pris au dépourvu, il ne sut que répondre.

– Je l'ignore. Dans quelques jours, peut-être...

– Viens quand je serai seule ! Je te ferai des œufs au plat ! Je sais bien les faire, une fois tata Nina est partie deux jours, elle avait laissé que des œufs et un pain. Je me les suis fait cuire, je suis une grande fille maintenant ! Et Micha, tu as pu le voir ?

– Non, pas encore. Je vais y aller aujourd'hui...

– Fais-lui un bisou, et dis-lui de rentrer. Il me manque...

– Je lui dirai, c'est promis. Et je viendrai te voir un moment où tu seras seule !

– Et appelle le plus souvent possible ! l'implora-t-elle.

– Oui, je te le promets, je t'appellerai demain matin !

Cette conversation lui avait fait de la peine. Il avait envie de remonter le temps, de revenir à sa vie précédente. Il avait tout simplement envie de rentrer chez lui, mais que tout soit plus calme et plus stable. Qu'il n'y ait plus de « petites croix » ni de funérailles avec pingouin. Ou du moins plus de funérailles, juste les « petites croix ». Mais revenir en arrière était impossible, il fallait se ressaisir, respirer un grand coup, et tenter de savoir où était Micha.

6

Une éclaircie salua son arrivée à la clinique de Féofania. Pourtant, les nuages s'amoncelaient. Une brise fraîche lui souffla au visage. Au-dessus de lui, un lourd murmure parcourut les feuilles des arbres, et des oiseaux lancèrent des cris. Devant, dans le parc de l'hôpital des scientifiques, plusieurs patients prenaient l'air. Un grand vieillard en robe de chambre bleu marine suivait une allée, s'arrêtant à chaque pas et remuant les lèvres avant de repartir.

« Infarctus », diagnostiqua Victor en le dépassant.

La clinique vétérinaire était un peu plus loin, à droite du bâtiment principal ; on y accédait par la cour. Là-bas aussi il y avait un parc, où, quelques mois plus tôt, Micha le pingouin s'était promené sous l'œil attentif des médecins.

Victor était crispé, quelque chose lui serrait le cœur, comme si son sentiment de culpabilité avait touché un nerf invisible. Il s'arrêta, regarda la cime des arbres, sans parvenir à chasser son malaise. Le nerf titilla alors ses yeux, qu'il plissa sous l'effet d'une douleur diffuse, mais certaine. Des larmes vinrent, mais il surmonta son envie de pleurer et reprit son chemin.

Derrière le bâtiment central, deux infirmiers en blouses blanches promenaient trois chiens sur la pelouse soigneusement tondue. L'un des chiens boitait bas d'une patte avant.

Victor salua les infirmiers et leur demanda où il pourrait trouver le docteur Ilia Semionovitch. Ils lui répondirent qu'il devait être au premier étage, en salle des internes.

Longeant le couloir, Victor chercha des yeux la pièce qui avait abrité Micha. Il ne put distinguer les nouveaux patients, apercevant juste de petits lits, avec auprès de l'un d'eux une table à roulettes chromée chargée d'appareils médicaux. Un bourdonnement lui indiqua qu'ils étaient branchés : un combat pour la vie d'un malade à quatre pattes était en cours.

Il trouva effectivement le docteur dans la salle des internes. Ilia Semionovitch ne le reconnut pas, mais lui adressa néanmoins un bonjour chaleureux.

Victor lui rafraîchit la mémoire :

– Vous avez opéré Micha, mon pingouin, vous vous souvenez ?

– Micha ?

Un sourire triste se dessina sur son visage.

– Oui, bien sûr, je me souviens... C'est le seul pingouin dont nous nous sommes occupés ! Quant à vous... j'ai su votre nom, mais...

– Zolotarev, lui rappela Victor.

– Voilà, c'est ça ! Il y a des gens qui vous ont attendu trois bonnes semaines ici...

– Qui ça ?

– Je ne saurais vous dire... Des hommes du monde des affaires, à la carrure sportive, vous voyez le genre... Il y en a un qui était planté là jour et nuit. Deux autres arrivaient tous les matins, promenaient Micha, et repartaient le soir.

– Et ensuite ?

– Ensuite ? Micha a repris des forces, il a retrouvé la forme, et ils l'ont emmené. Ils sont arrivés avec deux 4x4, ils ont payé les médicaments, les soins, ils ont été très corrects. Juste avant de partir, ils ont demandé de vos nouvelles, et... si ma mémoire est bonne, ils ont laissé quelque chose pour vous... Non, ce n'est pas ça, j'ai oublié ce qui s'est passé au juste... Il y en avait qui vous attendaient, et d'autres qui sont repartis avec Micha. Et c'est ceux qui vous attendaient qui ont laissé une enveloppe. Qu'est-ce que c'est compliqué !

Le médecin eut un sourire amer, avant d'ajouter :

– Comme on dit, il faudrait un bon verre de vodka pour y voir plus clair !

– Et elle est où, cette enveloppe ?

Ilia Semionovitch regarda du côté de la bibliothèque vitrée, puis sur son bureau. Il s'assit dans son fauteuil, ouvrit un premier tiroir, puis un second, dont il tira quelques radios, et enfin une enveloppe kraft qu'il tendit à Victor.

– La voilà ! On ne perd rien, ici, à part sa conscience…

Victor prit l'enveloppe et jeta au médecin un regard interrogateur.

– Eh oui, sa conscience, répéta-t-il. Hier encore il a fallu renvoyer des infirmières qui volaient de la nourriture pour chiens en cuisine ! Évidemment, elles ne sont pas coupables, soupira-t-il avec un sourire. Il n'y a que la thérapie génique pour soigner ça…

Victor ne l'écoutait plus. Il avait sorti de l'enveloppe un message tapé sur ordinateur et une coupure de journal pliée en deux.

Le message disait: *Appelez avant le 20 mai au 488 03 00. C'est dans votre intérêt.* Il n'y avait pas de signature.

Il déplia le journal et eut un coup au cœur. Son ancien chef, Igor Lvovitch, le regardait, entouré du filet noir des encarts de deuil. Une brève notice nécrologique racontait sa mort tragique dans un accident de voiture, sur la route de Borispol, en direction de l'aéroport. Son chauffeur allait trop vite, et lorsqu'un camion-benne chargé de sable avait déboulé à un carrefour, il n'avait pu freiner à temps.

Victor replia la coupure de presse et la remit dans l'enveloppe.

– Quand ont-ils pris Micha ?

– Oh, ça fait déjà un bon moment. Au total, il a passé six semaines ici, vous n'avez qu'à calculer. Puisque c'est vous qui l'aviez amené…

Victor hocha la tête. Il serra la main du docteur et prit congé.

Il resta un moment dans la cour. Les infirmiers continuaient à promener les chiens. C'étaient des gars costauds, et avec leurs blouses, ils ressemblaient plus à des bouchers qu'à des employés d'une clinique vétérinaire. Soudain, l'un d'eux fixa Victor, qui se sentit mal à l'aise. Il tourna les talons et fila vers la sortie.

7

Entre l'hôpital et le cimetière, le trajet est bref. Même si on est en pleine santé et qu'on va à son rythme. En fait, quand on se rend au cimetière, on se met à penser à la vie. À la sienne ou à celle des autres, peu importe, on pense au sens de la vie. Et ces pensées dévorent le temps, absorbent l'attention. Le tintement du tramway sur ses rails vous endort, son allure vous berce. Ce n'est que lorsqu'on aperçoit, à travers la vitre, le mur de briques rouges derrière lequel s'étend la ville surpeuplée des morts que les réflexions sur la vie se dissipent, telle une volée de moineaux effarouchés. Le tramway ralentit, comme en berne, et s'arrêta à une vingtaine de mètres de l'entrée.

Un cri de corbeau. Une brise légère. Des mémés vendaient des boutons-d'argent et des pensées pour fleurir les tombes. Des enfants des rues proposaient des bouquets tout juste volés sur une sépulture.

Victor s'arrêta à l'entrée. Il sentait qu'il retrouverait aisément la tombe de Pidpaly, le pingouinologue, même si elle était à un bon quart d'heure de marche. Il s'approcha d'une petite vieille toute voûtée qui portait une antique veste ouatée bleu sombre. À ses pieds, elle avait un cageot de fleurs à planter, pensées et minuscules marguerites.

– C'est combien ?

– Cinq hrivnas les dix pieds.

Il sortit un billet de cinq et prit une botte de pensées.

– Attends, lui dit la vieille dame.

Elle attrapa un sac plastique où était inscrit *Marlboro*, qu'elle partagea en deux, pour envelopper les racines dans une des moitiés.

Victor avançait dans l'allée centrale, sans se presser. Ses pas le portaient d'eux-mêmes vers la tombe du pingouinologue. Le tertre s'était couvert d'herbe. Il s'agenouilla et posa les pensées à terre. Au loin, le tramway tinta.

Il regarda autour de lui. Il n'y avait personne. On n'entendait que les corbeaux qui échangeaient des croassements et le vent qui agitait les cimes des grands arbres.

Il revit Pidpaly disant avoir terminé tout ce qu'il avait à faire en ce bas monde, et soupira. C'était ici, avec son enterrement, que Micha et lui avaient entamé une autre vie, une existence parallèle. Quelque part non loin devait reposer Igor Lvovitch, qui n'avait, lui, certainement pas réalisé tous ses projets. Il avait laissé une femme et un fils, qui étaient sans doute encore en Italie, à l'abri. S'il avait tellement hâte d'arriver à Borispol, ce n'était probablement pas un hasard, il devait vouloir prendre un avion. On lui avait fait un croc-en-jambe avec ce camion de sable. Toute histoire doit avoir un point final. Et y a-t-il point final plus explicite que la mort ?

À une trentaine de mètres de la tombe de Pidpaly, un petit espace soigné réunissait le nécessaire à l'entretien des lieux : un bac poubelle plein à ras bord de fleurs séchées et autres déchets, un robinet d'eau, un seau et un grand arrosoir métallique qui portaient tous deux des numéros d'inventaire tracés à la peinture rouge. Une vieille pelle était appuyée au bac.

Victor la prit et s'en servit pour planter ses fleurs autour de la tombe. Il les arrosa généreusement. Lui qui avait eu l'intention de faire ériger une grande stèle pour Pidpaly ! À proximité tout n'était que marbre et photos ovales, et lui, là, n'avait qu'une tombe anonyme. Seule une petite plaque fixée à une planchette noircie par l'humidité indiquait le nom du défunt, comme un laissez-passer provisoire pour l'autre monde. Un beau marbre gravé, voilà un passeport irréfutable, intangible.

Il fut à nouveau submergé par la culpabilité. Jetant un dernier regard à la tombe, il se dirigea vers la sortie, passant en chemin devant un panneau de marbre de deux mètres de haut où le défunt était représenté grandeur nature, en survêtement Adidas, les clés d'une Mercedes, que l'on distinguait à l'arrière-plan, à la main.

Il examina ce monumental portrait, et pensa que c'était grâce à cet homme-là que lui et Micha avaient fait la connaissance de Liocha.

Piotr Vitaliévitch Rastoropov, 15.03.1971- 11.10.1997

« 11 octobre... Ils ont dû l'enterrer deux jours après... ça fait le 13... un chiffre porte-malheur », pensa Victor.

Le tramway tinta de nouveau au loin. Victor reprit son chemin vers la sortie. Les corbeaux croassaient toujours, mais une marche funèbre étouffée vint s'ajouter à leurs cris, et Victor aperçut un groupe de gens, au fond du cimetière. Encore quelqu'un qu'on accompagnait vers l'éternité.

Quelques minutes plus tard, en tournant dans une allée voisine de la sortie, Victor vit entrer une quinzaine de grosses voitures de marques étrangères, dont une splendide limousine mortuaire. Le cortège se terminait par quatre Mercedes tout-terrain noires, identiques. La dernière s'arrêta, et deux gars en jaillirent pour se poster de part et d'autre de l'entrée du cimetière. Le reste de la colonne poursuivit sa route, vers la chapelle mortuaire et le crématorium.

Victor se raidit, et un imperceptible sourire se dessina sur ses lèvres.

« Des funérailles de première classe sans pingouin ? Ça ne se peut pas ! » s'exclama-t-il intérieurement en suivant du regard le convoi de grosses voitures.

Il pressa le pas et décida de couper entre les grilles des concessions. Des noms et des dates filaient sous ses yeux, mais dès qu'un monument funéraire retenait son attention, il se heurtait à une grille ou à un banc, et le chemin qui, cinq minutes auparavant, lui avait semblé le plus rapide, s'étirait à n'en plus finir. Comme un mirage, la chapelle refusait de s'approcher. Elle semblait flotter au-dessus du cimetière, aussi inaccessible qu'un bonheur posthume. Mais au bout d'une dizaine de minutes, Victor fut tout de même suffisamment près pour voir quatre solides gaillards élégamment vêtus porter à l'intérieur un cercueil précieux en acajou verni et à poignées de bronze. Le reste du cortège, une quarantaine de personnes, était descendu des voitures et attendait patiemment. Il y avait là plusieurs femmes, toutes avec des lunettes noires griffées Armani ou Versace. Longues robes noires. L'affliction chic.

Soudain, quittant le groupe des dames, un petit être noir et blanc se mit à courir, pataud, vers la porte de l'église. Victor n'eut pas le temps de bien le voir, son regard ne capta que les couleurs et la taille. Son cœur bondit de joie. « Micha ! » pensa-t-il, heureux que son intuition ne l'ait pas trompé. Perdu dans ses pensées, il ne remarqua pas un tuyau qui dépassait du sol et s'y cogna la jambe. Il était dans un nouvel espace d'entretien, avec robinet, seaux et arrosoir. Il le contourna. Encore une centaine de mètres et il déboucherait devant la chapelle. En frottant son genou meurtri, il accéléra l'allure. Il se retrouva sur la bonne allée. Tout le monde était déjà entré, hormis deux hommes, jeunes, l'air intraitable, postés à côté des battants ouverts. Brusquement, un gamin bondit hors de la chapelle, dépenaillé, hirsute, un livre dans les bras. Un jeune diacre lui courait après, et tous deux arrivaient sur Victor. Le gamin jetait des coups d'œil en arrière. « Un petit voleur ! » comprit Victor. Plongeant en avant, il l'attrapa par son bras droit. Le gamin perdit l'équilibre et roula sur le goudron de l'allée. Le diacre, barbichette clairsemée et visage boutonneux, bondit sur lui. Voyant du coin de l'œil que la justice allait triompher, Victor continua son chemin. Le diacre arracha le livre au petit, lui en asséna plusieurs coups sur la tête et se dépêcha de regagner la chapelle.

– Merci ! dit-il au passage à Victor avec un regard dégoulinant de gratitude. Ils ne nous laissent pas en paix une seule minute !

Victor remarqua que le livre repris au gamin était une bible.

– Ils nous en ont déjà volé une vingtaine ! déplora le diacre sans s'arrêter.

Il marchait maintenant à la hauteur de Victor.

– Dieu seul sait ce que ces traîne-savates peuvent bien en faire, ils ne savent même pas lire ! Ils sont tout juste bons à voler des fleurs sur les tombes pour les revendre... Et encore, c'est un moindre mal quand ils les vendent aux portes du cimetière, parce qu'il y en a certains qui vont jusque sur le Krechtchatik avec ces bouquets... Et des gens les achètent pour un rendez-vous galant ou un mariage, sans savoir qu'elles viennent du cimetière... Ça peut porter malheur...

Hors d'haleine, il se tut. Ils pénétrèrent dans la chapelle ensemble, et malgré un regard appuyé lancé à Victor, les gardes en faction à l'entrée le laissèrent passer.

À l'intérieur, dans une lumière agréablement tamisée, des cierges brûlaient sous les icônes et dans de grands candélabres funéraires. D'une voix enrouée et monocorde, un pope disait la messe des morts. Le diacre avait disparu. Resté seul, Victor s'approcha de la petite foule compacte qui entourait le cercueil. Il tenta d'apercevoir le visage du défunt, sans succès. Tout le monde se tenait épaule contre épaule, il n'y avait pas le moindre espace pour voir quoi que ce soit. Il ne lui restait qu'à attendre patiemment la fin de l'homélie, mais la voix lugubre du pope ne se taisait pas, et Victor ne savait même plus s'il était au milieu d'un psaume ou du requiem. Ce n'est que lorsqu'il entendit « et Vassili, esclave de Dieu » qu'il comprit que c'était le requiem. Il s'accroupit dans l'espoir de distinguer son pingouin, mais, surprenant le regard étonné d'un vieux monsieur qui venait de se retourner, il se releva aussitôt, comme un écolier pris en faute.

L'office avait duré une demi-heure. Le cercueil fut transporté hors de la chapelle, et Victor aperçut à nouveau le petit être qui se faufilait à travers le cortège. Il attendit que la procession s'étire le long de l'allée et se plaça dans la file. Il tenta encore de voir ce qui se passait devant, mais s'attira un autre regard surpris et résolut d'attendre d'être près de la tombe pour mieux examiner les gens. Il se sentait à son aise, comme s'il avait toujours passé son temps à assister aux enterrements d'inconnus. Sans doute sa mémoire l'avait-elle replongé dans le passé, et il retrouvait sa macabre fonction, redevenait partie intégrante du rituel, comme le pope ou les fossoyeurs.

La tombe du défunt Vassili avait été creusée assez près de la chapelle. Le cercueil fut déposé sur une estrade tendue de velours bordeaux, et on ôta de nouveau le couvercle d'acajou. Victor put enfin voir le visage du trépassé, sublimement distingué, avec des lunettes de prix, mais la tête entourée d'un bandage. Un costume de grand couturier, deux bagues, et, au poignet, une montre qui semblait être une Rolex.

Il contourna la petite foule et la considéra avec attention. Soudain, une terrible grimace de déception lui déforma le visage : il venait de voir un tout petit garçon, deux ans peut-être, en costume noir et chemise blanche. C'était lui qu'il avait pris pour son pingouin. Il se sentit vidé. Il riva un regard hargneux sur l'enfant, comme si le petit l'avait dupé. Tout à sa déception, il n'avait pas remarqué que deux gardes du corps et un homme d'un certain âge aux cheveux blancs plaqués sur le côté ne perdaient pas une miette des expressions qui altéraient ses traits. L'homme lança un regard à l'un de ses gorilles, qui hocha la tête en retour.

Un curieux mouvement général arracha soudain Victor à sa désillusion : tous les hommes venaient de saisir leur portable en même temps. Le vieux monsieur, qui était aussi le plus grand de tous, en tenait carrément deux. Il fit un pas vers le cercueil et en glissa un dans la main du défunt, puis recula. Il composa un numéro, et le téléphone du mort sonna, émettant une mélodie électronique. Victor tressaillit. L'air était à la fois étrange et familier. Le vieil homme arrangea la pochette vert émeraude qui dépassait de sa poche de poitrine, désigna quelqu'un du regard et fit un signe de tête. Deux hommes apparurent aussitôt et refermèrent lentement le cercueil. La sonnerie en fut atténuée.

Soleil trompeur! Victor venait de retrouver le titre du tango.

Le cercueil fut descendu dans la fosse, et les deux hommes empoignèrent des pelles. Victor remarqua à cet instant qu'ils étaient vêtus beaucoup plus modestement que les autres, mais tout de même beaucoup mieux que des fossoyeurs ordinaires. La terre vola, frappa le couvercle avec des échos sourds. Le tango résonnait encore. La famille et les amis s'approchèrent du tas de terre argileuse. Chacun en prit une poignée qu'il jeta dans le trou.

Au bout de quelques minutes, la sonnerie se tut. La musique avait été enterrée avec le défunt. Victor se sentit triste. Ce nouveau rituel ne lui plaisait pas. Qui était allé inventer ça ? Où était Micha ? Et Liocha ? À moins que ces obsèques aient été organisées par d'autres « pompes funèbres » que celles qu'il connaissait ?

Il n'avait plus rien à faire là, et il tourna les talons. Il n'avait pas fait trois mètres que les deux gorilles, en costumes noirs identiques, se dressaient devant lui.

– Attends, lui intima l'un d'un ton coupant. Tu viens avec nous...

– On va loin ?

– Non, répondit le second.

Ils le firent monter dans un des 4x4 Mercedes, et pendant que l'un prenait le volant, l'autre s'asseyait à l'arrière à côté de Victor, qui put voir tout le monde remonter en voiture. Une femme en noir, avec des lunettes de soleil, passa devant eux. Elle tenait le garçonnet par la main.

Les véhicules démarraient. La portière avant droite s'ouvrit, et l'homme aux cheveux blancs s'assit sur le siège passager.

– On y va, ordonna-t-il avant de jeter un coup d'œil à Victor.

Dans ce regard, celui-ci lut un vague mépris teinté d'indifférence, comme s'il n'existait pas. Leur 4x4 prit place dans le lent cortège qui traversait le cimetière. Le vieil homme soupira et regarda de nouveau Victor.

– Tu es qui ?

– Moi ?

Victor haussa les épaules, impuissant à expliquer en deux mots qui il était.

– Oui, toi, insista son interlocuteur. Écoute, je comprends que des resquilleurs s'incrustent à un mariage où ils ne sont pas invités, pour boire et manger à l'œil... Mais à l'enterrement de quelqu'un qu'on ne connaît pas ? À moins que tu aies connu le défunt ?

Victor fit non de la tête.

– Je voulais juste voir... je cherchais quelqu'un.

– Il cherchait quelqu'un... répéta pensivement le vieil homme. Et alors, tu l'as trouvé ?

– Non... Avant, il était agent de sécurité dans les enterrements... ici, au cimetière de Baïkovo.

– Il s'appelait comment ?

– Liocha… il portait une barbe…

Le vieil homme échangea un regard avec celui qui était assis à côté de Victor.

– Tiens donc… Alors comme ça tu cherchais un barbu du nom de Liocha ?

– Vous le connaissez ? demanda Victor, plein d'espoir.

– Lui, il le connaît, dit le vieil homme en désignant le garde du corps. Ou du moins il le connaissait, je n'ai pas tout suivi… Tu le connaissais, pas vrai ?

– C'est celui qui a explosé au mois d'août ?

– Quelle histoire !

L'homme aux cheveux blancs souriait.

– C'est le jour où il y a eu cette bombe placée sous la tête du mort, c'est ça ?

Le gorille acquiesça.

– Des obsèques qui ont marqué ! Et au fait, ce Liocha, pourquoi tu voulais le retrouver ?

Dans les inflexions de sa voix, Victor sentit le danger. Il avala sa salive et rassembla ses esprits. « Il faut que je parle, il faut que je parle plus, pensa-t-il. Ce n'est pas bon de se taire. »

– Je voulais savoir ce qui était arrivé à mon pingouin.

– À ton pingouin ?

L'homme aux cheveux blancs avait dit cela d'un ton absent, mais il sembla soudain s'éveiller. Ses yeux trahirent un vif intérêt :

– Mais alors… alors c'est toi que tout le monde cherchait ?

– Quand ça ?

– En mai, je crois… Il fallait téléphoner si on avait le moindre indice… Pardi, c'est sur ces avis de recherche que j'avais déjà vu ta tête !

– Mais qui c'est qui me cherchait ?

– Des types en civil qui sourient tout le temps, tu vois ce que je veux dire. On dirait les membres d'une fourmilière un peu à part. Très collants. Mais polis. Ils m'ont attendu deux fois devant chez moi pour me demander de distribuer des photocopies de ta binette à mes gars, ils ont beaucoup insisté. Eh bien pour une surprise ! Qu'est-ce que tu leur as fait pour les énerver à ce point ?

Victor réalisa qu'il était vivant et que personne ne savait rien de lui, ou presque. La pitoyable nécrologie écrite par le gros lard n'avait jamais été publiée, et pour cause : il n'avait jamais été tué. On avait cherché son cadavre alors qu'il était en vie, et on ne l'avait pas trouvé. Et aujourd'hui, il était là, sain et sauf.

– Mais on ne me cherche plus ? s'enquit-il en souhaitant qu'on le rassure.

– Je n'en sais rien.

Le vieil homme tira son portable de sa poche.

– Tu veux que je demande ?

– Non, pas la peine.

– Compris. Donc, on te cherche encore. Mais avec moins d'ardeur, sans doute. Au fait, je m'appelle Sergueï Pavlovitch.

– Victor Zolotarev, enchanté.

Le 4x4 avait franchi la grille du cimetière et roulait maintenant à bonne allure. Toute la file suivait la rue Gorki en direction de la place de Moscou. Songeur, Victor regardait par la fenêtre. Il pensait à Liocha, à cette explosion ravageuse. Il se repassait des bribes du dialogue et tentait d'en extraire des informations, « une bombe dans le cercueil, sous la tête du mort », « il le connaît, ou il le connaissait »... Liocha... Sergueï Pavlovitch avait entendu parler de cet attentat, mais il en ignorait les conséquences exactes. En tout cas, il n'avait pas spontanément parlé de Liocha au passé. Il restait donc un espoir. Mais son voisin en savait peut-être plus. Il se décida à lui poser la question.

– Ça n'a pas fait beaucoup de morts, cinq ou six, pas plus. En revanche, il y a eu des blessés. Ce que j'ai entendu dire, à propos de ce Liocha, c'est qu'il avait eu les jambes arrachées. Peut-être qu'il a survécu, je ne sais pas...

Le garde du corps n'était pas bavard, et le silence revint. Après la place de Moscou, les voitures entrèrent dans le secteur résidentiel de Golosseïevo. Ils passèrent devant un lac bordé d'une plage de sable semée de parasols.

Cinq minutes plus tard, le cortège s'arrêta.

– On est arrivés, annonça le vieil homme.

– Où ça? interrogea prudemment Victor.

– Au repas d'enterrement.

Le vieil homme lui jeta un regard pénétrant en plissant un peu les yeux.

– Allez, allez, puisque tu as assisté aux funérailles, tu dois venir célébrer la mémoire du défunt.

8

Pour Victor, le repas du souvenir commença par une fouille en règle. Tout ce qu'il avait dans ses poches fut mis dans un sac et emporté. On lui indiqua alors, d'un signe de tête, qu'il pouvait entrer.

Les convives s'étaient installés autour d'une longue table dans une vaste salle à manger, devant un feu de bois. La majorité partit après avoir bu au repos du mort. Il ne resta qu'une petite dizaine de personnes. Victor avait compris que Sergueï Pavlovitch était le patron, et que le défunt était le mari de sa fille Natacha, assise à la table. Il ignorait ce qu'avait fait cet homme, mais en écoutant quelques conversations à droite et à gauche, il apprit qu'il avait succombé à un accident de chasse. Un malheureux concours de circonstances. Des militaires ivres chassaient non loin de lui, l'un d'eux avait tiré sur ce qu'il pensait être un élan qui avait bougé derrière des fourrés.

– Que faire, les accidents, ça arrive, énonça Sergueï Pavlovitch en buvant un nouveau verre de vodka Hetman.

L'un des vigiles qui avaient fouillé Victor entra dans la pièce et vint souffler quelque chose à l'oreille de son patron. Victor comprit aussitôt qu'il était question de lui, car le maître de maison regarda de son côté. Puis le cerbère s'approcha et lui tendit le sac contenant ses affaires. Victor s'empressa de vérifier qu'il y avait bien tout.

Il était placé en face d'une femme d'une quarantaine d'années. Une veste noire ajustée moulait sa silhouette fine. Il ne savait pas qui elle pouvait bien être. Personne ne s'était donné la peine de le présenter, mais sa présence n'avait pas suscité d'étonnement particulier.

Sergueï Pavlovitch prononça quelques brèves paroles en l'honneur du défunt, puis deux autres hommes se levèrent, mais, gênés par des difficultés d'élocution, ils expédièrent quelques banalités à leur tour, terminant par le traditionnel « Que la terre lui soit légère ! »

Au bout d'un moment, le patriarche, passablement éméché, décréta: « Il n'y a pas d'ambiance, ici ! » et, désignant d'un air sévère un des gorilles assis à table, il le chargea d'aller sur le Krechtchatik et de ramener « de la musique du passage souterrain ».

Victor aussi avait bien bu, et n'avait avalé que quelques *goloubtsy*[1], car le plat était posé juste devant lui. Il ne comprit pas tout de suite ce que pouvait être la « musique du passage souterrain », mais il ne fallut qu'une quarantaine de minutes pour que le vigile revienne, flanqué d'un gars à l'air emprunté, mal rasé, guitare à la main. Il n'était pas très frais, le visage blême et les yeux brillant d'un éclat suspect. Il parcourut fiévreusement du regard la grande salle à manger, puis avisa la table.

---

1. Feuilles de chou repliées farcies de viande hachée souvent mélangée à du riz.

– Nous sommes en deuil, lui expliqua Sergueï Pavlovitch d'une voix forte.

Le gars sursauta, redressa la tête et le regarda.

– Tu connais des chansons tristes?

Il fit signe que oui. Le garde du corps lui tendit un verre de vodka et une tranche de pain noir.

– Alors, chante! ordonna le maître de maison. Va te mettre devant la cheminée, et chante.

«Sur le fond bleu du ciel brille une seule étoile[1]...» entonna le gars d'une voix rugueuse. Sergueï Pavlovitch sourit, perdu dans ses pensées, il hocha la tête, se versa un verre, et vint prendre place à côté de Victor.

– Ça va, tu ne t'ennuies pas trop?

– Ça va.

– Très bien... Alors comme ça, j'apprends que tu es quelqu'un d'intéressant... Tu pars bientôt à Moscou, n'est-ce pas?

Victor comprit que les gardes du corps avaient lu la lettre du banquier et en avaient parlé à leur patron.

– Oui, mais pas tout de suite. Je dois d'abord retrouver Micha, mon pingouin.

– Tu sais quoi? Si je t'aidais à le retrouver, ton Micha? Et toi, tant qu'à faire le déplacement à Moscou, tu emporterais des choses pour moi? D'accord? Si ce genre de personne te fait confiance, ça veut dire qu'on peut compter sur toi, et c'est rare...

– Dans ce cas, vous pourriez peut-être aussi vous renseigner sur ce qu'est devenu Liocha? osa Victor, persuadé maintenant que son interlocuteur avait des pouvoirs très étendus.

– Je vais tâcher de savoir, ne t'en fais pas, s'exclama-t-il en levant son verre. Allez, buvons à notre rencontre.

---

1. Chanson très connue, datant d'il y a une vingtaine d'années, du célèbre auteur-compositeur-interprète Boris Grebenchtchikov.

Victor tendit son verre, mais Sergueï Pavlovitch fit un signe de dénégation :

– On ne trinque pas à un repas funéraire.

Ils vidèrent leurs verres d'un coup, en silence.

– On aura encore l'occasion de discuter, dit Sergueï Pavlovitch avant de regagner sa place.

Le guitariste jouait toujours, cette fois sa chanson parlait de la dure condition de toxicomane. Quand la nuit tomba, les ténèbres avaient déjà envahi l'esprit de Victor, qui dormait. Avant de laisser choir sa tête sur la table, il avait tout de même eu le réflexe d'enlever le plat où restaient encore quelques *goloubtsy*.

C'est le vigile qui le réveilla. Victor parcourut la salle d'un œil aviné et engourdi, remarqua le feu éteint dans la cheminée et comprit qu'il n'y avait plus personne. Le garde du corps le conduisit à une petite mansarde, au second. Elle était meublée d'un canapé rouge de chambre d'adolescent, couvert d'un plaid rayé rouge et noir. Victor s'allongea sans même se déshabiller, se blottit sous le plaid et replongea dans le sommeil.

Au milieu de la nuit, la chaleur le réveilla, il se leva et ouvrit le Velux, puis se recoucha.

Peu après, les éclats de voix d'une conversation qui montait de la cour traversèrent son sommeil. Il se releva, s'approcha de la fenêtre, mais elle donnait sur le ciel nocturne avec un angle de quarante-cinq degrés, et il ne distingua rien. Toutefois, il entendit nettement ce qui se disait en bas :

– Débrouille-toi pour ne pas le vexer !

C'était la voix du patron aux cheveux blancs.

– C'est comme si c'était fait ! promit un homme jeune qu'il n'avait jamais entendu.

Un moteur ronfla, et une voiture quitta la maison.

Dehors, le calme revint, mais Victor était maintenant dans un état intermédiaire, ni réveillé, ni endormi, et se sentait vaseux. Il avait la gorge sèche. Il alluma, détailla la pièce d'un regard lent et mal assuré. S'apercevant qu'il était toujours habillé, il décida de descendre pour aller boire un verre d'eau.

En sortant de sa chambre, il s'efforça de bien repérer sa porte. Il suivit un petit couloir, descendit un escalier de bois, plutôt raide jusqu'au premier mais qui s'élargissait ensuite. Au rez-de-chaussée, il déboucha dans la salle à manger, puis trouva la cuisine. Venue de la rue, la lueur diffuse d'un lampadaire entrait par les fenêtres sans rideaux. Le regard de Victor tomba immédiatement sur un réfrigérateur haut de deux mètres. Il ouvrit le compartiment supérieur. La lumière jaillie du froid projeta une auréole jaune sur le plancher. Il cilla un instant, avant de détailler le contenu comestible. Il opta pour une brique de jus d'orange et une canette de tonic.

– Éteins la lumière ! grogna une voix lasse dans son dos.

Il se retourna et découvrit, dans le coin opposé, le chanteur des rues aux rengaines tristes. Il était assis à une petite table d'angle, une boîte de conserve ouverte devant lui, à côté d'une bouteille de vodka et d'un verre.

– Il faut te le demander comment ? insista-t-il.

Victor ferma le réfrigérateur. Il ne distinguait plus le chanteur et dut attendre que ses yeux s'habituent à la pénombre.

À la table d'angle, la flamme d'une allumette brilla pour s'éteindre aussitôt, remplacée par le point rouge baladeur d'une cigarette.

– T'as faim ? demanda le chanteur après un silence, en appuyant sur le dernier mot.

– Non, j'ai soif, répondit Victor en prenant un verre.

Il se fit un tonic à l'orange, puis renifla l'air, étonné de ne pas sentir d'odeur de tabac.

– Assieds-toi ! On va boire un coup.

Il s'assit face au chanteur et posa son verre sur la table. L'autre se servit une vodka avant d'en verser dans le verre de Victor.

– Belle baraque. Et un frigo plein à craquer, de quoi bouffer pendant un mois... Tu verrais ce qu'y a dans le congél, au moins cinq variétés de poisson, des écrevisses, des crevettes... Ça vaut le coup d'être député !

– Comment ça, député ? s'étonna Victor.

– Ben, comme ça ! Élu du peuple, expliqua le chanteur en levant son verre. Si on buvait à sa santé ? C'est un mec classe ! Pas de problème ! Je lui ai demandé un joint, pour rire, et figure-toi qu'il m'en a vraiment filé un !

Il désigna sa cigarette biscornue. Victor comprit pourquoi ça ne sentait pas le tabac.

– Mais qu'est-ce qui te fait dire que c'est un député ?

– D'abord, il est riche, donc il peut s'acheter le fauteuil... Ensuite, dans les toilettes, juste au-dessus du trône, y a son affiche, avec ses promesses électorales. J'étais allé dégueuler, puis en levant la tête, ça allait mieux, je l'ai vu pile sur le mur qui me regardait !

Victor se sentit vaguement inquiet. Quelque chose l'avait contrarié dans ce discours. Il avala une gorgée de son cocktail, qui avait maintenant plus goût de vodka que d'autre chose. Il repartit vers le réfrigérateur.

– Ferme les yeux, conseilla-t-il à son compagnon.

Il ouvrit le congélateur. Les deux clayettes du haut étaient pleines à ras bord de poissons et produits de la mer des plus recherchés. Songeur, il pensa à Micha : était-il dans les parages ? Mais ensuite, il s'aperçut que les autres clayettes regorgeaient de viande, de poulets, de canards, de perdrix. Et tout en bas, il semblait même y avoir quelque chose de plus insolite. Il s'accroupit, se pencha, et resta bouche bée : complètement au fond, il venait de découvrir deux tortues congelées. Abasourdi, il se releva, referma et se rassit.

– Alors, qu'est-ce que t'en dis ? s'enquit le guitariste.

– C'est quoi ton nom ?

– Igor.

– Dis-moi, Igor, tu sais si les députés mangent des tortues ?

– Tu planes déjà, ou quoi ? rigola le guitariste. Des tortues... Écoute, y a un mois, quand je me suis tiré, j'ai passé plusieurs jours dans la forêt, à bouffer des hérissons que je faisais griller...

– D'où c'est que tu t'es tiré ?

– De l'armée. J'ai déserté.

– Et t'as pas peur de chanter dans les passages souterrains ? Tu risques pas de te faire prendre ?

– Oh que non ! C'est l'armée russe que j'ai quittée, je suis parti de Belgorod, et maintenant je chante dans les souterrains de l'Ukraine indépendante ! Je suis à l'étranger !

– C'est juste, convint Victor. Tu es un étranger... À te voir, on dirait pas... Et c'est bon, le hérisson ?

– Pas terrible. Mais j'avais pas de sel, tu comprends. Avec du sel, ça serait sûrement mieux passé... Oui... Bon, va falloir que j'y aille... articula-t-il, pensif, en se versant un autre verre.

– Tu as été payé pour la soirée ?

– Non, j'ai pas osé demander. Je suis trop timide... du coup je me suis servi dans le frigo, pour compenser...

Il se leva avec difficulté, soupira, et écrasa son mégot sur la table.

– Bon, elle est où ma guitare ? s'interrogea-t-il en regardant par terre. Ah, la voilà, ma guitare chérie.

Il se baissa, et, au même instant, la cuisine fut illuminée par les phares d'une voiture qui pénétrait dans la cour.

Il s'accroupit aussitôt, et Victor se pencha sur la table, mais en se tournant vers la fenêtre il comprit qu'on ne pouvait pas le voir de toute façon. Il alla regarder dehors et reconnut les deux gorilles. Ils venaient de bondir du 4x4, dont ils sortaient de petits cartons ficelés et visiblement lourds, qu'ils déposaient sur l'allée pavée.

Quelques instants plus tard, le maître de maison sortit. Il discuta brièvement avec ses hommes, puis rentra. Tout à l'heure, Victor avait eu le son sans les images, maintenant c'étaient les images sans le son. Des pas résonnèrent dans le couloir longeant la cuisine. Il se figea. Le bruit de pas se tut, pour reprendre peu après derrière la porte, qui s'ouvrit brutalement. On entendit le déclic de l'interrupteur et la lumière s'alluma. Victor et Igor plissèrent les yeux.

L'étonnement de Sergueï Pavlovitch ne dura qu'une seconde. Il jaugea la pièce, évaluant la situation.

– Insomniaques ? demanda-t-il sans attendre de réponse.

Il fixa Igor.

– Le tour de chant est terminé, la vie continue.

Il plongea la main dans la poche de sa veste blanche froissée, en sortit quelques billets fripés, qu'il déploya en éventail d'un geste de joueur de cartes professionnel. Il sélectionna deux coupures de cinquante hrivnas et les lui tendit.

– Voilà, tu peux partir !

Igor prit l'argent, et un sourire espiègle passa sur son visage. Il attrapa sa guitare posée sur le sol.

– Si y a besoin… je peux revenir quand vous voulez…

– Dieu fasse que non ! répondit Sergueï Pavlovitch. Va, mon ami.

Igor quitta la cuisine. Le maître de maison reporta son attention sur Victor.

– Toi, assis. Il faut qu'on parle.

Ils s'installèrent à la table, et restèrent silencieux plusieurs minutes. Enfin, Sergueï Pavlovitch déclara qu'il avait appris bien des choses sur les activités passées de Victor. Il se tut et l'observa, comme pour tester sa réaction. Parmi ces activités, il n'avait cité que le journalisme, les « petites croix », et un certain Selivanov, sous la protection duquel aurait travaillé Victor. Il n'avait pas dit un mot sur les enterrements avec pingouin.

Le silence s'éternisait. Sergueï Pavlovitch se leva, fit du café, posa deux tasses et un sucrier sur la table.

– Sens-toi à l'aise, dit-il d'une voix douce. Tout va aller très bien pour toi... tu partiras à Moscou comme prévu... mais un peu plus tard.

Victor tressaillit et le considéra avec attention.

– N'aie pas peur! Tout ira bien. Mais Selivanov, pour toi, c'est fini. C'est malheureusement fini pour lui aussi. Tu te retrouves sans ce « toit » au-dessus de la tête, et s'il pleut, ou pire, s'il grêle, tu vois le problème...

Victor versa une cuillerée de sucre en poudre dans son café, remua, goûta. Soupira. Les vapeurs d'alcool se dissipaient, aussitôt remplacées par une lourdeur non plus physique, mais morale. Il pleurait déjà sa liberté, dont il n'avait même pas eu le temps de profiter. Il n'avait même pas pu en prendre conscience, ne l'avait pas touchée du doigt. Quelques pas dans la mauvaise direction avaient suffi pour que tout soit fichu. La mort d'un inconnu, des funérailles sans pingouin, sa curiosité, et il se retrouvait prisonnier.

Sergueï Pavlovitch reprit la parole :

– L'être humain n'a pas besoin de grand-chose. Un peu de nourriture, un peu d'argent, et une maison, un toit au-dessus de la tête. Comme les escargots... Il y a une loi, d'ailleurs, qui s'appelle la Loi de l'Escargot. Tu es un petit escargot, tu as ta petite maison, tandis que moi, je suis un gros escargot, et j'ai besoin d'une maison plus grande et plus solide. Peut-être que je suis devenu trop gros pour ma maison, je dois en construire une autre. Or un escargot sans maison, ça s'appelle une limace. Tu sais ce qu'on en fait, des limaces... Tu ne voudrais pas que je t'abrite sous mon toit?

– Mais à quoi je peux bien vous servir, moi? gémit Victor. Vous avez tout, vous êtes député...

– Quelle idée! Où as-tu pris ça? Je ne suis que candidat à la députation. Mais dès que je serai élu, ta maison sera encore plus sûre. Enfin, après tout, tu es libre ! Je ne fais que te proposer un emploi provisoire. Il paraît que tu avais du style pour évoquer les morts. Mes hommes savent à peine lire, et j'ai grand besoin de quelqu'un dans ton genre en ce moment, quelqu'un qui ait de l'imagination, de l'expérience... Tu rédigerais deux ou trois discours pour mes électeurs, un programme... Tu es plus proche d'eux, toi, tu sais ce qu'il leur faut. En réalité, ça n'a aucune importance, mais c'est plus élégant... Après, dès que je serai député, tu pourras partir à Moscou, à New-York ou à Santiago du Chili si ça te chante !

– Et si vous n'êtes pas élu ?

– Mauvaise question ! Mon adversaire a une balafre sur le visage, et il est presque chauve. Notre peuple n'aime pas ce genre de types ! Au fait, mes gars m'ont promis de rapporter des nouvelles de ton pingouin avant la fin de la nuit.

Il regarda sa montre.

– Dans deux petites heures, on saura ce qu'il est devenu, ton Micha. En attendant, tu n'as qu'à retourner dormir. Les gens intelligents ont besoin de plus de sommeil que les autres ! On dit que ça leur rallonge la vie.

9

Une bonne matinée ne commence jamais tôt. Et ce jour-là, la matinée fut effectivement bonne, puisque Victor se réveilla presque à midi. Cette fois, il avait dormi confortablement, dévêtu, sous le chaud plaid de laine. Le soleil brillait à travers le Velux.

Il s'assit au bord du divan, heurtant du pied un verre vide qui roula avec un bruit sourd sur le plancher. Il se pencha, le chercha des yeux et découvrit alors un verre à facettes ainsi que deux autres objets qu'une main prévenante avait déposés à son intention: une bouteille de bière et un décapsuleur à lourd manche de bois. Il versa la bière dans le verre et se désaltéra, en se souvenant de sa nuit, et de la journée qui avait précédé. Il but une nouvelle rasade. Il n'avait pas envie de penser, cela lui faisait mal, pas à la tête mais dans tout le corps. Il aurait souhaité boire et ne penser à rien, mais il n'avait qu'une seule bouteille à sa disposition et les pensées qui l'assaillaient étaient si nombreuses qu'il ne parviendrait jamais à les chasser comme des moustiques importuns. Il se remémora la conversation avec Sergueï Pavlovitch, le 4x4 et les cartons déchargés, le guitariste du Krechtchatik. On lui avait promis des nouvelles de Micha pour ce matin, or le jour était levé depuis longtemps, donc ces nouvelles étaient là, toutes proches, et l'attendaient.

Il s'étira, s'habilla, prit dans un coin le sac qui contenait toutes ses richesses et les répartit à nouveau dans ses différentes poches. Il n'avait plus qu'à y aller. Mais où? Il n'était pour l'instant qu'un escargot sans maison. Une limace qu'on pouvait écraser sans même la remarquer. Aïe. Et ces gens qui l'avaient tant guetté à la clinique de Féofania... Quelqu'un tenait absolument à publier la calamiteuse «petite croix» que son gros trouillard de successeur avait rédigée à son sujet. Il avait été impossible de mettre un point final à son histoire. Il avait eu de la chance. Sauvé par la roulette, les jetons qui pouvaient, dans ce monde factice, servir à payer pour rester en vie, et aller se geler *ad vitam aeternam* en Antarctique.

S'il avait pu aller jusqu'en Antarctique, il pouvait survivre à d'autres situations. Et s'il survivait, il n'irait jamais plus loin que l'Antarctique!

Il descendit. La maison était silencieuse. Déserte.

Il retourna fouiner dans le réfrigérateur, prit du beurre et du saucisson. Une brusque réminiscence lui fit rouvrir le congélateur. Ahuri, il contempla les poissons sans tête, les sachets de crevettes royales et les deux tortues.

Il arrosa son casse-croûte d'une bière prise dans une caisse qui en contenait une bonne quantité. Ça, c'était une boisson pour le petit-déjeuner, comme le café en France ! Son dynamisme naissant s'accompagnait d'une agréable pesanteur, une solidité, l'assurance immobile d'une statue.

Deux voitures entrèrent dans la cour, et Sergueï Pavlovitch fit son apparition, pensif, préoccupé.

– Quand tu auras mangé, tu descendras au sous-sol. C'est l'escalier qui est à droite de la porte d'entrée.

Victor acquiesça. Tout cela lui convenait désormais, boire de la bière, se faire un en-cas avec du pain et du saucisson et acquiescer. Facile.

Le sous-sol abritait un imposant billard, qui voisinait avec un comptoir de bar devant lequel s'alignaient trois tabourets. Plus loin, il y avait une porte. Le genre de porte que l'on met à l'entrée d'un sauna.

Sergueï Pavlovitch jouait, tout seul. Il ne s'appliquait pas, perdu dans ses pensées. Voyant entrer Victor, il eut un sourire.

– Tu sais jouer ? lui demanda-t-il en désignant le billard.

– J'ai eu l'occasion d'essayer.

– Eh bien, essayons ensemble !

Il alla chercher le triangle pour grouper les boules, et fit signe à Victor de prendre une queue. Celui-ci en choisit une longue.

Sergueï Pavlovitch commença. Du premier coup, il envoya deux boules dans les trous. Victor ne parvint même pas à jouer. L'une après l'autre, les boules disparaissaient de la table, et pour finir, le maître de maison haussa les épaules en un geste d'excuse.

– Désolé. Ça m'arrive souvent. Je voudrais laisser jouer les autres, mais je n'y arrive pas… Allez, ça fait rien, remontons à la cuisine.

Ils s'installèrent à la table d'angle.

– Vous avez eu des nouvelles de Micha ?

– Micha... tu sais... Il a disparu, ton Micha. Il n'est plus à Kiev. Par contre, on a retrouvé ton copain Liocha. Il pourra peut-être t'en apprendre plus.

– Il est où ?

– Il tient un café dans la Tatarka[1]. *L'Afghan.* C'est bien situé, juste sur la corniche.

– Je peux aller le voir ? hasarda Victor.

– Bien sûr que tu peux ! Tu te crois en prison ? Non, maintenant, tu es salarié. Une fois ta journée de travail finie, tu vas où bon te semble.

– Vous n'avez pas peur que je m'enfuie ?

– Tu n'es pas idiot ! Tes deux passeports vont rester dans mon coffre pour l'instant. Il ne faudrait pas que des pickpockets te les volent ! C'est une plaie en ce moment dans Kiev, il nous en vient de toute l'Ukraine. Une fois, c'est le portable, une autre, le portefeuille, ils s'attaquent à tout... Oui, au fait, dans ton intérêt, ne va pas dire à tes anciens amis que tu es de retour...

Victor acquiesça. Il tendit ses passeports à Sergueï Pavlovitch.

– Tu vois comme tu comprends vite ! Tu as tout de suite assimilé la Loi de l'Escargot. À présent, ta maison, c'est ici, dit-il en balayant du geste et du regard les murs de la cuisine. Dès que tu sens un danger, tu rappliques ici, sous ce toit. Compris ?

10

Victor manquait de sommeil, mais la météo était revigorante. Le soleil déclinant l'aveuglait. Il prit un taxi de ligne

1. Quartier surplombant le Podol.

jusqu'à la montée Kourenevski, puis termina à pied le trajet jusqu'à Nagornaïa. Il n'y avait presque pas de passants, uniquement des voitures qui filaient à toute vitesse, malgré une chaussée trouée comme du gruyère.

L'Afghan occupait le rez-de-chaussée d'un Institut de recherche, mais avait sa propre entrée. Au lieu de marches, c'était une petite rampe en béton encadrée de barrières qui conduisait au seuil. La porte double était ouverte, et Victor entra. Personne au comptoir, étrangement bas. La salle se réduisait à quelques tables, très basses elles aussi. Pas la moindre chaise. Surpris, il s'approcha du comptoir, regarda derrière. Une machine à espresso Siemens brillait de tout son chrome, près de quelques bouteilles entamées, sous des rangées bien ordonnées de verres tout propres, petits et grands, suspendus la tête en bas.

Il tira une pièce de monnaie de sa poche et frappa sur le comptoir.

– Une seconde ! cria une voix qui lui sembla familière.

Il fixa la porte blanche derrière le comptoir, entendit un grincement, et Liocha, toujours barbu, apparut dans l'encadrement, en fauteuil.

Victor le regarda avec stupeur. Il n'avait plus de jambes. Le reste était en tenue de camouflage.

– Oh ? s'étonna Liocha. C'est toi ? Ben dis donc !

Il n'ajouta rien. Sur son visage, l'embarras le disputait à l'incrédulité.

– Tu es vivant ? finit-il par dire.

– Oui. Et toi ?

Liocha eut un rire amer.

– Moi aussi. J'ai juste du mal à courir.

Il baissa les yeux sur les jambes de son pantalon militaire, roulées et attachées assez haut.

– Assieds-toi, je te prépare un café !

Victor, embarrassé, regarda autour de lui.

– Ah, c'est vrai ! Va voir par là, lui indiqua Liocha en montrant la porte par laquelle il venait d'arriver. Il y a des fauteuils roulants pour les invités !

Dans le local de service, Victor découvrit trois fauteuils pliants nickelés rangés contre le mur. Il en prit un, le déplia d'un geste, s'assit, le cœur lourd, et posa les mains sur le cercle métallique externe des grandes roues. Il poussa, le fauteuil se dirigea vers la porte, roula vers le comptoir et heurta celui de Liocha, qui maniait le percolateur en expert.

– Fais pas l'idiot ! Choisis une table et va t'installer !

Victor se redressa, fit passer le fauteuil, léger, par-dessus la tête de son ami, et le reposa de l'autre côté du comptoir, près de la première table. Il se rassit. À présent, le décor prenait un sens, les tables basses étaient au niveau idéal.

Liocha ne tarda pas à apporter deux cafés et un sucrier, posés sur un petit plateau fixé à son fauteuil. Il gagna la table en virtuose, s'arrêta sans que Victor comprenne comment et fit le service en un clin d'œil.

– Et voilà, dit-il en remuant son café. Ce qu'on perd d'un côté, on le gagne d'un autre...

– T'es devenu philosophe ? sourit Victor.

– Vaut mieux, sinon qu'est-ce qui me reste ?

Victor eut soudain l'impression que les mains de Liocha étaient beaucoup plus longues qu'avant. Plus longues et plus noueuses.

– Alors, qu'est-ce qui t'est arrivé ?

– Tu sais, un démineur ne se trompe qu'une fois. Après, dans le meilleur des cas, il passe le reste de sa vie à le regretter... C'est ce que je fais depuis... Bousiller un enterrement pareil ! Mon patron et ses deux lieutenants ont été déchiquetés ; moi, j'ai juste été raccourci. Dans la même seconde, j'ai perdu mes jambes et mon travail. Plus un sou. Heureusement que j'ai eu des amis pour m'aider, dit-il en parcourant le café du regard. Me voilà patron de bar.

Liocha lui expliqua ensuite qu'officiellement, ce café appartenait à l'Association des soldats internationalistes[1], ce qui l'exemptait de taxes. Personne n'aurait risqué de venir fourrer son nez dans ses affaires, il n'y avait rien à tirer de ce genre d'établissement. À côté, un foyer abritait des mutilés de la guerre d'Afghanistan, entre autres.

Victor posa enfin la question qui lui tenait à cœur :

– Et Micha, qu'est-ce qu'il est devenu ?

– Le pingouin ?

Liocha, ennuyé, se gratta derrière l'oreille.

– On a eu un problème. Tu sais, avant ce dernier enterrement, mon patron était en mauvaise posture, on s'était fait doubler. Un jour, on avait reçu plusieurs wagons d'alcool, sans papiers, pour une valeur de trois cent mille dollars. Les papiers, on devait nous les amener le lendemain matin, mais dans la nuit, on nous a balancés à la Répression des fraudes, qui a confisqué toute la marchandise. Même pas moyen de la racheter. Et ça s'est répété. Au total, ça faisait près d'un million de dettes. Mon patron devait rembourser un type de Moscou qui a installé plusieurs stations-service ici… Du coup, ce type a pris ton Micha, en dédommagement. Il a un domaine près de Moscou, avec un zoo privé… Je n'ai rien pu faire…

– Je peux le trouver où, ce type ?

– Il est reparti chez lui, à Moscou. Il s'est fait piquer ses stations-service par un de nos députés. Viré du sol ukrainien…

– Comment il s'appelle ?

– T'es sérieux, là ?

– Bien sûr.

Incrédule, Liocha secoua la tête.

---

1. Dénomination officielle de ceux que l'on envoie combattre à l'étranger.

– Son surnom, c'est « Le Sphinx ». Ilia Kovalev pour l'état civil. Il a une banque, à Moscou, la Banque commerciale du gaz. Tu te rends compte de ce que ça représente ?

– Une banque ? demanda Victor en haussant les épaules. Qu'est-ce que tu veux que ça représente ? Beaucoup d'argent, pas plus...

Liocha fit non de la tête.

– Une banque, ça veut dire des services secrets parallèles, une armée privée, la possibilité d'acheter ou de faire disparaître n'importe qui sans laisser de traces.

Victor poussa un lourd soupir.

– Tu sais que tu étais recherché, quand même ?

– Oui.

– Et ça te gêne pas de te balader comme ça en ville ?

– Je tiens à retrouver Micha.

– C'est beau, l'amour !

À cet instant, deux gars en fauteuils, eux aussi en tenues de camouflage, entrèrent dans le bar. Dès que Liocha les vit, il prit un air soucieux.

– Salut, soupira le premier en approchant de leur table.

Il regarda attentivement Victor, puis se tourna vers Liocha.

– T'as appelé Potapytch ?

– Oui, il va arriver d'ici une heure.

– Bon, fais-nous un café en attendant !

Liocha considéra Victor d'un œil pensif.

– Viens avec moi jusqu'au comptoir, lui dit-il à voix basse.

Victor le suivit. Liocha lui glissa un bout de papier avec son numéro de téléphone.

– Appelle si tu as besoin. Ou passe prendre un café ! ajouta-t-il, lui faisant comprendre qu'il était temps qu'il parte.

Victor replia le fauteuil, alla le ranger, et, prenant congé d'un signe de tête, quitta *L'Afghan*, suivi par le regard scrutateur des deux clients, l'un unijambiste, l'autre cul-de-jatte.

11

Dans la soirée, Sergueï Pavlovitch convia Victor à la table de la grande salle à manger. Il ordonna à l'un de ses gardes du corps d'apporter une bouteille de bourgogne rouge et du fromage. C'est dans cette atmosphère raffinée que commença la première séance de travail avec le candidat à la députation dont Victor était l'hôte forcé. À vrai dire, il n'avait aucune envie de partir pour l'instant. Son intuition lui soufflait que le maître de maison était quelqu'un de plutôt correct, ou du moins un homme de parole. Victor n'était pas prisonnier, il avait pu aller en ville; il était presque libre. Sauf qu'il était enchaîné au coffre qui renfermait ses passeports. Sans eux, impossible d'aller ne serait-ce qu'à Moscou. Ce genre de détails excepté, tout allait bien. Sergueï Pavlovitch lui avait permis de retrouver Liocha, qui à son tour l'avait mis sur la piste d'un banquier moscovite et de son zoo privé. Il avait en quelque sorte touché une avance pour un travail qu'il n'avait pas encore accompli. C'était une marque de confiance supplémentaire.

La conversation s'engagea. Le vin un peu âpre, le fromage à pâte dure, légèrement amer, tout était parfait, apaisant, et créait un bon climat.

– Demain, une équipe de conseil en communication arrive de Moscou, annonça le patron tout en dégustant son bourgogne. Tu te tiendras au courant de leurs réflexions et tu me feras tes commentaires. Dès que quelque chose te déplaît, tu viens m'expliquer de quoi il retourne! Compris?

– Très bien.

– Par ailleurs... tu t'y connais en politique, n'est-ce pas? Tu travaillais bien dans un journal?

– Je ne m'y connais pas vraiment, je n'écrivais pas d'articles…

– Pas besoin ! l'interrompit Sergueï Pavlovitch avec un geste brusque. Ce que tu écrivais, c'était précisément de la politique ! De la politique appliquée. Moi, ce qu'il me faudrait apprendre, ce serait plutôt le côté promesses… Tu vois ce que je veux dire ? En politique, c'est avec ça qu'on commence sa carrière. Explique-moi ce que je dois promettre.

– À qui ? Au peuple ?

– Au peuple, puisque c'est lui qui vote !

Victor se mit à réfléchir, se remémora les programmes électoraux qu'il lui avait été donné de feuilleter autrefois.

– Le peuple… C'est qu'il n'est pas homogène… Les pauvres ont besoin d'argent, les affamés, de nourriture, les repus, de confort et de baisses d'impôts…

– Doucement ! Tu dis des choses intelligentes, laisse-moi le temps de les mémoriser. On reprend… Non, attends un peu !

Il appela son garde du corps et lui demanda d'apporter du papier et un stylo.

Après quelques gorgées de vin, il étala une feuille devant lui, prit le stylo et leva les yeux sur Victor.

– Alors, dans l'ordre… Les pauvres ont besoin d'argent, répéta-t-il en prenant des notes.

Il regarda à nouveau Victor.

– Pour les affamés, de la nourriture, et pour les repus… Mais comment tu détermines qui est repu ?

Victor se plongea à nouveau dans ses réflexions.

– Quand je dis « les repus », c'est une image. On peut aussi bien dire « les riches ».

– Non, minute !

Le patron posa son stylo sur sa feuille.

– Tu simplifies trop ! Repu et riche, ce n'est pas du tout la même chose. Un riche n'a jamais faim, à moins d'être au régime. Mais on peut être repu sans être riche ! Ça veut dire quoi ?

– Qu'il y a beaucoup plus de repus que de riches !

– Donc, ils comptent plus pour nous. De toute façon, outre qu'ils sont rares, les riches votent pour eux-mêmes.

Victor aimait de plus en plus cette discussion. Son interlocuteur avait l'esprit vif, et il se réjouissait d'autant plus de voir que Sergueï Pavlovitch semblait l'écouter avec attention et prenait des notes comme s'il s'agissait d'un cours magistral.

– Donc, inutile de promettre quoi que ce soit aux riches. Après, une fois député, vous devrez sans cesse leur faire miroiter quelque chose, ce sera indispensable !

– Ça, on verra plus tard, mais tu as raison. Donc, dans l'ordre : d'abord, nos pauvres, articula-t-il en soulignant le mot sur sa feuille. Établissons une liste de promesses à leur intention. Pas besoin d'être allé à l'école pour se douter que personne ne va distribuer de l'argent dans les rues.

– Faux ! objecta Victor. On va en distribuer, juste avant les élections. Une dizaine de hrivnas par tête de pipe, pour une voix. Ça s'est déjà fait...

– Une misère ! Acheter des voix, d'accord, mais ce dont j'ai besoin, c'est d'une série de promesses, d'un programme.

Victor soupira.

– Bon... il faut évoquer l'économie, la création d'emplois, de nouvelles usines, de prêts à taux préférentiels pour ceux qui fondent des entreprises...

– Tu vois bien que tu sais tout ! Tiens, dit-il en lui passant le papier et le stylo, tu n'as qu'à continuer, demain en fin d'après-midi on rédigera le programme et le soir on en discutera, peut-être qu'on pourra le montrer à cette équipe de Moscou, qu'ils nous disent ce qu'ils en pensent. À propos, tu sais ce qu'ils doivent faire exactement ? Ils demandent un fric fou, mais pas moyen de savoir ce qu'ils fabriquent.

– Sergueï Pavlovitch, des conseillers en communication, il y en a de toutes sortes. Leur truc, c'est le marketing politique. Ils vont vous dire de changer de coiffure, d'acheter une autre cravate, des choses comme ça… Ils sont aussi censés imaginer les textes de vos discours…

– Compris. Bon, allez, on descend dans la salle de billard. Ménageons notre cerveau ! Il faut faire comme Tolstoï : labourer un bon coup, puis revenir au bureau et écrire.

Un garde du corps silencieux, en costume noir léger et chemise blanche, sans cravate, déposa le triangle sur le feutre vert de la table, le remplit de billes d'ivoire, le retira et s'effaça.

– Merci, Pacha, lui dit son patron.

Il choisit une queue dans le râtelier, puis considéra attentivement Victor.

– Tu n'as qu'à commencer, cette fois, sinon tu vas de nouveau rester là à me regarder jouer !

Victor fit éclater le triangle de boules, mais aucune ne chuta dans un trou. Ensuite, il dut effectivement se contenter de regarder. Ils disputèrent trois autres parties. Lors de la dernière, Victor, à sa grande surprise, parvint à loger trois billes dans les poches.

– Tu vois, se réjouit son adversaire. Joli début ! Continue à t'entraîner. C'est ça, l'échange des savoirs. Moi, j'ai une bonne pratique du billard, toi du journalisme. On va s'aider mutuellement à progresser !

12

L'aube du lendemain apporta un avant-goût d'automne. Un brouillard laiteux flottait, qui avait englouti les arbres, la clôture et le bourdonnement de la grande ville. L'automne était indifférent à l'agitation. Le temps était venu de ralentir le rythme, avant d'hiberner. Les animaux sont à l'écoute de ces signes, c'est pour eux une loi de la nature. Pour les humains, c'est une gêne saisonnière, et pour les enfants, un changement divertissant.

Par la fenêtre de sa chambre mansardée, Victor observa longuement le brouillard. L'illusion d'une absence de vie au-dehors le ravissait. Il songeait que là-bas, à la fenêtre de son appartement, Sonia devait faire comme lui, examiner ce brouillard de ses grands yeux pleins de curiosité.

Il se souvint alors, confus, qu'il lui avait promis de l'appeler sans faute. Plusieurs jours s'étaient écoulés depuis.

Il descendit à la cuisine, trouva au frais un bocal d'olives entamé et du cervelas, un petit-déjeuner idéal. La maison était silencieuse et semblait vide. Ce n'est que quand il sortit dans le couloir qu'il remarqua Pacha, le garde du corps. Il alla lui dire bonjour, ajoutant quelques paroles insignifiantes. Ils se saluaient généralement en hochant la tête, comme de vieux voisins. Victor savait seulement que Pacha avait été un sportif d'assez haut niveau, spécialiste du biathlon, qu'il avait même pratiqué en compétition chez les juniors. Ensuite, il était entré au service de Sergueï Pavlovitch. Victor lui demanda s'il était possible de passer un coup de fil. Pacha fit un geste désinvolte en direction du téléphone posé sur une petite table dans l'entrée.

Il composa son numéro. Cela sonna une demi-minute avant que retentisse la voix essoufflée de Sonia.

– Sonia, c'est toi ? demanda Victor, tout heureux.

– Tonton Vitia ?

– Oui, c'est moi ! J'ai retrouvé Micha !

– Il est où ?

– Il est parti à Moscou…

– Qu'est-ce qu'il fait là-bas ?

Elle semblait peinée et surprise.

– Il travaille dans un zoo…

– Quel genre de travail ?
– Pingouin.
– C'est possible, ça ?
La question fit sourire Victor.
– Pour lui, oui.
– Mais moi, je peux pas faire Sonia, comme métier ?
– Non, et moi non plus, je ne peux pas faire Vitia... Mais un pingouin, il peut faire pingouin au zoo, un éléphant aussi peut faire éléphant. Les animaux, ils ont le droit.
– Ah bon ? D'accord, concéda-t-elle. Alors moi, je voudrais bien faire Sonia toute ma vie.
Elle ne voulait pas en démordre.
– Et tu ferais quoi ?
– Je sais pas, je ferais Sonia toute la journée.
– Sonietchka, c'est très difficile d'être soi-même...
– Je sais !
Victor perdait la notion du temps. Cette conversation était rafraîchissante, plaisante, et lorsqu'à la fin Sonia lui demanda une glace, ils convinrent de se retrouver une heure plus tard à l'arrêt de bus le plus proche de son immeuble.

13

À midi, le brouillard s'était dissipé, et un pâle soleil avait fait son apparition sur Kiev. Au Parc des Îles, l'été traînait en longueur, comme si ces plages entourées d'eau constituaient la limite méridionale de la ville et bénéficiaient toujours de quelques degrés supplémentaires. D'ailleurs, il y avait là beaucoup plus de marchands de glaces que dans n'importe quel autre quartier. Et le désir de Sonia de commencer leur promenade par un « esquimau enrobé de chocolat » parut tout à fait logique à Victor.

– T'as vieilli !

Ce furent ses premières paroles, dès qu'elle eut entamé sa glace.

– Toi aussi !

– Moi, c'est pas grave. Tata Nina aussi a vieilli.

– À quoi tu le vois ?

– Elle râle tout le temps et elle se dispute avec tonton Kolia.

– Ah bon ? Pourquoi ?

– Parce qu'il ne revient pas tous les jours à la maison. Il est d'Odessa. Il y retourne sans arrêt, il me promet de me ramener des coquillages, et il oublie à chaque fois.

– Et à tata Nina, il promet quoi ?

– De rester à Kiev. Puis il repart.

Victor soupira.

– Donc, elle n'est pas bien avec lui ?

– Non.

Sonia précédait Victor et lui fit quitter l'allée centrale.

– Elle lui a déjà mis sa valise sur le paillasson !

– Eh ben ! C'est joyeux, chez vous !

– Ah non, c'est pas joyeux du tout ! protesta Sonia en s'arrêtant soudain. Tata Nina m'avait promis de m'inscrire à la maternelle, puis de me trouver une nounou...

– Et elle n'a rien fait ?

– Rien !

– Je vais lui dire deux mots ! gronda Victor.

– Pas la peine ! décréta Sonia avec des inflexions très adultes. Vire-la, c'est le mieux.

– Comment ça, la virer ?

– Eh bien, c'est toi qui l'as fait venir, pour qu'elle s'occupe de moi, qu'elle m'emmène promener ? Ça fait une éternité qu'elle le fait plus ! Bon, c'est pas grave. On prend une barque ?

Ils étaient en effet arrivés devant les barques de location.

Ils voguèrent jusqu'au pont Paton. Victor ramait, tandis que Sonia, qui avait depuis longtemps fini sa glace et léché ses doigts, lui racontait, assise à l'arrière, les détails de son quotidien. Le sentiment de culpabilité de Victor s'amplifiait. Il était maintenant inquiet pour Sonia et en colère contre Nina. Passe encore qu'un Kolia odessite se soit installé dans son appartement; le vrai problème était que la petite savait pourquoi Nina était arrivée un beau matin, et que Nina elle-même semblait l'avoir oublié. Rentrer à la maison, chasser Nina, son Kolia, et rester seul avec Sonia? Pour l'instant, ce n'était pas possible. Il valait tout de même mieux que Sonia vive avec eux, plutôt que toute seule dans l'appartement. Et d'ailleurs, comment se débarrasser de Nina et de son copain? Évidemment, ils n'étaient pas chez eux, mais...

– Quand même, engueule-la, suggéra Sonia, interrompant les pensées de Victor. Mets-la au coin, et vire Kolia, parce qu'elle, elle le fera pas. Elle en a peur...

– Comment ça, elle en a peur? Tu m'as bien dit qu'elle avait mis sa valise sur le palier?

– Oui, mais après il lui a hurlé dessus, et elle l'a rapportée dedans.

– Donc, il lui crie dessus?

– Il crie, et il lui donne des tapes sur le derrière. Et fort. Même que ça la fait pleurer.

Victor s'immobilisa, laissant les rames flotter. Il la regarda dans les yeux.

– Mais toi, ils ne te font pas de mal, au moins?

– Non, ils ne me dérangent pas. C'est juste la nuit, quand ils se disputent, que ça me réveille. Des fois aussi ils me laissent sans rien à manger...

– Ils vont m'entendre! lui promit Victor, déterminé et menaçant.

Sonia eut un sourire satisfait.

14

Sergueï Pavlovitch rentra à minuit et fit aussitôt appeler Victor. Celui-ci était on ne peut mieux préparé à lui donner un nouveau cours; il était revenu furieux, et pour oublier son exaspération envers Nina et son douteux compagnon, il s'était mis au travail sur-le-champ. Il avait noirci six feuilles de promesses électorales telles qu'en se relisant, il aurait été prêt à aller immédiatement voter pour ce candidat.

Le patron était préoccupé. Il prit les feuilles sans enthousiasme, mais, dès qu'il eut parcouru les premières lignes, il se montra plus intéressé. La concentration se peignit sur son visage et il lut jusqu'au bout en silence, puis se détendit, poussa un soupir de satisfaction et regarda Victor.

– Beau travail ! apprécia-t-il en se mordillant les lèvres, pensif. Les as du marketing arrivent demain matin. On va s'y mettre pour de bon. Sois là toute la journée.

Victor acquiesça, remarquant le regard étrange, faussement inquiet, que son patron lui jetait.

– Toi, tu as un problème.

Il grimaça, hocha la tête, et, sans se faire prier, lui expliqua en deux mots l'histoire de Nina.

– Eh bien, mon cher...

Sergueï Pavlovitch se tut un moment, avant de poursuivre :

– En l'occurrence, tu as enfreint plusieurs articles de la Loi de l'Escargot, et voilà ce qui arrive ! Nul n'est censé ignorer la Loi ! Et si on la méconnaît, on en subit les conséquences. Enregistre bien l'article trois : il est interdit de laisser entrer des étrangers, des semi-étrangers ou des semi-familiers dans sa maison. Sinon, voilà le résultat ! Ça signifie quoi ?

Victor haussa les épaules dans un geste d'ignorance.

– Ça signifie que tu ne sais pas juger les gens, ou que tu négliges de le faire ! À qui tu tiens le plus dans cette équipe ?

– À Sonia.

– Compris. Demain… non, demain, la journée est trop chargée. Après-demain, tu récupéreras les clés de chez toi.

– Mais qu'est-ce que je vais faire de Sonia ?

– On trouvera une solution. Toi, de toute manière, tu continues à habiter ici.

15

Les conseillers arrivèrent au matin, amenés par Pacha dans le 4x4 noir. Ils n'avaient pas beaucoup d'affaires, à peine quelques sacs de sport et trois cartons qui, à en croire leur chef, Jora, contenaient leur cerveau portatif, un ordinateur bourré de précieuses données. Outre Jora, l'équipe comptait trois hommes : un informaticien prénommé Slava et deux jumeaux à l'air déluré, Sergueï et Vova. C'étaient eux les plus jeunes, vingt ou vingt-deux ans à vue de nez. Jora paraissait la trentaine. Slava, lui, avait l'allure d'un premier de la classe qui se serait desséché et voûté ; il regardait le monde de ses yeux fatigués, à travers d'épaisses lunettes. D'ici peu, comme Victor, il atteindrait la quarantaine.

Sergueï Pavlovitch fit visiter la maison à Jora, qui examina chaque recoin. Il cherchait où installer ses hommes.

– Vous n'avez pas un seul ordinateur, ici ? s'étonna-t-il.

– Pour quoi faire ? Je n'aime pas les jeux électroniques, je ne joue que pour de vrai, ironisa le maître de maison.

– Et vos dossiers, vous les stockez où ?

Sergueï Pavlovitch désigna son front de l'index.

– Tout est là.

Jora hocha la tête, déçu.

Cinq minutes plus tard, ils avaient choisi pour bureau une ancienne chambre d'enfant du premier étage. Ils y montèrent sacs et ordinateur.

Victor descendit, et son patron le présenta comme son assistant. Jora lui témoigna aussitôt intérêt et respect. Il lui donna une solide poignée de main, lui désigna ses hommes un par un. Ils prirent leur petit-déjeuner tous ensemble dans la salle à manger : fromage, saucisson, pain frais, café. Sergueï Pavlovitch resta à table quelques minutes, étudiant les visages des spécialistes du marketing pendant qu'ils mangeaient. Après une tasse de café, il partit.

Ensuite, Jora voulut fumer une cigarette, et il demanda d'un signe à Victor de le suivre dans la cour. Il tira de sa poche un paquet de gauloises, en alluma une.

– Dis-moi, ça fait longtemps que tu es ici ?

– Pas tellement.

– Mais tu as déjà pris tes marques ?

– Oui.

– Qu'est-ce que tu penses du patron ?

– Il est correct.

– Pas trop radin ?

Il poursuivait son interrogatoire en tirant sur sa cigarette.

– Je crois pas...

– Bien... Je n'aime pas les pingres. Combien il te file ?

– Suffisamment.

Des marques de lassitude apparurent sur le visage de Jora. Il regarda fixement Victor.

– N'aie pas peur, nous sommes du même bord. J'ai juste besoin de savoir certaines choses pour mieux travailler. Tu comprends, chaque boss a ses petites manies. Il y a des gaffes à éviter... Il vaudrait mieux que tu me préviennes, c'est tout.

– Je n'ai rien à dire, c'est un type réglo.

– Bon. Et ses adversaires, ils font le poids ?

– Je n'en sais rien. Sans doute…

– Mais il n'y a pas de guerre ?

– Comment ça ?

Jora jeta son mégot par terre et l'écrasa de l'extrémité de sa chaussure dernière mode, à bout pointu. Il l'enfonça dans le gravier en appuyant de bon cœur, et durant ce bref instant ses traits prirent une expression cruelle, ses lèvres fines se tordirent. Il leva ensuite un regard soudain indifférent vers Victor.

– Comment ça, tu dis ? Je voulais savoir s'il y avait déjà eu des victimes.

– Il y a eu un accident de chasse, répondit Victor avec calme. Ça s'est passé il y a quelques jours.

– Qui c'est qui a été tué ?

– Son gendre.

– Ah… Tiens-moi au courant de ce genre de choses, tu n'auras pas affaire à un ingrat.

– D'accord.

Cette conversation laissa à Victor un arrière-goût amer. Le terme de « guerre » y était arrivé de façon trop naturelle, comme était venue à sa bouche l'expression d'« accident de chasse ». Il était sur le seuil de la maison et pensait qu'en effet, il était bel et bien au front. Les élections étaient devenues des guerres entre deux armées ou plus. On n'annexait pas de territoires, l'ennemi sur lequel on tirait était l'adversaire lui-même, le concurrent, comme dans le monde des affaires. Il n'y avait pas de ligne de front, ou plutôt il y en avait partout où se trouvait l'un des protagonistes.

Sergueï Pavlovitch sortit et tomba sur un Victor perdu dans ses pensées.

– Qu'est-ce que tu fais là les bras croisés ? remarqua-t-il tranquillement. Va rejoindre l'équipe. Je leur ai donné ton texte à lire.

Victor monta voir les conseillers. À la place du lit d'enfant, ils avaient installé un bureau pour l'ordinateur. Slava s'affairait aux branchements. À côté, assis sur une banquette, Jora lisait le programme imaginé par Victor. Le voyant entrer, il lui adressa un signe de tête engageant et acheva sa lecture.

– Le patron a aimé ? demanda-t-il en levant à nouveau les yeux sur Victor.

– Oui.

– Super programme ! Vingt sur vingt ! On va le rentrer dans l'ordinateur et l'imprimer. Puis on sortira des maquettes de tracts. Peut-être qu'on peut aussi en tirer un peu de fric ? Non ?

– Comment ? interrogea Victor, déconcerté.

– J'ai une cinquantaine de programmes électoraux dans ce micro, des candidats d'un parti, sans parti, populistes, tout ce que tu veux ! Dans le tien, y a des idées que j'ai jamais vues. On a fait le maire de Gomel y a pas longtemps, lui aussi avait demandé qu'on lui sorte des promesses un peu chiadées. Mais à Gomel y a que des ploucs. C'est ce que je lui ai dit, direct : faut promettre du fric, c'est tout con. Ça, les gens comprennent. Du fric, et ça roule. Il nous a écoutés, et maintenant il est élu, il se régale. Tu piges ?

– Non. Je pige pas…

– Ton programme, il est fait pour une circonscription haut de gamme. Pour Moscou, pour Kiev… Ton patron, c'est bien à Kiev qu'il se présente ?

– Je sais pas, avoua Victor.

– Ah bravo !

Jora le toisa, désabusé.

– Il t'a même pas expliqué ça ?

– Pas encore…

– Eh ben… Il est de bonne humeur aujourd'hui ?

– Plutôt, oui.

Jora hocha la tête et sorti, le laissant avec Slava, qui avait déjà tout branché et pianotait sur son clavier, le nez collé à l'écran. Les jumeaux avaient disparu, ce qui intrigua Victor.

Il s'approcha et regarda l'écran par-dessus l'épaule voûtée de Slava, qui détaillait des noms de fichiers. Sentant la respiration de Victor dans son cou, il se retourna.

– Tu as Internet là-dessus? s'enquit Victor.

– Oui, mais il faut se brancher à une ligne téléphonique. On va s'en occuper tout à l'heure...

– C'est vrai qu'il y a une cinquantaine de programmes électoraux là-dedans?

– Plus que ça.

– Montre-m'en un ou deux!

Slava le regarda, interloqué.

– Ce n'est pas possible, expliqua-t-il d'un ton calme. Secret commercial... Les programmes, ça se vend cher.

– Comment, vous les vendez?

– Bien sûr! Qu'est-ce que tu crois qu'on fait sinon?

Il ôta ses lunettes et les essuya avec son mouchoir.

– Un programme, ça peut se vendre deux ou trois fois, ou quatre! L'essentiel, c'est de filer avant que le vainqueur commence à l'appliquer.

– Pourquoi?

– Mais non, je plaisante. En fait, la règle numéro un du conseiller en communication, c'est de mettre les voiles avant l'annonce des résultats. Parce que si ton candidat est battu, il va vouloir ta peau, et s'il est élu, ses adversaires vont te faire ta fête. C'est comme ça... conclut-il, fataliste, en écartant les bras. À la guerre comme à la guerre, sans famille et seul en selle...

– Et vos jumeaux, ils ne sont plus là?

– Non, Jora les a envoyés je ne sais où...

16

Tard dans la soirée, Victor disputait une nouvelle partie de billard contre son patron. Il avait pris de l'assurance, et parvenait même de temps à autre à placer plusieurs coups d'affilée, chassant les boules vers des trous où elles tombaient parfois.

– Qu'est-ce que tu penses de ces conseillers? lui demanda Sergueï Pavlovitch, qui avait revêtu une tenue curieusement élégante pour une heure aussi tardive, pantalon noir repassé avec soin, chemise blanche et nœud papillon.

– Je ne sais pas trop, commença Victor, hésitant. C'est la première fois que j'en vois... Ils ont l'air correct...

– Mais toi, tu leur ferais entièrement confiance?

– Non, asséna-t-il, spontané.

– Tiens donc!

Sergueï Pavlovitch se redressa, suivit du regard deux billes d'ivoire qui roulaient l'une derrière l'autre vers un trou en bout de table, puis fixa Victor dans les yeux.

– En l'occurrence, tu as raison. Il ne faut jamais faire confiance aux gens que l'on paie cher! Surtout s'ils aiment le luxe comme ceux-là... Ils m'ont demandé de leur organiser une soirée dans le meilleur sauna de la ville[1]. Pour chasser le stress... Quand tu as discuté avec eux, ils t'ont paru stressés?

– Non.

– À moi non plus. Mais je leur ai quand même arrangé leur soirée... Tu aimes ça, le sauna?

– Difficile à dire... je n'y suis allé qu'une fois ou deux.

– Mais ça t'a plu?

– Assez, oui...

---

1. Quand il s'agit d'établissements «de première catégorie», le bain de vapeur n'est pas le principal service recherché: on peut surtout s'y offrir la compagnie de prostituées, boire, dîner avec faste, etc.

– Pacha ! cria le patron en direction de l'escalier. Mets le sauna en route !

Il se tourna ensuite vers Victor.

– Ici aussi, il y en a un. Modeste, bien sûr. Électrique.

Une demi-heure plus tard, ils étaient installés dans une petite cabine confortablement aménagée au sous-sol, entre la salle de billard et le garage. Assis nus sur des serviettes, ils transpiraient. Sergueï Pavlovitch versa un grand verre d'eau additionnée d'huile de lavande sur un tas de galets chauffés à blanc posé derrière un écran de bois, et l'air brûlant s'emplit d'un parfum sucré qui se déposa sur leur langue.

– Chaque acte recèle un potentiel de plaisir insoupçonné, déclara lentement Sergueï Pavlovitch, parfaitement détendu. Faire l'amour, prendre une douche, jouer au billard... Dans un sauna, le plaisir est sans fin... Et tout ce que l'on fait après est un Himalaya de plaisir !

À deux heures, rhabillé, il partit donc vers les sommets, à un rendez-vous coquin. Il avait dit tout de go à Victor : « Je vais revenir comme un citron pressé ! » Pacha avait pris le volant du 4x4, et Victor était resté seul à la maison. Malgré le silence de la nuit, il n'avait pas sommeil. Le sauna l'avait requinqué, il était en pleine forme.

Il monta à sa mansarde, alluma, s'allongea. Il repensa à l'Antarctique, à Bronikovski, à Micha. La journée où son patron lui avait promis de lui donner ses clés était déjà entamée depuis peu. Il devait récupérer un logement vidé des « étrangers », Nina et son copain. Il songea à elle, cherchant dans son esprit quelque scrupule, un peu de pitié. C'était tout de même la nièce de son ami, le défunt Serioga. Or, il n'éprouvait rien. La seule chose qui l'inquiétait, c'était le quotidien de Sonia. Mais il n'avait pas à se faire de souci, puisque Sergueï Pavlovitch lui avait promis de « trouver une solution ». Il savait que le patron ne parlait jamais à la légère. Il n'avait donc qu'à se laisser vivre sous ce toit jusqu'à la fin de son contrat tacite, être un escargot obéissant à la Loi.

Avant de s'endormir, il prit la lettre du banquier. Jusque-là, un vague sens moral l'avait retenu de la lire, mais à présent, sa pause forcée sur le chemin de Moscou fournissait une excuse à sa curiosité : il était en droit de vérifier que la lettre ne contenait rien d'urgent, des requêtes à exécuter avant une certaine date, par exemple.

Marinka, ma chérie !

Mille fois pardon. Je suis très loin, et, apparemment, je vais y rester. Celui qui te donnera cette lettre t'expliquera tout. Mais pour l'instant, j'ai plusieurs choses à te demander, une dernière fois. Et ce sera vraiment la dernière. Retrouve Fédia Sedykh et dis-lui que je ne suis pour rien dans ses ennuis. C'est Litovtchenko qui m'a trahi. Je ne veux pas endosser les péchés des autres en quittant ce monde ! À ma mère, dis simplement que je me cache à l'étranger et que j'y suis pour longtemps. Mon frère, tu peux lui dire la vérité. Et la vérité, elle est triste : quand tu recevras cette lettre, je serai déjà mort... Oui, on m'a eu, même ici. C'est le cuisinier. La nuit, je souffre le martyre, au matin la douleur se calme. Ces salauds auraient pu être plus expéditifs ! Mais non, ils ont préféré me torturer... Désolé de parler à nouveau de moi...

Tu devrais avoir assez d'argent pour un bon moment. Le gars qui porte la lettre te donnera aussi une carte de crédit. Et le code. Voilà, c'est tout. Baisers. Des milliers de manchots royaux assisteront à mon enterrement... Je plaisante. Une dernière fois.

Je t'embrasse très, très fort,

Stas

Victor poussa un profond soupir. Allongé sur le dos, il imaginait des foules de pingouins où seul manquait le « fils prodigue », Micha. Il désirait que les élections arrivent au plus vite. Il retrouverait alors sa liberté et pourrait se lancer à sa recherche. C'était tout de même une chance que la destinataire de la lettre et Micha soient tous les deux à Moscou.

Environ une heure et demie plus tard, une voiture pénétra dans la cour, et par le Velux ouvert, il entendit la voix joyeuse et ivre de Jora, le chef des experts de la com. Durant le bref laps de temps entre leur descente de voiture et leur entrée dans la maison, il distingua les voix de tous ses hommes et celle d'un des gardes du corps de Sergueï Pavlovitch, qui les avait sans doute conduits au sauna.

Le matin, il prit son petit-déjeuner tout seul. Vers neuf heures, le patron passa la tête à la cuisine, toujours vêtu de son pantalon noir, sa chemise blanche et son nœud papillon. Il avait l'air épanoui et fourbu.

– Fais-moi un café, veux-tu? demanda-t-il à Victor avant de disparaître.

Quelques instants plus tard, il revint, en survêtement. Il s'assit, remercia Victor pour le café, dans lequel il versa une demi-cuillerée de sucre.

– Alors, comment ça se passe?

Victor haussa les épaules.

– Vous ne m'avez rien donné à faire de plus...

– Rien de plus, mais rien de moins... lui répondit-il en souriant. Ne t'inquiète donc pas, je disais ça comme ça. À présent, ton premier travail consiste à surveiller les as du marketing. Peut-être trouveras-tu quelque chose à apprendre à leurs côtés... Ça fait longtemps qu'ils sont rentrés?

– Ils ont dû revenir peu après trois heures du matin... Dites, Sergueï Pavlovitch, ces élections, c'est pour quand?

– Pour bientôt. Dans deux semaines.

Le patron se plongea subitement dans ses pensées, et la fatigue vint creuser ses traits.

– Deux semaines? Mais on y est! s'alarma Victor.

– Oui… Ne t'en fais pas pour ça, ne va pas croire que je n'ai jamais rencontré mes électeurs ! C'est autre chose qui me préoccupe. Mon adversaire manigance quelque chose. Le temps passe et il ne colle pas une affiche, il se contente de faire distribuer des tracts dans les boîtes aux lettres. Et bizarrement, pas un mot contre moi… Ça m'ennuie…

– C'est peut-être quelqu'un d'honnête ? hasarda Victor, mais, au regard ébahi de Sergueï Pavlovitch, il comprit qu'il venait de proférer une grosse bêtise.

Son patron reprit d'une voix douce :

– Une élection, c'est quoi ? Un concours d'insultes. Tu comprends ? Il doit prouver que je ne vaux rien, et moi, je dois prouver que je vaux mieux que lui.

– Mais là, vous ne prouvez rien à personne…

– C'est pas mon boulot ! J'ai quarante hommes sur cette élection ! tonna Sergueï Pavlovitch, furieux. Moi, tout ce qu'on me demande, c'est d'être irréprochable, de porter une cravate et d'être bien rasé !

Des pas résonnèrent dans le couloir, et Pacha fit irruption dans la cuisine. Il tenait une affiche roulée qu'il tendit à Sergueï Pavlovitch. Celui-ci la prit et contempla l'arme secrète de son adversaire. Il grimaça alors et se tourna vivement vers Pacha, figé près de la table.

– Alors, vous n'avez pas été fichus de savoir qu'il faisait imprimer ça ?

– C'est pas fabriqué à Kiev… ça sort de Biélaïa Tserkov.

– Bande de crétins… Et on fait quoi, maintenant ?

Il tourna la tête vers un Victor effaré, incapable de comprendre de quoi il retournait.

– C'est quoi le problème ? s'enquit-il avec précaution.

Le patron lui passa l'affiche. Rien d'extraordinaire. Un visage très commun, front bas et cheveux courts. Un nez droit, un cynisme froid dans le regard, mais sans agressivité. Le programme était d'une banalité absolue, avec même la promesse de résoudre en cinq ans les problèmes de logement grâce à des investissements publics.

Victor leva un regard interrogateur vers son patron.

– Tu n'y as vu que du feu… soupira celui-ci. Vise un peu sa gueule ! Attends ! Pacha, apporte les photos qu'on a aux archives !

Le garde du corps revint avec une large enveloppe kraft, dont il tira une quinzaine de photos grand format qu'il montra à Victor.

L'une d'elles retint son attention. On y voyait un homme lors d'un pique-nique, et cet homme ressemblait beaucoup au candidat de l'affiche.

– C'est son frère ?

– Mais non, c'est lui !

Victor comprit alors ce qui avait mis son patron en fureur. Le visage de l'affiche présentait une peau impeccable à l'américaine, et une régularité de traits grecque. Sur la photo d'archives, en revanche, la joue droite était marquée d'une longue cicatrice et le nez cassé évoquait celui d'un boxeur.

– Je vous donne une demi-heure ! Il faut riposter ! Je me suis bien fait comprendre ?

Le regard acéré de Sergueï Pavlovitch glissa de Pacha à Victor.

– Va réveiller cette équipe et mets-la au travail. Qu'ils se creusent un peu la cervelle eux aussi ! Je veux que dans une demi-heure, on me dise comment lui remettre sa balafre en place !

La porte claqua, les deux hommes restèrent seuls. Pacha eut un pesant soupir.

– Et voilà… c'est la merde. On n'est pas les services secrets, comment on pouvait savoir où il imprimerait ses affiches, et à quoi elles ressembleraient ! Qu'est-ce qu'on fait maintenant ?

– Je vais réveiller Jora, annonça Victor en se levant, mais le regard de Pacha, soudain dur et tranchant, le fit se rasseoir.

– Tu le réveilleras plus tard, commence d'abord par agiter tes méninges à toi !

– On va quand même pas lui dessiner une cicatrice sur toutes ses affiches...

– Écoute, expliqua Pacha d'un ton radouci, avec un regard plus amène. Moi, je suis payé pour être costaud et fidèle, et toi, pour être intelligent. Alors fais marcher ta matière grise !

Cette fois, c'est Victor qui soupira. Il se mit à réfléchir. Il regarda, posées sur la table, l'affiche et la photo. Dessous, l'enveloppe contenait d'autres clichés. Il les passa en revue. Sur l'un, l'adversaire était parfaitement de face, comme sur une photo d'identité ; sa cicatrice apparaissait nettement et son nez était encore plus tordu que sur les autres. Il approcha cette image de ses yeux, puis considéra de nouveau l'affiche. Là aussi, le candidat était bien de face, et Victor remarqua une autre différence de taille : le visage « relooké » arborait un sourire assuré, hollywoodien, tandis que sur la vieille photo, la figure était sombre, les lèvres pincées, ce qui lui donnait une expression de bête traquée, acculée. Ce détail-là lui sembla beaucoup plus significatif que la cicatrice.

– Fais-moi un café, veux-tu ? dit-il à Pacha avec un soudain aplomb.

Celui-ci comprit qu'une solution était en vue. Il se leva promptement et alla faire chauffer de l'eau. Victor, qui, quelques minutes auparavant, avait accompli les mêmes gestes, observait à présent le dos musclé de Pacha, songeant qu'il se trouverait toujours quelqu'un pour aller complaisamment préparer du café, et que ce quelqu'un pourrait toujours en persuader un autre de s'exécuter à son tour. Une sorte de chaîne ininterrompue, une hiérarchie civile des préposés au café. Égalité et fraternité en descendant l'échelle.

Il reporta ses pensées sur les photos, se remémorant une publicité télévisée pour la poudre à laver Tide. Deux chemises, l'une immaculée, l'autre portant l'auréole d'une ancienne tache. Conclusion : *Tide lave plus blanc !* Comme s'il avait senti une onde d'énergie émaner de l'esprit de Victor, Pacha se retourna.

Il élaborait déjà en imagination une publicité où figureraient les deux visages, l'un bien net et l'autre marqué. Il se rendait compte qu'il était impossible d'utiliser la télévision, les candidats n'avaient pas assez d'envergure pour cela. Mais il existait mille façons de diffuser l'information, même par le biais de graffitis sur les palissades s'il le fallait !

– Alors ? interrogea Pacha, plein d'espoir, en versant le café.

– C'est réglé ! Et sans l'équipe de choc !

– Tu vois, ça vaut le coup de laisser les gens dormir ! ironisa le garde du corps. Allez, explique !

– Il faut ajouter un complément à ses affiches, sourit Victor en contemplant les yeux bleus de son interlocuteur.

Celui-ci plissa le front.

– Mais il faut agir en grand, enfin, plus exactement, faire de grandes affiches à coller à côté des siennes.

Victor se saisit de la photo avec balafre, nez de travers et lèvres serrées, la fit tourner entre ses doigts comme un billet de loterie gagnant et lui expliqua qu'il faudrait la tirer à la taille des affiches électorales, comme si elles avaient été imprimées ensemble. Il suffirait d'inscrire au-dessus un slogan publicitaire vantant les mérites de la chirurgie esthétique.

Pacha eut un petit rire. Sans plus. Visiblement, il n'avait pas tout saisi. Pourtant, quelque chose lui disait que Victor était à la hauteur et que la colère du patron allait bientôt retomber.

Sergueï Pavlovitch mit un petit moment à se pénétrer de l'idée de Victor, mais à la fin, son regard étincela.

– L'esthétique ? réfléchit-il à haute voix. C'est un bon business... Et si c'est un business, ça rapporte un tas de fric, dont une partie va aux élections ! Pacha !

Celui-ci se tenait près de la porte de la cuisine et observait son chef qui recouvrait sa bonne humeur.

– Pacha ! Appelle Potapytch, qu'il me trouve qui dans l'esthétique offre de l'argent à notre petit copain !

Pacha sorti, il s'adressa à Victor.

– Bravo ! Et l'équipe, ça dort encore ?

Victor hocha la tête.

– Ah, au fait, dit Sergueï Pavlovitch en brandissant une clé, voici pour ta nouvelle serrure. Tu as bien la clé de l'ancienne ?

Fasciné, Victor ne répondit rien.

– C'est la clé de chez toi, lui répéta son patron.

– Mais y a qui dans l'appartement ? demanda-t-il, incrédule.

– Comment ça, y a qui ? Y a ta Sonia et sa nounou. Elle est salariée et ne demande absolument rien d'autre.

– C'est la même qu'avant ?

– Celle que tu avais engagée, comment elle s'appelle déjà, Nina, c'est ça ?

– Et son Kolia ?

– Son Kolia, il s'appelle en réalité Sénia. Un type intéressant. Il loge chez moi en ce moment. Pas ici, dans mon autre résidence. Il est en rééducation. À ce propos, quand tu rentreras chez toi, vérifie bien tout, il a pu y laisser un peu n'importe quoi... Il faisait la navette entre Odessa et Kiev. Il a d'abord transporté des drogues dures, puis des pains de plastic, ces derniers temps. La demande en explosifs a été multipliée par cinq avec les élections !

– Je pourrai passer quand à l'appartement ?

Sergueï Pavlovitch consulta sa montre.

– Pacha t'y conduira dans deux heures, et il te ramènera.

Voyant le regard perplexe de Victor, il sourit, paternel.

– Ne te vexe pas, il ne te surveille pas, il te protège. Tu saisis la nuance ? J'ai besoin de ton cerveau en état de marche en ce moment, et pas en bouillie sur le macadam.

17

La rue de l'Armée rouge défilait derrière la vitre du tout-terrain. Ils furent pris quelques minutes dans un embouteillage sur la place Tolstoï, puis roulèrent sans plus d'encombres. Au bout d'un quart d'heure, la Mercedes quitta les grandes avenues pour tourner à droite, puis à gauche.

Ils dépassèrent l'abri à poubelles. Le pigeonnier planté dans le terrain vague avait des allures de tour Eiffel. Moins d'un an auparavant, c'est sur ce terrain vague qu'ils faisaient prendre l'air à Micha, se promenant dans la neige avec Sonia et Sergueï, alors qu'à proximité rôdaient d'inoffensifs chiens errants.

Quand Pacha stoppa près de l'entrée de son immeuble, Victor comprit que ce n'était pas la première fois que le garde du corps venait à cette adresse.

– Je t'attendrai à côté du transformateur.

Victor descendit du 4x4 en silence.

Devant la porte de son appartement, il hésita. Il avait les deux clés à la main, mais son regard fixait la sonnette. S'il appuyait, Sonia ou Nina lui ouvriraient. Mais sonner signifiait se placer en position d'invité. Un invité à qui on ouvre, qu'on laisse entrer. Or, il était chez lui. Il s'était simplement absenté longtemps.

Il s'enhardit enfin, tourna les clés dans les serrures, mais sonna quand même avant de pousser la porte. Il entra, et la première chose qu'il vit dans le vestibule fut une soucoupe de lait. Pour le chat griffeur.

La porte du salon grinça, et Sonia passa la tête. Elle portait une robe chasuble en jean avec un bouquet de roses brodé dessus. Elle regarda Victor de bas en haut et s'arrêta sur son visage.

– Salut ! lui dit-il doucement.

– Salut !

– Tu es seule ?

Elle fit non de la tête.

Victor soupira. Il quitta ses chaussures, entra dans la pièce principale et se figea. Son salon venait de lui sauter à la figure. Il était méconnaissable, étranger, il ne voulait plus de lui : papiers peints roses, fauteuils et divan dissimulés sous des jetés verts style Gobelins, nappe rose à bordure de dentelle sur la table.

Il regarda mieux, à la recherche d'objets familiers. Il s'approcha de la table, ôta vivement la nappe. Le plateau en bois verni sembla lui adresser un sourire.

– Ça te plaît pas, c'est ça ? demanda Sonia, restée sur le seuil.

– Non, ça ne me plaît pas, avoua Victor.

Elle ouvrit la porte de la chambre et cria :

– Nina, tonton Vitia aime pas ta décoration !

Il entra dans la chambre et découvrit Nina, en peignoir. Elle était assise sur un grand lit, autre nouveauté. Les paupières rougies, elle fixait le plancher.

– Bonjour, articula Victor, oppressé par une étrange émotion.

Nina leva les yeux et lui fit un signe de tête en se mordillant la lèvre inférieure.

– Qu'est-ce que vous avez à rester comme deux étrangers ? intervint soudain Sonia.

– Sonietchka, sors, s'il te plaît. Va jouer avec le minou, lui suggéra Victor.

– Il est parti dehors !

– Va dans l'autre pièce quand même !

Elle regagna le salon, et Victor ferma la porte derrière elle. Debout devant Nina, il attendait qu'elle parle.

– Alors, comment ça va ? lança-t-il enfin pour briser le silence.

– Comment ça va ? répéta-t-elle dans un sanglot. Comment ça va ? Démolir tout ce que j'avais, tout mon bonheur, en quelques minutes... tout piétiner...

– Quel bonheur ? s'étonna Victor, sincère. Pourquoi quelques minutes ?

– Oh, ça va, fais pas semblant ! Je sais bien que c'est toi qui as tout manigancé ! On m'avait prévenue, et moi, pauvre gourde, j'ai pas voulu écouter !

Victor vit alors qu'elle avait grossi, ce que soulignait encore la ceinture du peignoir. Il n'avait plus la moindre envie de discuter. Son regard se fit sombre et froid. Nina le remarqua immédiatement et se tut.

– Excuse-moi... il fallait que ça sorte... j'ai eu tellement peur, hier, quand ils sont venus... Sinon, je suis d'accord, je leur ai dit hier... Je ne demande rien... Je ne veux rien de ce qu'il y a ici !

– Bon, acquiesça Victor. Tu vas faire un peu de thé ?

Elle gagna la cuisine. Il se dirigea vers la fenêtre et contempla le terrain vague avec le pigeonnier et l'abri à poubelles. Sur la gauche, on distinguait le haut de la palissade entourant la crèche. C'était au pied de cette clôture qu'il avait, tout petit, enterré son premier hamster.

L'appartement était froid. Il faudrait patienter encore un mois avant que le chauffage soit mis en route dans les immeubles, et même alors, la chaleur aurait du mal à monter jusqu'au quatrième.

La porte couina, il se retourna.

– Tata Nina m'a dit de te dire que le thé était prêt.

À la cuisine, il constata avec soulagement que rien n'avait changé. Presque rien. Car il manquait quelque chose sur l'appui intérieur de la fenêtre. Quelque chose d'essentiel.

– Où est Sergueï ?

Nina lui jeta un regard surpris.

– Sergueï ? Quel Sergueï ?

Il désigna du regard l'endroit où se trouvait, avant qu'il s'enfuie en Antarctique, l'urne contenant les cendres de Sergueï Fischbehn-Stepanenko.

– Je l'ai sorti sur le balcon, ça gênait ici…

– Remets-le à sa place.

Nina alla prendre l'urne dehors et la reposa sur l'appui de la fenêtre, côté gazinière. Elle l'essuya avec l'éponge de la vaisselle pour en ôter la poussière, puis s'assit sur le tabouret qui, avant, servait de support à l'écuelle de Micha.

– Vérifie bien tout ce qu'il y a dans l'appartement, et mets tout ce que ton Kolia a laissé dans un sac. Si tu trouves des choses empaquetées, ne les ouvre pas, ça peut être dangereux.

– Oh mon Dieu, murmura-t-elle, consternée. Je ne savais pas…

– Il te reste de l'argent ? questionna-t-il après une pause.

– Pas des masses, concéda Nina, embarrassée. J'ai fait arranger l'appartement, acheté quelques meubles, une datcha…

– Une datcha ?

– Oui, à Ossokorki, au bord du Dniepr. Tu aimeras…

Il se mit debout sans rien dire. Son pied heurta du verre. Il se baissa et découvrit, sous la table, trois rangées de bouteilles de champagne et de vodka vides.

– Va me jeter ça, lança-t-il en sortant. J'appellerai dans la soirée.

Avant de remonter en voiture, il passa chez la mère Tonia récupérer son sac.

– La police a emmené ton locataire ! lui apprit-elle. Qu'est-ce qu'il avait fait ?

– La police ? Ils étaient en uniforme ?

– Oui, mais des uniformes de Berkout[1], pas de policiers. Il allait entrer dans l'immeuble, ils se sont jetés sur lui des deux côtés à la fois et l'ont plaqué par terre, le visage contre le sol, comme à la télé.

– Vous avez tout vu ?

– Et comment ! Je suis au premier étage et juste en face, alors tu penses ! Ils étaient là depuis une heure, avec deux véhicules. On se doutait bien qu'il y aurait du spectacle…

18

Ils passèrent la soirée avec les as du marketing politique à examiner l'idée de Victor. Slava avait adhéré à tout d'emblée, mais Jora pinaillait et traînait, exigeant plus de précisions. On le sentait contrarié, peut-être blessé dans son orgueil professionnel parce que l'initiative ne venait pas de lui. Mais Sergueï Pavlovitch restait inébranlable, et, comprenant qu'il était inutile de résister, Jora abandonna. Il tenta alors de convaincre son informaticien que la réalisation de la maquette d'affiche lui prendrait beaucoup plus de temps que ce qu'il croyait. Victor et son patron trouvèrent son manège louche, mais n'échangèrent leurs impressions que vers minuit, lorsqu'un taxi eut emporté Jora et les jumeaux en boîte de nuit, laissant Slava s'abîmer un peu plus les yeux sur son écran.

– Tu peux me faire ça dans la nuit ? lui demanda Sergueï Pavlovitch, examinant sur l'ordinateur la photo de son adversaire que l'informaticien venait de scanner.

---

1. Aigle royal. Nom d'une unité d'intervention anti-criminalité.

– Je vais essayer, marmonna-t-il sans le moindre entrain.

Le patron sortit un billet de cent dollars de sa poche et le posa sur le clavier.

– On dit vers quatre ou cinq heures? Que tout soit nickel à l'aube?

Slava leva la tête. Ses yeux exprimaient une dévotion absolue, encore grossie par les verres épais de ses lunettes. Il prit délicatement le billet et le rangea dans une poche de sa veste.

– Ce sera prêt avant.

Le patron lança un regard à Victor.

– Tu vois! Le dollar est le moteur du progrès, à condition de l'investir au bon moment dans les bonnes technologies. Viens, on descend, on va faire rouler quelques billes.

Pacha, qui les suivait comme leur ombre à moins de trois mètres, façonna le triangle initial et reprit ses distances. En haut, le téléphone sonna. Sergueï Pavlovitch l'envoya décrocher d'un signe de tête.

Victor joua le premier, mais les boules se dispersèrent en désordre et aucune ne daigna s'approcher d'une ouverture. Sergueï Pavlovitch sourit, visa la numéro 7, mais à cet instant Pacha s'approcha de la table, l'air inhabituellement grave.

– Sergueï Pavlovitch, c'est Potapytch, il appelle en personne.

– Bon... tiens, joue pour moi, dit-il en tendant la queue à Pacha. Et gare à toi si tu perds!

Pacha saisit maladroitement la queue, tourna autour de la table, finit par s'arrêter et frappa d'un coup brusque la boule la plus proche du bord, presque sans viser. Elle en cogna trois autres, qui partirent dans tous les sens, et deux d'entre elles tombèrent dans des poches. Il poussa un soupir de soulagement et regarda son partenaire d'un air tout sauf victorieux.

« Un débutant! Il va gagner, c'est sûr », pensa Victor. Mais la suite de la partie lui prouva que la chance ne sourit pas toujours aux novices et aux imbéciles.

Quand Sergueï Pavlovitch redescendit, il était préoccupé et ne songeait plus au billard.

– Habillez-vous, on sort. On va écouter de la musique.

Quelques instants plus tard, les trois hommes montaient en voiture. Les rues étaient désertes, hormis quelques véhicules de la police routière en planque par-ci par-là, qui avaient perdu l'habitude de réagir aux 4x4 Mercedes noirs. Pacha ne leur prêtait pas attention non plus. Il traversa le centre-ville en cinq minutes. Victor avait à peine le temps de distinguer quelques points de repère du coin de l'œil. Dans le quartier de Kourenevka, derrière le stade Spartak, leur tout-terrain vira à gauche et continua sans hâte dans la zone résidentielle.

– C'est à gauche, indiqua Sergueï Pavlovitch.

Ils s'engagèrent dans une impasse et s'arrêtèrent devant un haut portail métallique.

– Fais un appel de phares.

Pacha s'exécuta. La cour s'illumina aussitôt, et le portail s'ouvrit pour leur livrer passage.

Un garde d'une cinquantaine d'années, vêtu d'une tenue de camouflage, vint à leur rencontre. Il ne salua que Sergueï Pavlovitch, qui entra le premier dans la maison, suivi de Victor et de Pacha.

Dans le hall, un homme athlétique, la soixantaine, les accueillit avec chaleur. Il portait un jean et un pull bleu marine. Il les conduisit au salon, garni d'un précieux mobilier d'acajou.

– Macha, s'écria-t-il, sers une collation à nos invités !

Il se tourna ensuite vers Sergueï Pavlovitch et poursuivit :

– Tes gars n'ont qu'à attendre ici pendant que nous discutons à côté.

Celui-ci approuva. Les deux hommes sortirent.

– Tu le connais ? demanda Victor à Pacha.

Celui-ci fit oui de la tête, mais n'ajouta rien.

Une femme arriva, poussant une desserte à roulettes. C'était elle, Macha. La quarantaine, les cheveux décolorés, elle portait une robe de chambre en flanelle bleue et des babouches arméniennes à bouts recourbés. Aidée de Pacha, elle s'empressa de poser des assiettes d'amuse-gueules sur la table ronde du salon et tira des boissons d'un meuble de grande valeur qui occupait tout un pan de mur. Il y avait une bouteille de cognac Aï-Petri, deux de vodka Mirgorodskaïa, ainsi que les verres adéquats, en cristal.

Sergueï Pavlovitch revint au bout d'une dizaine de minutes. Outre la fatigue, son visage trahissait à présent la morosité. Le maître de maison reparut quelques instants plus tard, toujours aussi souriant. Il invita tout le monde à passer à table et commença par servir le cognac.

– Merci, je ne bois plus jusqu'aux élections, expliqua Sergueï Pavlovitch en l'arrêtant avant qu'il verse.

L'homme hocha la tête, compréhensif. Il lui offrit une eau minérale.

La soirée n'était pas des plus joyeuses. Pacha but deux verres d'Aï-Petri, non sans avoir auparavant consulté des yeux son patron. Victor se limita à un verre, comme le maître de maison. Macha n'avait pas pris place à table, elle était sans doute partie directement se coucher.

Durant le trajet de retour, Victor s'endormit et Pacha dut le secouer quand ils furent arrivés. Il descendit de la voiture en bâillant, rêvant de grimper dans sa mansarde pour s'écrouler sur son lit. Mais Sergueï Pavlovitch ne l'entendait pas de cette oreille et le sortit de sa torpeur en lui ordonnant d'un ton sans réplique d'aller à la cuisine préparer du café bien fort pour tout le monde.

– Cette nuit, on ne dort pas, décréta-t-il avant d'aller prendre une douche froide.

Pacha alla voir où en était l'informaticien : celui-ci touchait au but. Il redescendit à la cuisine, l'horloge murale indiquait deux heures et demie du matin.

Sergueï Pavlovitch vint les rejoindre, en peignoir blanc, un Dictaphone à la main.

– Bon, annonça-t-il sèchement, je déclare ouverte la séance de nuit du Comité révolutionnaire. Le café est prêt?

Ils décollèrent la table du mur afin de pouvoir s'installer plus commodément tous les trois. Le café était déjà dans les tasses. Le patron brancha le Dictaphone sur le secteur et sortit une cassette de sa poche.

– Écoutez bien! dit-il en appuyant sur *play*.

...il faut du négatif, compris? Du vrai négatif...

– Il n'a même pas de bécane chez lui... ses hommes lui sont dévoués comme des chiens fidèles... où taper?

– Les chiens fidèles valent plus cher que les autres, c'est tout... choisis quelqu'un et amène-le avec toi ici, au sauna... on discutera... Ou bien engage une conversation genre «il faut savoir ce que les concurrents du patron pourraient utiliser contre lui»... c'est comment déjà, la phrase de Lénine? Il faut connaître les armes de l'ennemi pour mieux le combattre? C'est compris? Je te donne encore deux jours, et sinon...

– Mais je...

– Eh puis, Jora, celui qui se coiffe jamais... c'est qu'un pauvre minable!

À ces mots, Pacha et Sergueï Pavlovitch se tournèrent de concert vers Victor, qui porta instinctivement sa main à ses cheveux pour les lisser.

– Il faudra que je t'offre un peigne, constata son patron.

... pas foutu de nous aider... un crétin fini...

– Il est beau, le vocabulaire des vedettes du marketing de Moscou, soupira Sergueï Pavlovitch.

Il regarda Victor une nouvelle fois, arrêta la cassette et but une gorgée de café.

– Les enfoirés ! modula mélodieusement Pacha.

– Pacha, grogna son patron, feignant le reproche, n'oublie pas que tu es appelé à devenir attaché parlementaire. Surveille ton langage.

– Je voulais dire « les crapules »...

– Eh bien dis-le ! Parce que je vais aussi être jugé d'après ta façon de t'exprimer, n'est-ce pas, Vitia ?

Victor acquiesça.

– Enfin, voilà, ça m'a coûté mille dollars de « droits de reproduction phonographique », cet enregistrement, expliqua le patron en lorgnant vers le Dictaphone. Mais ça les vaut. En tout cas, ça va nous en faire économiser cinquante mille sur le conseil en communication... Pacha, appelle Tolik et dis-lui de rappliquer avec ses gars. Organise un comité d'accueil pour la fine équipe, qu'ils n'aient pas une seconde pour se remettre de leur nuit en boîte. Emmenez-les au dépôt des valeurs et préparez-les pour dix heures, qu'on mette les points sur les *i*. Victor et moi, on va contrôler le visuel. Ah oui, passe leurs affaires au peigne fin ! Et trouve-moi un informaticien fiable avant demain soir. C'est tout, rompez !

Le patron avala ses deux dernières gorgées de café et se leva illico.

Pacha se passa le visage sous l'eau froide dans l'évier et s'essuya avec le fin torchon à vaisselle. Quelques minutes plus tard, le 4x4 démarra, puis le silence revint.

19

Victor dormit longtemps. Il n'avait pu se coucher que vers huit heures. Son sommeil fut d'abord lourd, il lui sembla même avoir mal à la tête, mais peut-être était-ce un cauchemar. Vers midi, il rêva de l'hiver, de glace recouvrant le Dniepr et d'une crevasse avec des empreintes de pieds nus au bord. Seul, abandonné et effrayé, il tournait en attendant quelque chose. En fait, son pingouin devait remonter à la surface, mais, bizarrement, Serioga aussi. Comme s'ils avaient chuté tous les deux dans ce mélange bleuté de glaçons et d'épaisse eau hivernale. Mais personne ne réapparaissait, et comme un fait exprès, il n'y avait pas un seul pêcheur à l'horizon, seulement des traces sombres d'anciens trous où la glace se reformait.

Il se réveilla fatigué. Le silence de la maison le surprit. Il se souvint qu'il avait promis à Sonia et à Nina d'appeler et ne l'avait pas fait. Il regarda sa montre. C'était l'heure du déjeuner.

La cuisine était déserte. Encore sous l'emprise de son rêve, il commença par ouvrir le congélateur et fixa le poisson comme un pingouin affamé. Il resta ainsi un petit moment, puis referma, et prit du saucisson, du fromage et du beurre dans le frigo. Il mit de l'eau à chauffer pour se faire du thé ; il n'avait pas envie de café.

Il passa au salon où il vit aussitôt, posée sur la table, la nouvelle affiche de l'adversaire, ainsi qu'un large bandeau qui proclamait en grosses lettres :

POUR CORRIGER LE VISAGE ET LE RESTE
LES CENTRES DE BEAUTÉ GRATSIOLA

Victor sourit. Son humeur s'améliora. Son idée ainsi matérialisée lui semblait réellement excellente. « Quand même, je ne suis pas un imbécile ! » pensa-t-il en contemplant le vrai visage du candidat.

Pendant qu'il déjeunait, divers projets de campagne lui traversèrent l'esprit. La concrétisation de son initiative lui donnait un nouvel élan. Il chercha à se remémorer des élections passées, et la Fondation pour l'Enfance dirigée par la femme du président lui revint en mémoire. Il en conçut immédiatement un projet, peut-être pas des plus originaux, mais de toute façon les électeurs n'aiment pas l'originalité. Ils réclament des choses familières, et le terme « caritatif » ne passe pas encore pour une ruse électorale.

Tout en mastiquant une tartine de beurre avec du saucisson, Victor se dit qu'il faudrait en toucher deux mots à son patron. « Les journalistes, il les achètera de toute façon pour avoir de bons échos dans la presse, mais une véritable action de bienfaisance à la veille des élections, ça ne peut être qu'un plus ! »

Le fil de ses pensées le mena vers la Tatarka, *L'Afghan* et ses jeunes infirmes, beaucoup trop jeunes d'ailleurs pour être des anciens combattants d'Afghanistan. Cela dit, il n'en avait vu que trois, dont Liocha, qui avait perdu ses jambes ici, à Kiev. Il n'avait pas eu besoin de faire partie du « contingent limité[1] » pour cela. Pourtant... pourtant, de jeunes handicapés, c'était à la fois terrible, respectable, et pouvait avoir un gros impact sur l'électorat !

Sergueï Pavlovitch regagna la maison vers dix-sept heures. Le manque de sommeil se lisait sur ses traits, mais il était en forme. Il commença par informer Victor qu'il avait bouclé l'équipe marketing au dépôt des valeurs et qu'ils avaient déjà livré quelques renseignements. Les jumeaux et Jora étaient en fait des escrocs originaires de Jitomir, tandis que Slava, l'infor-

---

1. Qualification officielle des troupes soviétiques envoyées en Afghanistan en 1979.

maticien, était un brave gars de Koursk. Ils avaient décidé de profiter des élections pour se faire un petit magot. Dans leurs affaires, on avait retrouvé un pistolet avec son silencieux, un peu de cocaïne et un portable équipé d'un micro espion.

– Qu'est-ce qui va leur arriver ? s'inquiéta Victor.

– L'informaticien, je l'ai libéré, mais les trois autres vont comprendre leur douleur. Ils ont tout le temps de réfléchir. On ira les voir demain. Pour l'instant, ils sont en train de m'écrire une jolie petite rédaction, expliqua le patron avec un sourire carnassier.

Victor, le trouvant de bonne humeur, lui fit part de son nouveau projet.

– Ça fait combien de mutilés, et combien coûte une prothèse ? demanda Sergueï Pavlovitch, très intéressé.

– J'y fais un saut et je vous dis combien ils sont. Pour les prix, Pacha n'a qu'à se renseigner, lui ou quelqu'un d'autre.

Le patron hocha la tête. Le mot « caritatif » lui avait fait bonne impression. Il demanda à Pacha de le réveiller deux heures plus tard et monta se reposer.

20

Le soir, une pluie fine se mit à tomber. Victor se rendit sur le Krechtchatik pour y changer un billet de cent dollars. Il s'engouffra dans les Grandes Galeries et acheta un parapluie à trois sous fabriqué en Chine. La joyeuse agitation du magasin le détourna de ses préoccupations, et il perdit soudain tout désir d'aller voir Liocha à *L'Afghan*. Il eut envie de retrouver Sveta et de passer une nouvelle nuit à la maternelle. « Dans quoi suis-je allé me fourrer ? » se désola-t-il, sentant dans tout son corps la nostalgie des plaisirs de l'existence. Mais la réalité ne tarda pas à le ramener sur terre. Il quitta le grand magasin, ouvrit son parapluie, héla une voiture. Un quart d'heure plus tard, il entrait dans le café qui accueillait ses visiteurs avec un plan incliné au lieu de marches.

Cette fois, il était plein de clients. Sans les compter, Victor estima leur nombre à une quinzaine. Apercevant Liocha, il alla directement au comptoir, non sans ressentir au passage quelques regards intrigués par sa présence.

– Salut, lança-t-il à Liocha d'un ton affairé. Il faut qu'on parle.

Liocha, tête levée, le considéra avec ironie.

– Passe derrière et prends-toi un fauteuil, sinon je vais attraper un torticolis.

Victor obtempéra.

– Tu veux un café ?

– Volontiers.

De la salle, une voix éraillée protesta :

– Eh, barbu, il est où mon capuccino ?

Liocha se tourna vers Victor.

– Une seconde.

Il plaça un petit pot en métal sous l'extrémité d'un tuyau en inox ; un jet d'air comprimé y projeta en sifflant une dose de chantilly. Victor admira la dextérité de Liocha reconverti en barman. Quelques instants plus tard, ils entamèrent leur conversation. Victor lui exposa son idée au sujet des prothèses pour lui et ses amis. La nouvelle ne sembla pas l'enthousiasmer.

– Je vais me renseigner, articula-t-il paresseusement. Et qu'est-ce qu'il voudrait en échange, ton patron ? Un soutien électoral ?

– Non ! Il ne demande rien ! Simplement, si ça marche, il y aura quelques journalistes et photographes au moment où on vous remettra les prothèses, afin de porter tout cela à la connaissance des électeurs…

– Si on m'avait dit qu'un jour tu te lancerais dans la politique ! s'exclama Liocha, dubitatif.

– Je ne me lance pas, je me suis juste retrouvé embringué dans cette histoire. C'est comme si j'avais mis un pied dans des sables mouvants, mais c'est passager. Bientôt, j'en serai sorti.

– Tu parles ! Bon, reste là, je vais discuter de ton affaire, juste deux pas à franchir. Une chance que le chef soit là aujourd'hui.

Il roula vers la salle. Victor, qui le suivait du regard, se répéta mentalement ses paroles, « deux pas à franchir »...

Il revint le trouver derrière le comptoir au bout de cinq minutes.

– Bon, sur le principe, le chef serait assez d'accord. Mais demande à ton patron de faire un autre truc pour nous, plus important. Il faut que tu comprennes une chose : une prothèse, pour moi, c'est comme un smoking que je porterais une fois dans ma vie, le jour où le responsable de la lutte contre la criminalité organisée me remettrait une grenade dédicacée, débita-t-il en éclatant de rire. Les prothèses, ça tape sur le système... Mais s'il nous fait fabriquer un billard court sur pattes, pour qu'on puisse jouer, on l'autorise à nous offrir ses prothèses. On promet pas de les porter, non plus. Ça te va ?

Victor fit oui de la tête. Son visage s'était illuminé. Liocha considérait son vieil ami, intrigué.

– Pour le billard, je pense qu'il n'y aura pas de problème. C'est un joueur invétéré.

– Alors, demande-lui, puis tu reviendras me dire. Tiens, prends ma carte, j'ai changé de téléphone. Il y a aussi mon numéro de portable. Appelle, puis il faudra qu'on se voie, qu'il vienne, que mon chef soit là aussi... Les élections sont toutes proches... Je t'offre un petit cognac ?

La question était arrivée à l'improviste, presque trop amicale. Victor accepta. Liocha se servit aussi.

– Tu sais, dit-il en levant son verre, quand je repense à nos enterrements, je trouve que c'était la plus belle période de ma vie ! Tu peux pas comprendre... Buvons au passé ! Il est toujours mieux que le présent...

– Et moins bien que l'avenir.

– Ça, personne n'en sait rien, contesta Liocha en secouant la tête, avant d'avaler son cognac d'un trait.

Victor but le sien lentement. Il ne s'attendait pas à ce qu'il soit si bon.

– Il vient d'où ? s'enquit-il en désignant le verre des yeux.

Liocha prit l'élégante petite bouteille rangée sous le percolateur et la fit tourner entre ses mains.

– C'est du Martell, lut-il d'une voix tranquille. Un peu d'aide humanitaire offerte par de vieux amis... Une fois, je me suis tellement soûlé qu'après, toute la nuit, j'ai rêvé que je marchais. Et le matin, mes jambes me faisaient mal comme si je les avais encore... Bon, finis ton verre et vas-y, les copains n'aiment pas que des valides traînent par ici.

Victor obéit, lui serra la main et quitta le café sans tourner la tête, sans regarder les clients.

21

Les heures suivantes lui prouvèrent que le travail préélectoral ignorait le repos nocturne, voire se déroulait essentiellement de nuit. Dès qu'il rentra de la Tatarka, avec le sentiment du devoir accompli, goûtant par avance des éloges bien mérités, il se retrouva embarqué dans le tout-terrain avec Pacha et Sergueï Pavlovitch à l'avant, à traverser Kiev plongé dans l'obscurité, sans que personne lui ait posé la moindre question sur son expédition au café. Il était évident qu'ils l'avaient attendu pour partir, mais il ne pouvait pas deviner ! Personne ne lui expliqua quoi que ce soit, il ignorait où ils se rendaient et pourquoi.

– Arrête-toi ici ! ordonna soudain le patron.

Pacha stoppa et Sergueï Pavlovitch se retourna.

– Viens, on va voir à quoi ça ressemble, jeta-t-il à Victor, qui descendit aussitôt.

Ils se trouvaient avenue de la Victoire. Devant eux, des lampadaires éclairaient faiblement les énormes statues d'animaux qui gardaient l'entrée du zoo. Le cœur de Victor se serra.

– C'est pas par là qu'il faut regarder ! Ce qui nous intéresse, c'est ça !

Ils venaient de se garer devant une enfilade de panneaux électoraux, et les deux visages de l'adversaire les observaient, coiffés d'une large publicité pour les centres de beauté Gratsiola.

– Alors ? Qu'est-ce que tu en penses ? lui demanda, satisfait, Sergueï Pavlovitch.

– C'est super !

– Je trouve aussi... Tiens ! Une bonne idée, ça mérite une bonne récompense, conclut-il en lui tendant une poignée de billets.

Avant de les ranger dans son blouson, Victor leur lança un rapide coup d'œil : il y avait au moins trois cents dollars en petites coupures.

– On repart ! intima le patron.

Le 4x4 démarra à toute allure et se plaça aussitôt sur la voie de gauche, contraignant une Lada qui fonçait sur cette file à donner un brusque coup de frein.

– On va où maintenant ? s'enquit Victor, penché en avant, la tête entre Pacha et le patron.

– Au dépôt des valeurs. Au fait, tes infirmes, ça donne quoi ?

– Ça marche. Mais ils ont une autre proposition, en plus...

– Onéreuse ?

– Moyen. Et élégante. Ils voudraient une table de billard adaptée, pour pouvoir jouer en fauteuil. Plus basse, en fait...

– Aucun problème, je voulais justement changer la mienne. On va la leur offrir, on lui sciera les pieds.

La question avait été résolue encore plus facilement que prévu. Victor n'avait plus rien à demander, et le reste du trajet se fit au son de Chanson, la radio qu'avait mise Pacha.

Le « dépôt des valeurs » se trouvait au milieu d'un quartier résidentiel, sur la route de Pouchtcha-Voditsa, et son aspect évoquait effectivement un entrepôt, du moins sa haute clôture métallique surmontée de rouleaux de barbelés et son portail en fer, encore plus impressionnant que le reste. À l'intérieur, près d'un vaste hangar arrondi en Duralumin, s'élevait une construction en briques de deux étages dont les fenêtres éclairées projetaient une douce lueur jaune.

L'homme qui avait ouvert le portail à leur véhicule arborait une tenue de camouflage militaire. Il referma aussitôt derrière eux et se dirigea vers le bâtiment. Il appuya sur le bouton de l'interphone et annonça : « Ils sont là. » L'appareil bourdonna. Il poussa la lourde porte d'entrée blindée.

Trois autres hommes en treillis les accueillirent à l'intérieur. Ils saluèrent Sergueï Pavlovitch, ignorant Pacha et Victor. Ils s'éloignèrent ensuite de quelques pas avec le patron en chuchotant. Pacha et Victor patientèrent plusieurs minutes, jusqu'à ce que Sergueï Pavlovitch les invite à le rejoindre d'un signe de tête.

Ils descendirent, à quatre, un escalier de fer très raide, équipé d'une seule main courante. Une loupiote rouge dispensait une faible lueur. Victor trébucha, manquant de rouler sur ceux qui le précédaient, mais Pacha le rattrapa par l'épaule. Cela lui permit d'apprécier la force et les réflexes du garde du corps. Il se força à ouvrir plus grands les yeux pour lutter contre la fatigue qui venait de le saisir. Il tenta de se rappeler à quel moment les deux autres treillis avaient disparu, en vain. Il n'avait pas fait attention. À présent, seul l'un d'entre eux les conduisait. Ils arrivèrent en bas des marches. L'homme appuya sur un interrupteur, et quatre gros spots illuminèrent un vaste couloir. Victor regarda autour de lui. Le couloir devait faire dans les trois mètres de large. Il était jalonné de part et d'autre, à intervalles réguliers, de portes de fer brut, sombres, légèrement poudrées de rouille.

Leur guide interrogea Sergueï Pavlovitch des yeux.

– On va commencer par les jumeaux, murmura celui-ci.

Il fit signe à Victor de le suivre et demanda à Pacha de les attendre.

La porte en fer dissimulait une banale cellule, avec deux couchettes de bois, une petite table et un seau d'aisances. Les jumeaux étaient allongés sur le lit de gauche. Ils semblaient endormis. En entendant la porte gémir, ils s'éveillèrent et s'assirent.

Ils étaient menottés l'un à l'autre.

– Alors, comment vont nos inséparables dans leur jolie petite cage? chantonna Sergueï Pavlovitch en s'approchant d'eux. Vous avez des réclamations à formuler sur le service?

L'un des jumeaux fit non de la tête. Victor examina leurs visages: ils ne portaient aucune trace de coups.

Le guide en treillis sortit quelques feuilles pliées en quatre de la poche intérieure de sa veste et les tendit au patron, qui passa trois ou quatre minutes à les lire avec attention.

– Bon, mais avec qui discutiez-vous au sauna? demanda-t-il ensuite.

– Nous ne savons pas, c'est Jora qui le connaissait.

– Très bien. Je vous accorde vingt-quatre heures de plus.

Il tendit les feuilles au jumeau le plus bavard.

– Faites marcher votre mémoire et rajoutez-moi les infos

qui manquent. Si je n'y trouve pas ce que je sais par ailleurs, on vous transforme en frères siamois, et sans anesthésie.

Ils sortirent, et le geôlier referma la porte avant de consulter une nouvelle fois le patron.

La cellule suivante était celle de Jora. Passé à tabac, menotté à un anneau scellé dans le mur, il était agenouillé par terre. Quand ils entrèrent, il se retourna lentement.

– Alors, l'escroc de Jitomir, tu te souviens du nom de ton interlocuteur du sauna ?

Sergueï Pavlovitch s'accroupit et le regarda dans les yeux.

– Tu sais, je n'ai plus le temps de discuter. Et je n'ai plus envie de payer tes frais d'hébergement. Tu te crois logé par l'État, espèce d'ordure ? Tu me coûtes cinquante dollars par jour. Et pour être franc, je ne vois pas l'intérêt de me ruiner pour toi. Non seulement tu as grossièrement violé la Loi de l'Escargot, mais en plus tu restes muet !

– C'est quoi encore, cette loi ? articula péniblement Jora.

Sergueï Pavlovitch se releva doucement et soupira. Il chercha un appui dans le regard de Victor, mais celui-ci ne réagit pas. Il dormait debout, même s'il entendait tout ce qui se disait.

Le patron interpella l'homme qui les accompagnait.

– Sacha ! Le traitement de ce patient est terminé. Drogue-le et jette-le dans le Dniepr du haut d'un pont, cette nuit. Ignorer la Loi n'exempte pas du châtiment. Allez, on s'en va.

Victor sortit le premier. Lorsque Sacha referma la porte à clé, un cri s'éleva de la cellule. Sacha se tourna vers le patron, qui lui fit signe de l'ignorer. Il donna deux tours de clé supplémentaires. Jora poussa un autre hurlement. Sergueï Pavlovitch fixa la porte quelques instants, puis demanda à Sacha de rouvrir.

– Tu voulais dire quelque chose ?

– C'était le Parrain… au sauna…

– Pour qui il travaille ? Pour le Boxeur ?

Jora hocha la tête.

– Bon... On est désolés de t'avoir dérangé.

– Eh, chuchota Jora d'un timbre enroué, c'est quoi cette Loi de l'Escargot ?

Sergueï Pavlovitch se tourna vers lui.

– En ce qui te concerne, c'est l'article cinq : Entrer dans une maison dans le but d'en expulser le propriétaire est puni de mort par noyade.

La porte massive se referma pour la seconde fois.

– Bien... proféra le patron après un long silence. Sacha, le drogue pas, jette-le simplement du pont Sud. S'il s'en sort, qu'il reste en vie. On repart.

– Et les jumeaux, j'en fais quoi ? s'enquit Sacha, pratique.

– Demain, tu récupères leurs devoirs. Celui qui dit rien, il n'y a qu'à lui faire une marque au visage, comme ça ils seront plus faciles à distinguer plus tard... Dis-leur que s'ils remettent les pieds à Kiev, on en fera vraiment des siamois. Ils n'ont qu'à retourner à leurs escroqueries à Jitomir, ou tenter leur chance à Moscou. Moscou pardonne tout !

Sur l'avenue Novo-Gostomelski, déserte à cette heure, Pacha monta à 180 km/h, et ralentit à l'approche du siège régional de la police routière, pas à cause de la police, mais pour ne pas quitter la chaussée en prenant le rond-point.

Sur la banquette arrière, Victor somnolait. Le patron se mordillait les lèvres, soucieux. Lorsque leur véhicule déboucha sur la place Internationale, il demanda à Pacha de prendre la route de Vinogradar.

– On va au « bureau des commandes » ? interrogea Pacha.

Le patron confirma de la tête et replongea dans ses pensées.

22

Victor s'éveilla vers quinze heures. Comme il avait dormi assis dans la voiture, son dos le faisait souffrir. Par le Velux, il aperçut le ciel bleu et un beau soleil. Le début de l'été indien, sans doute.

En descendant l'escalier, il tomba sur Pacha.

– C'est quoi le programme ? s'informa-t-il.

– Le patron est allé s'allonger une petite heure. Il a demandé que tu restes ici.

Victor se fit du café et s'installa à la cuisine. Il ne pouvait se départir d'un sourire perplexe. « Le patron demande que je reste ? se répéta-t-il en sirotant un café serré. Comme si j'étais déjà parti sans solliciter la permission… »

Le téléphone du vestibule sonna. Il alla décrocher.

Une femme à la voix suave qui se présenta comme une journaliste de la télé lui demanda si Sergueï Pavlovitch accepterait de participer à un débat avec son adversaire sur la Première Chaîne nationale.

– Pourriez-vous rappeler d'ici une heure ? Il n'est pas là actuellement.

– Vous ne voudriez pas noter mon numéro ? Je m'appelle Irina Khmelenko, mon portable est le 259 60 60. Ce serait très aimable à vous de lui demander de me rappeler lorsqu'il rentrera.

Il nota et promit de passer le message, avant de revenir à son café. Ces débats télévisés pouvaient commencer avec un échange d'insultes et finir par un pugilat, en direct à l'antenne. Si le concurrent n'avait pas été un ancien boxeur, cela n'aurait pas été trop grave. Le peuple aime les spectacles simples, les électeurs apprécient plus l'action que les paroles. Si le patron mettait K.-O. son adversaire, les gens voteraient pour lui, sans le moindre doute. On vote toujours pour les plus forts. Mais Victor doutait que cela se termine ainsi.

Une heure plus tard, toujours attablé à la cuisine, il faisait part à Sergueï Pavlovitch de la proposition de la Première Chaîne. Celui-ci se rangea avec empressement à ses conclusions négatives sur ce type de débats.

– Propose-lui plutôt d'inviter les lieutenants des candidats. Ceux du Boxeur sont à son image, tous recousus.

– Je doute que la chaîne accepte. Il faudrait quand même entreprendre quelque chose, il reste à peine plus d'une semaine avant les élections. Il faut trouver un moyen de faire votre publicité !

– Encore ? Il n'y en a pas eu assez comme ça ?

Il sortit aussitôt son portable et composa un numéro.

– Où on en est pour ma campagne ? demanda-t-il d'un ton sévère.

Il écouta la réponse durant plusieurs minutes, raccrocha et rangea son portable.

– Deux cent mille tracts avec ton programme et ma profession de foi ont été remis aux électeurs, quatre-vingt-dix mille colis de nourriture distribués à des retraités, on a établi une liste de tous les nécessiteux qui toucheront une aide après ma victoire, trois écoles ont été équipées en ordinateurs, sans parler d'un tas d'autres petits trucs ! Et sans oublier tes prothèses, d'ailleurs ! Tu trouves que ça ne suffit pas ?

– Non, ça va...

Victor était soulagé. Il comprenait qu'il n'était simplement au courant de rien.

– Oui, au fait, en parlant de tes prothèses, poursuivit le patron qui finissait son café, tu n'as qu'à proposer à cette journaliste de venir faire un reportage au moment où on les remettra aux mutilés.

– Elles sont déjà prêtes ?

Sergueï Pavlovitch renversa la tête en arrière, désignant le garage.

– Elles sont là. Quatre caisses sorties de je ne sais quel entrepôt d'aide humanitaire. *Made in Sweden*...

Victor était sidéré.

– Mais... normalement, on prend les mesures avant... à chacun...

– Qu'est-ce que tu me chantes? s'exclama Sergueï Pavlovitch avec une grimace. Qui va aller prendre des mesures individuelles à huit jours des élections? Qu'est-ce qu'ils en ont à foutre? Ils choisiront la taille qui leur va, et il en restera encore pour les handicapés à venir!

– Bon... Et le billard?

– On en a déjà parlé. Tu n'as qu'à trouver un fourgon et le leur faire livrer.

Victor hocha la tête. Tout semblait réglé. «Les objectifs sont clairs, les tâches fixées. Au travail, camarades!» La nuit précédente lui revint brusquement à l'esprit. Un petit détail, qu'il se sentait stupide d'avoir gardé en mémoire, le chatouillait:

– Dites, Sergueï Pavlovitch, ce dépôt de valeurs, il renferme vraiment des valeurs? Elles sont dans le hangar?

Son patron écarquilla les yeux.

– Mon pauvre garçon, tu ne comprends vraiment rien à la vie! Les valeurs, elles sont dans les cellules, et le hangar, il contient des pièces détachées d'automobiles étrangères. Ce sont deux business distincts. L'un est au papa, l'autre au fiston.

Une demi-heure plus tard, rasé et lavé pour se donner un coup de fouet, Victor appela la journaliste, qui accepta avec une facilité déconcertante de venir le lendemain avec son équipe filmer la remise des prothèses pour le journal télévisé.

Une heure plus tard, le fourgon arrivait, avec quatre déménageurs baraqués. Ils démontèrent le billard, chargèrent le plateau, les pieds, massifs, ainsi que les caisses de prothèses. Pour finir, ils grimpèrent à l'arrière, pendant que Victor prenait place à côté du chauffeur, direction la Tatarka.

23

Les caisses furent ouvertes une demi-heure avant l'instant solennel de la remise. C'est un manœuvre, petit et râblé, qui s'en chargea. Pacha l'avait trouvé sur un chantier voisin et attiré avec un billet de dix dollars. Il puait la vodka et l'oignon, et Victor essayait de se tenir à distance. Ce n'est que lorsque les quatre caisses, disposées près du comptoir de *L'Afghan,* furent ouvertes, qu'il s'approcha pour en voir le contenu. Il s'aperçut aussitôt que les prothèses n'étaient pas emballées, elles étaient simplement roulées dans du papier-bulles maintenu par un bout de scotch. Il en saisit une, la sortit de son enveloppe et resta interdit: elle était manifestement destinée à un enfant. Il en déballa d'autres et fut vite convaincu que toutes ces jambes artificielles n'étaient pas conçues pour des adultes. Au milieu, dans une pochette, quelques documents en anglais précisaient qu'elles étaient offertes par la Fondation pour l'aide aux enfants du Rwanda, basée à Salzbourg. Comment diable s'étaient-elles retrouvées à Kiev?

Inquiet, il chercha du regard Pacha, qui était en train d'expliquer à l'ouvrier imbibé ce qu'il fallait faire des pieds du billard. L'autre remuait la tête, pensif, mais ses yeux trahissaient certaines craintes sur ses capacités à mener l'opération à bien. C'était quand même la première fois de sa vie qu'on lui confiait un pareil travail.

Quand il apprit que les prothèses n'étaient pas de la bonne taille, Pacha paniqua et l'angoisse se peignit sur son visage. Mais Victor retrouva vite son aplomb:

– Il faut reclouer les quatre caisses, dit-il d'un ton calme. On va les offrir fermées.

L'équipe de la télévision n'était pas en avance, mais Sergueï Pavlovitch lui-même avait un quart d'heure de retard. Finalement, ils décidèrent de filmer l'arrivée des caisses, ce qui obligea à les ressortir sur le trottoir. L'ouvrier malodorant fut à nouveau mis à contribution. L'entrée des caisses dans le café demanda trois prises. Ensuite, on put voir Sergueï Pavlovitch, rasé de près, en complet de tweed et les cheveux brillants de laque, serrer la main à un jeune amputé des deux jambes, le propriétaire du café, dont l'expression disait la reconnaissance. Liocha fit aussi une apparition devant la caméra, et Sergueï Pavlovitch lui serra également la main.

Le reportage était réalisé par une jeune fille à longues jambes, au sourire artificiel. Elle donnait avec beaucoup d'aisance des ordres au cameraman, un gars solide de petite taille, en jean et grosse chemise verte, avec un gilet de photographe bardé de deux douzaines de poches aux contenances variées.

À la fin du tournage, qui prit moins d'une demi-heure, Sergueï Pavlovitch tendit une enveloppe à la journaliste. En échange, elle lui remit sa carte d'un geste gracieux avant de quitter les lieux.

Le manœuvre, planté devant les pieds maintenant raccourcis du billard, était toujours aussi perplexe. Victor alla expliquer à Liocha que les prothèses étaient faites pour des enfants. Liocha se contenta de hausser les épaules.

– De toute façon on n'en a rien à branler. Reprenez-les. L'essentiel, c'est que le billard, lui, soit à la bonne taille !

Sergueï Pavlovitch refusa de reprendre les caisses. Il fut décidé de les jeter du haut de la colline où courait la rue Nagornaïa. L'ouvrier fut une fois de plus appelé en renfort. Pacha et lui sortirent les quatre caisses, les portèrent de l'autre côté de la route, puis, au-delà du mur de clôture, les poussèrent en bas. Le versant de la colline était déjà envahi de toutes sortes d'ordures. Les caisses s'y trouvèrent parfaitement à l'aise, sur fond de broussailles, de bouteilles de Coca et Pepsi, et de vieux cartons.

24

C'est Nina qui décrocha.

– Bonjour, dit Victor. Comment vous allez toutes les deux ?

– Ah, enfin, ça fait plaisir de t'entendre !

Son intonation ostensiblement chaleureuse l'étonna.

– Tu devrais passer à l'appartement. Sonia t'a demandé plusieurs fois.

– Elle est là ?

– Non, elle est en bas, dans la cour, elle joue avec la fille des voisins.

– Bon, je passerai un de ces jours, promit-il avant de lui dire au revoir.

Il se demanda, en buvant son café, ce que cachait le ton si avenant de Nina. Craignait-elle d'être jetée dehors ?

Le patron était parti aux aurores, avec Pacha. Une femme de ménage était ensuite passée pour nettoyer le sol. Puis ce fut un informaticien qui sonna. Pacha avait prévenu Victor de sa visite. Il était chargé de vérifier ce que l'ordinateur des conseillers en communication avait dans le ventre. Victor le conduisit au « bureau » et regagna la cuisine. Il commençait à apprécier la solitude, le calme relatif de la maison. Il était heureux que personne n'ait besoin de lui ce matin-là. Il se mit à penser à la Loi de l'Escargot. Il avait maintenant l'impression d'être bien protégé, à l'abri derrière des murs solides. Une aussi grande maison aurait dû mettre mal à l'aise le petit escargot qu'il était, mais non. Il se sentait bien, goûtant la sérénité du moment. Pourtant, au-dehors, la bataille faisait rage, et cela allait durer au moins six jours encore. Après, les escargots les plus chanceux recevraient des maisons de députés, c'est-à-dire la protection d'une immunité parlementaire, tandis que les autres seraient contraints de fuir, de se replier, de se cacher, de faire le mort ou d'adopter d'autres tactiques.

Victor se posta à la fenêtre, regarda la cour nue, gravillonnée, sillonnée de traces de pas. Une haie de lilas soigneusement taillée bordait la clôture. Le ciel était bleu, sans nuages. Soudain, une petite hirondelle plongea, frôla le gravier et remonta en chandelle. Cela l'étonna, car en général elles ne volent bas qu'avant la pluie.

L'apparition de l'informaticien dans la cour l'arracha à ses interrogations. C'était un homme maigre d'une quarantaine d'années. Il alla jusqu'au milieu de la cour, sortit un paquet de cigarettes de sa poche et en alluma une. Il regarda nerveusement autour de lui, puis saisit son portable. Au bout de quelques instants, il composa un numéro. Victor l'observait avec attention. Il le vit converser en remuant les lèvres très vite, comme pour placer un maximum de mots en un minimum de temps. Puis il se tut et écouta la réponse de son interlocuteur, en hochant la tête. On devait lui donner des instructions de la plus haute importance à l'autre bout du fil. Finalement, il remit son portable dans sa poche, jeta son mégot, l'écrasa et rentra.

Les pensées de Victor retournèrent à la vie du dehors. Un corbeau s'était posé sur le mur. Il n'y avait plus d'hirondelles. Haut dans l'azur, un avion brillait au soleil. Son regard s'y attarda. En suivant l'appareil des yeux, il se dit qu'il préservait sûrement, en ce moment même, la vie de quelqu'un, l'emportant loin d'un danger qu'il courait sur la terre ferme.

Il entendit s'ouvrir la porte d'entrée, et vit à nouveau l'informaticien sortir dans la cour. Il pressait le pas et avait enfilé sa grosse veste. Il tenait sa sacoche à la main. Victor s'étonna, il lui semblait qu'un informaticien qui s'assied devant un écran en a pour des heures et des heures, *a fortiori* s'il doit passer en revue le contenu d'un ordinateur. Mais celui-là avait visiblement hâte de partir. En ouvrant le portillon, il jeta un dernier coup d'œil à la maison. Son regard était dédaigneux, presque méprisant, mais il avait un visage d'homme traqué, affolé. Lorsqu'il aperçut Victor qui le regardait depuis la fenêtre de la cuisine, son effroi en fut encore accentué.

Le portillon se referma.

Victor monta à l'ancienne chambre d'enfant, qui deux jours plus tôt abritait encore le quatuor d'« as de la com ». Il s'approcha de l'ordinateur. Il était allumé ; l'économiseur d'écran s'était déclenché et des planètes aux couleurs vives voguaient dans tous les sens.

Il appuya sur la barre d'espace, la course des planètes s'arrêta et elles disparurent. Il examina la liste des fichiers restée à l'écran. Les noms ne lui disaient rien. Par pure curiosité, il prit la souris et pointa le curseur sur l'un d'entre eux, qu'il ouvrit. Cela lança un programme, des graphiques se succédèrent, puis un carré apparut au centre de l'écran et la photo d'un visage masculin familier, cheveux courts, vint s'afficher en son centre. Victor se concentra : il l'avait souvent aperçu dans la presse.

C'était l'un des députés les plus en vue du parlement sortant. Il devait être juriste, ou quelque chose dans ce genre, et ne se faisait jamais prier pour se montrer dans les journaux ou à la télé, distribuant généreusement ses conseils, de l'acquisition d'un lopin de terre au moyen de monter une petite affaire immobilière. Après avoir détaillé son visage, Victor remarqua différentes icônes sur la droite. Il cliqua sur celle du haut, ce qui eut pour effet d'ouvrir une fenêtre pleine d'informations, dont les types et numéros des véhicules utilisés par le député, son adresse personnelle, les noms et adresses de ses deux chauffeurs, son emploi du temps habituel, et tout en bas, en gras, une section «famille et proches». Il faillit l'ouvrir, mais quelque chose le retint.

Il se souvint du jour où Igor Lvovitch lui avait demandé d'aller récupérer ses billets d'avion dans le coffre-fort de son bureau, au journal, pendant qu'il restait terré chez lui. Il se revit trouvant un paquet de ses nécrologies dans le coffre, annotées par son chef et un autre homme, le chef du chef. Il était à nouveau confronté au même genre d'informations, mais d'une tout autre importance qu'à l'époque. Il ne comprenait pas vraiment à quoi tout cela pouvait servir, mais sentait que pareille abondance de données soigneusement répertoriées n'était pas le simple fait d'un mari jaloux qui aurait appris que sa femme le trompait avec ce député. Il ne faisait aucun doute que tout cela avait été préparé en vue des élections, et que quelqu'un comptait en faire usage. Victor se sentait souillé, comme s'il venait de sortir de sa baignoire et qu'il devait brusquement écraser un cafard de la main. Il avait envie de se relaver. Il partit, laissant l'ordinateur allumé. Pendant qu'il descendait l'escalier, il entendit une voiture pénétrer dans la cour.

C'était Pacha qui revenait. Il l'informa que le patron rentrerait tard. Victor se sentait de plus en plus inquiet, mais n'avait aucune envie de se confier à lui. Sans doute Pacha était-il au courant des méthodes en vigueur lors des campagnes électorales, mais lui, Victor, ne souhaitait surtout pas en savoir plus. Il éprouva une bouffée de reconnaissance envers Sergueï Pavlovitch, qui ne lui en avait jamais rien dit. Du reste, il en avait eu un échantillon au «dépôt des valeurs». Il se demanda combien de «valeurs» périraient durant la campagne.

– Tu crois qu'il aura besoin de moi? s'enquit-il auprès de Pacha.

– Non, peu probable. Il a plusieurs rendez-vous aujourd'hui, pour les élections. Mais le dernier de la journée, c'est dans un sauna, en dehors de la ville. Là, c'est sûr, il saura se débrouiller sans toi !

– Dans ce cas, je sors me balader un peu, conclut-il en se frottant les tempes, comme pour suggérer qu'il avait mal à la tête et besoin de prendre l'air.

Pacha l'approuva :

– Oui, vas-y, je ne pense pas qu'il te cherche.

Il était presque dix-huit heures lorsque Victor arriva à la maternelle où travaillait, de jour comme de nuit, une miniature nommée Svetik. Il entra et tomba, dans un couloir du rez-de-chaussée, sur une vieille institutrice, à qui il demanda où il pourrait trouver Sveta Alekhina.

– Mais elle ne travaille que le matin, s'exclama-t-elle, étonnée de l'ignorance de Victor. Les leçons de musique, c'est toujours avant le repas !

Désemparé, il se rendit sur le Krechtchatik. Le soleil se couchait. Il longea les vitrines, entra dans un café, mais la profusion de visages inconnus l'effraya et il ressortit aussitôt.

Qu'est-ce qui le mettait dans cet état ? La fatigue ? La sensation d'une menace imminente ? La découverte d'informations dangereuses ? Une fois, Igor Lvovitch lui avait dit : « Le jour où on t'expliquera tout, ce sera uniquement parce que ton travail, comme ta vie, d'ailleurs, seront devenus inutiles... » Moins on en sait, plus on vit vieux. C'était une maxime de son ancien rédacteur en chef. Qui en savait beaucoup plus que Victor. C'est donc pour cela que lui était encore en vie ? Non, se répondit-il à lui-même, je suis resté en vie par hasard, et Igor Lvovitch n'a pas eu cette chance... Il n'avait pas eu de pingouin auquel piquer sa place dans l'avion.

Il traversa le boulevard, empruntant un passage souterrain

où un grand flandrin d'une vingtaine d'années chantait *a capella* une chanson populaire ukrainienne, une boîte de Nescafé à ses pieds. Victor y vit briller quelques pièces. Il s'arrêta, sortit une hrivna de sa poche et la déposa dans la boîte. En remontant l'escalier, il entendit le jeune homme faire un canard, et regretta sa hrivna. Il aurait été plus judicieux de la donner à une mémé, il y en avait plein les passages souterrains. Mais elles ne chantaient pas. Elles se contentaient de s'adosser au mur en tendant en silence une petite main flétrie.

Il avait dépassé les Grandes Galeries. Devant lui, sur la tour de la Maison des Syndicats, l'affichage de l'heure succéda à celui d'une publicité Adidas. Il lut: *18:56*.

25

Vers dix-neuf heures trente, il déboucha sur son palier, ses deux clés à la main. Il se demanda quelle serrure ouvrir en premier, puis il hésita: il avait l'impression d'être un hôte indésirable. Finalement, las de rester planté devant sa porte et peu motivé pour l'ouvrir lui-même, il sonna. Nina l'entrebâilla dans l'instant, comme si elle avait été derrière à l'observer par le judas.

– C'est bien que tu sois venu, se réjouit-elle en le laissant passer.

Il se demanda si c'était vrai, mais quand Sonia arriva de la cuisine, il fut rassuré. Il doutait de la sincérité de Nina, mais connaissait bien Sonia. Si elle souriait, c'était du fond du cœur.

– Tu veux du boudin? lui proposa la petite en levant la tête afin de mieux voir sa réaction. Tata Nina en a pris pour le chat, et il en veut pas. Mais moi, j'aime ça!

– Oui, volontiers, acquiesça-t-il d'un ton enfin léger.

– Si tu finis ton assiette, je te montrerai un secret !

– D'accord.

Le dîner fut copieux : il était arrivé juste au moment où Nina achevait de faire frire une poêlée de boudin aux pommes de terre.

Ensuite, ils passèrent au salon. Sonia s'assit et posa sur ses genoux une vieille chemise cartonnée à l'intitulé menaçant : *Affaire N°...* Elle dénoua le lacet et la tendit à Victor sans l'ouvrir.

Il souleva doucement la couverture, songeant qu'il allait devoir la complimenter pour ses dessins. En réalité, la chemise contenait bien des dessins, mais qui n'avaient rien de futile. Sur chaque page, elle avait figuré un petit portrait du pingouin, en noir et blanc, surmonté de quelques mots au tracé hésitant : *Perdu pingouin nommé Micha. Récompense de 5 000 hrivnas à qui le retrouvera. Téléphoner au...*

– Ce n'est pas un mensonge, tata Nina a dit qu'elle donnerait vraiment l'argent si on nous le ramène ! annonça-t-elle triomphalement, scrutant avec inquiétude le visage soucieux de Victor. Il faut juste coller ça sur des poteaux. Tata Nina est sûre qu'avec tant de sous, on nous ramènera au moins cinq pingouins, et même de Moscou ! Le principal, c'est qu'on nous retrouve le bon. Mais Micha, je le reconnaîtrai tout de suite. Tu vas m'aider à coller ?

– Oui, lui promit-il.

Nina passa la soirée presque sans dire un mot, se contentant de regarder Victor avec une douce tristesse. Il finit par avoir l'impression que la maison de Golosseïevo n'existait pas, pas plus que Pacha ni Sergueï Pavlovitch, et qu'il vivait ici, chez lui, au quatrième étage, avec pour unique problème dans l'existence la disparition de son pingouin.

– Tu ne voudrais pas rester ? proposa délicatement Nina quand il se leva.

Il se figea un moment et soupira.

– C'est quand même toi qui as disparu, qui as été obligé de partir, répliqua-t-elle à son soupir. Sonia et moi, on avait peur de rester seules toutes les deux…

– Pas moi ! J'avais pas peur ! l'interrompit Sonia. C'est elle qui avait peur ! Et hier elle a pleuré !

Nina fusilla la petite traîtresse du regard, avec animosité et dépit, mais cela ne dura qu'un instant.

26

Dans la nuit, il y eut un orage. Victor ne cessait de se réveiller. Il s'asseyait, se levait, s'approchait de la vitre, pensait à Sonia et à Nina. L'avant-veille, Nina avait pleuré…

En regagnant Golosseïevo, il avait voulu mettre sans plus tarder son patron au courant de l'étrange attitude de l'informaticien, mais s'était souvenu du dossier qu'il avait consulté sur l'ordinateur, et avait eu peur de laisser échapper ce détail sous le coup de la fatigue. Il n'avait pas envie de reconnaître qu'il avait lu des choses à l'écran. Il avait passé tout le trajet à cogiter, pour rien : en lui ouvrant la porte, Pacha lui avait appris que le patron ne rentrerait qu'au matin et serait épuisé. À tout hasard, Victor lui avait fait part de ses doutes au sujet de l'informaticien enfui. Pacha l'avait écouté, puis était reparti à la cuisine. Victor avait entendu des voix d'hommes, dont celle de Pacha, en émaner pendant qu'il montait dans sa chambre.

La pluie se calma peu avant l'aube, et le brutal silence le réveilla encore. D'un œil ensommeillé, il chercha le Velux et y découvrit le bleu profond du ciel matinal. Les nuages avaient disparu. C'est alors qu'un klaxon de voiture lui écorcha les oreilles.

Il se tourna vers le mur, bien décidé à se rendormir. Mais il se passait quelque chose dans la cour, des cris, du bruit, du remue-ménage.

Intrigué, il se leva et sortit dans le couloir. Des claquements de semelles et des voix montèrent jusqu'à lui ; l'escalier de bois gémit sous un pas décidé.

Il regagna sa chambre et s'assit sur le lit. Sa tête lui refusait tout service. Il s'allongea sur la couverture. Il se demandait ce qui arrivait, mais ne put se décider à aller voir, se bornant à entrouvrir le Velux. Il aspira une bouffée d'air frais, déjà imprégné d'un parfum d'automne, de l'odeur aigrelette des feuilles mortes.

Finalement, il s'habilla sans hâte et descendit au premier.

On ne percevait plus d'effervescence, mais une conversation indistincte, chuchotée, montait du rez-de-chaussée. Il passa dans l'ancienne chambre d'enfant, ex-bureau de l'état-major marketing. L'ordinateur n'était plus là. Il s'approcha de la fenêtre, qui donnait sur la cour.

Le portail était ouvert. Devant stationnaient trois 4x4 Mercedes noirs et deux berlines, Mercedes également. Dans la cour, il y avait une Chrysler gris métallisé portant la plaque minéralogique d'une administration d'État. Deux tout-terrain et les berlines s'éloignèrent.

Il se passait décidément quelque chose. Victor pensa que les deux véhicules inconnus qui restaient encore allaient partir eux aussi et qu'il pourrait enfin descendre à la cuisine prendre son petit-déjeuner. Mais en bas, la conversation, calme, s'éternisait. Affamé, il restait immobile, attendant patiemment que tout rentre dans l'ordre. Cela prit du temps, mais les voitures finirent par quitter la propriété, et Pacha referma le portail. Quand il rentra dans le hall, Victor nota sur son visage les signes d'une vive inquiétude.

Le patron était au salon, blême. Il fit un signe de tête à Victor et lui désigna un fauteuil en face du sien.

– La nuit avait été si bonne, et maintenant voilà... marmonna-t-il, songeur.

– Qu'est-ce qui s'est passé? s'enquit prudemment Victor.

– L'ordinateur... jamais vu ça... toute une brigade de la Sécurité du Territoire qui rapplique pour un ordinateur! Encore heureux que je n'aie rien à voir avec... je n'y ai même pas touché. Dans quelle merde on s'est mis avec ces petits truands de Jitomir! Quand je pense à l'espèce de connard qui me les a conseillés! Je vais le faire noyer dans les égouts! Tu imagines comme ils m'ont parlé, à moi, les agents? Comme si j'étais déjà bouclé dans leur sous-sol! «Si on trouve une seule de vos empreintes sur le clavier, vous aurez affaire à nous!» Ils n'ont qu'à vérifier! Qu'ils cherchent! Le seul problème, c'est qu'ils vont se mettre en quête de cette bande d'escrocs, et s'ils les retrouvent, on n'est pas clairs. Oh, que ça tombe mal ce bordel! Tu veux un whisky?

Victor fit oui de la tête. Le patron avait besoin d'un interlocuteur et d'un compagnon de bouteille compréhensif.

– Prends la bouteille et les verres dans le bar.

Victor posa du Cheval noir et deux verres sur la table basse.

– Des glaçons? proposa-t-il.

– On s'en passera! Verse! Et le pire, dans l'histoire, tu sais ce que c'est? poursuivit-il en levant les yeux sur Victor. C'est que je dois leur faire la liste de tous ceux qui sont passés dans cette maison durant les vingt derniers jours! Pas mal, non? Un candidat à la députation qui doit moucharder ceux qui sont venus le voir! Ensuite on va prendre leurs empreintes pour les comparer à celles relevées sur le clavier. On aura tout vu! Si ça pouvait traîner encore cinq jours, que je sois élu, après je leur dirais à tous d'aller se faire foutre. Mais tu parles, c'est maintenant qu'ils me mettent la pression, avant le vote. Tu vas figurer dans la liste, comme d'autres personnes qui risquent de les intéresser... Et pourtant, la journée avait si bien commencé! La nuit que j'ai passée, c'était...

Victor avait blêmi à son tour.

– Qu'est-ce qui t'arrive ? s'inquiéta Sergueï Pavlovitch en le voyant changer de visage.

– J'ai touché l'ordinateur, sans le faire exprès, avoua-t-il.

– Ah bon ? Comment ?

Victor lui expliqua tout, le comportement de l'informaticien, le fichier qu'il avait découvert...

– Eh bien, tu es vraiment un pingouin, toi, soupira Sergueï Pavlovitch. Quel besoin tu avais d'aller fouiner ? Enfin, tu ne pouvais pas savoir... Et moi non plus. Bon, ajouta-t-il après une autre gorgée de whisky, je vais essayer de mettre mes hommes sur le coup, on verra s'ils peuvent faire quelque chose.

27

Sergueï Pavlovitch resta absent tout le reste de la journée, sillonnant la ville avec Pacha pour tenter de juguler la crise, mais ses efforts ne semblaient pas très concluants. Deux collègues de Pacha, silencieux, campaient désormais à Golosseïevo, en état d'alerte maximum. Ils effectuaient des rondes autour de la maison, surveillaient le portail. Les voyant ainsi sur le pied de guerre, Victor n'avait même pas tenté d'engager la conversation. Il traînait à l'intérieur, montait dans sa mansarde, redescendait à la cuisine, se préparait du café, regardait par la fenêtre, et ses yeux tombaient régulièrement sur les gardes du corps, qui l'ignoraient avec constance. De temps à autre, l'un d'eux appelait Pacha sur son portable et lui signalait que tout était calme.

Les choses se précipitèrent vers seize heures, lorsque la Chrysler gris métallisé se présenta au portail, avec un coup de klaxon. Elle entra, suivie d'un 4x4 Mercedes noir, visiblement l'un de ceux qui étaient là aux aurores. C'étaient en tout sept hommes qui venaient d'arriver. Il était assez simple de deviner leurs fonctions, et depuis la fenêtre de la cuisine, Victor s'était pris à ce jeu : quatre gardes du corps équipés de talkies-walkies et d'oreillettes, deux chauffeurs habillés avec soin et rigueur, et le chef de tout ce bataillon, en long pardessus noir, le visage glabre, assez poupin, les cheveux courts bien coiffés. Il devait avoir une quarantaine d'années. L'un des gardes du corps de Sergueï Pavlovitch, debout à côté de lui, l'écoutait avec attention, pendant que l'autre téléphonait dans le vestibule.

– Pacha ! Dis au patron que Kapitonov est là et qu'il le réclame d'urgence… Je fais quoi ?… D'accord !

Il ressortit dans la cour et alla informer Kapitonov du résultat de son appel. Celui-ci hocha la tête.

Une vingtaine de minutes plus tard, le patron était de retour. Il s'isola avec Kapitonov dans sa Chrysler. Ses gardes étaient un cran au-dessus de ceux de Sergueï Pavlovitch. Ils avaient encerclé la voiture de telle façon qu'il était impossible de s'en approcher. Pacha entra dans la cuisine, regarda Victor sans expression particulière.

– Alors, qu'est-ce que ça donne ?

– Rien de bon, constata Pacha. Ils maintiennent la pression. C'est un gros marchandage. Et quand on joue gros, on peut vendre ses amis…

Victor secoua la tête, anxieux.

Dehors, le tableau ne variait pas. Les quatre hommes de main, grands, élégants, vêtus des mêmes pardessus, équipés des mêmes oreillettes quasi invisibles, encadraient la Chrysler aux vitres teintées. Cela dura près de deux heures, et Victor, miné par le doute et l'inaction, pensa soudain qu'on l'avait lâché. Il comprit qu'il ne pourrait fuir la maison, qu'il n'en sortirait plus. À bout de nerfs, il monta l'escalier quatre à quatre, se boucla dans sa mansarde et s'assit au bord du lit.

Le coucher de soleil marbrait le ciel. Il ouvrit la fenêtre, tendit l'oreille. Un bourdonnement lui parvenait, assourdi ;

c'était celui de la circulation, à une cinquantaine de mètres de là, sur l'avenue des Quarante Ans d'Octobre, qu'il ne pouvait pas voir. Des corbeaux perchés à proximité croassaient à tour de rôle. Dans ces bruits vespéraux, il n'y avait pas de voix humaines. Soudain, des ronflements de moteurs montèrent de la cour. Il gagna la cuisine et regarda prudemment par la fenêtre. Pacha était en train de refermer le portail derrière la Chrysler et le tout-terrain. La cour était désormais vide.

Comme il se demandait où était passé son patron, Victor sentit une main se poser sur son épaule.

– Alors, on admire les grands espaces? ironisa Sergueï Pavlovitch. Pacha, prépare le sauna! On va transpirer un peu. Tu n'as qu'à lire les infos en attendant.

Victor se retourna en pensant que son patron lui tendait un journal et découvrit en fait un papier bleuté. Il le prit avec précaution, le déplia. C'était une attestation, où figurait la photo de Sergueï Pavlovitch, sous le tampon de la Rada suprême[1] – une attestation disant que le propriétaire était l'attaché parlementaire de Dmitri Vassiliévitch Kapitonov. Au bas de la carte figuraient une signature et une date. Une date située deux semaines plus tard.

– Et voilà, conclut le patron en reprenant son papier. Larbin. Va falloir éviter de descendre jusqu'en bas de l'échelle. Enfin, on se retrouve au sauna dans une heure! C'est un attaché parlementaire qui te l'ordonne! s'exclama-t-il avec le sourire jaune d'un malade condamné.

Dans l'entrée du sauna, un petit sas douillet dont les murs et le plafond étaient habillés de pin, on avait logé une table de jardin et ses quatre chaises en plastique, recouvertes de draps de bain. Pacha déposa plusieurs bouteilles de bière Baltika

1. L'Assemblée nationale.

bien fraîche sur la table, ainsi que deux chopes Heineken et une assiette contenant trois petits poissons séchés. Comme il remontait, Sergueï Pavlovitch, qui avait passé un peignoir tigré, lui cria :

– Surveille le téléphone et tiens-moi au courant !

Victor se déshabilla, ne gardant que son caleçon. Il regardait la porte du sauna et son hublot embué. Là-dedans, il faisait chaud. Mais pourquoi le patron s'obstinait-il à appeler « sauna » un bain de vapeur typiquement russe ? Dans un sauna, l'air reste sec, normalement... Peut-être que tout ce qui était lambrissé était aussitôt naturalisé finlandais ?

Sergueï Pavlovitch ouvrit deux bouteilles et en présenta une à Victor. Il le regarda avec attention tout en remplissant sa chope et poussa un profond soupir.

– Abattu en plein vol ! déplora-t-il avec une amertume surjouée.

– Et moi qui comptais sur votre victoire, murmura rêveusement Victor, qui venait de réaliser qu'il aurait maintenant du mal à obtenir de l'aide pour retrouver Micha. Alors du coup, même si on obéit à la Loi de l'Escargot...

Le regard interloqué de Sergueï Pavlovitch lui cloua le bec. Il se demanda comment il avait osé lui parler ainsi, d'égal à égal.

– La Loi de l'Escargot, elle marche toujours ! énonça fermement le patron. Mais peu importe la manière de s'y prendre, nous, on n'est que des escargots ordinaires. Moi, j'ai voulu devenir un escargot à deux têtes, de ceux qui ont plus de droits dans la vie, mais un déjà-bicéphale m'a vu venir et m'a remis à ma place.

– Un escargot à deux têtes, c'est comme un aigle à deux têtes, mais sans les ailes ? plaisanta Victor, qui se figea aussitôt, conscient d'aller trop loin.

Il leva les yeux vers son patron en avalant une gorgée de bière. Celui-ci parut amusé.

– Les aigles n'ont pas de toit, même ceux à deux têtes. Les escargots à deux têtes, eux, ont deux protections, celle du crime et celle de l'État. Tu piges?

Il commençait enfin à comprendre.

– Alors, un gros bonnet du crime avec un mandat de député, c'est un escargot à deux têtes?

– Un mandat de député ou un portefeuille de ministre... Mais pourquoi parler de gros bonnet? Tu as lu trop de mauvais romans... Un gros bonnet n'a pas besoin d'être ministre.

Victor finit sa chope, et son patron ouvrit deux autres bouteilles.

– Viens transpirer, sinon on va prendre une cuite et oublier d'entretenir notre santé. Or le sauna, c'est avant tout la santé! décréta-t-il en abandonnant son peignoir sur le dossier de sa chaise.

Au début, l'air chaud fut agréable. Ils s'assirent sur le gradin le plus haut. Ensuite, Sergueï Pavlovitch puisa un peu d'eau dans un seau de bois et la répandit sur des pierres que chauffait une puissante résistance électrique. La cabine s'emplit immédiatement d'une vapeur brûlante, qui irrita la gorge de Victor et lui ébouillanta les narines. Il se réfugia sur le gradin d'en-dessous.

– Alors, on craint le chaud? se moqua son patron.

– Il faut que je m'habitue...

– Prends ton temps, prends ton temps... Tu t'es bien habitué au froid.

Victor soupira. L'Antarctique, Micha...

– Et au fait, ton chez toi, c'est bon? Tu arrives à maintenir l'ordre? Pas de nouveaux étrangers en vue?

Victor fit signe que non. Penser à tout cela le consternait.

– À ta place, je jouerais les sous-marins, poursuivit Sergueï Pavlovitch après un silence, avant de verser une nouvelle louche d'eau sur les pierres.

La vapeur sembla frôler le visage de Victor en s'élevant vers le plafond.

– En eaux profondes? articula-t-il paresseusement, vaincu par la chaleur, qui faisait fondre ses muscles et son cerveau.

– Oui, mais bon, ce que j'en dis... Si tu veux, je te prends comme secrétaire, ou, comment on pourrait dire? assistant d'attaché parlementaire? Un petit boulot tranquille. Mais qui protège quand même un peu. Le mieux, en fait, maintenant, ce serait que tu partes à Moscou. Là-bas, personne ne te cherche.

– Mais cette histoire d'ordinateur, c'est pas réglé? s'étonna-t-il, persuadé que le nouveau poste de son patron était au moins en partie lié à cette mésaventure.

– Eh non. On a simplement étouffé l'affaire pour un temps. Qui va la faire resurgir, et quand? mystère. Peut-être qu'elle s'éteindra toute seule, mais peut-être pas... Enfin, bon, on retourne boire une bière!

À mesure qu'il refroidissait, Victor retrouvait des enchaînements de pensées plus vifs, mais son corps restait engourdi. Ils avaient changé de conversation. Le patron évoquait maintenant sa fille, qu'il venait d'envoyer à Chypre jusqu'aux élections, avec son fils de trois ans, le petit responsable de la captivité relative de Victor. Il évoqua aussi une joie récente, soudainement gâchée par la Sécurité du Territoire et Kapitonov. Cette bonne nouvelle, c'était une collision frontale, allée du Parc: une camionnette avait heurté de plein fouet une Volga conduite par un soldat. Le chauffeur militaire avait eu la vie sauve, mais pas ses deux passagers, dont l'un était le chasseur responsable du veuvage de sa fille.

– C'est incroyable, cette coïncidence, s'effara Victor sans arrière-pensée.

– Oui, il y a de drôles de hasards! renchérit le patron avec un grand sourire.

Après deux autres bouteilles de Baltika, ils remontèrent au salon, le patron en peignoir tigré, Victor enveloppé dans un drap de bain.

Dehors, il faisait nuit et il pleuvait toujours.

Le téléphone sonna. Quelques instants plus tard, Pacha leur annonça qu'au matin on viendrait prendre les empreintes de ceux qui se trouveraient dans la maison.

Sergueï Pavlovitch posa un regard lourd de sens sur Victor. Indéniablement, le patron avait du flair.

Ils burent un café en vitesse. Victor se rhabilla. Sergueï Pavlovitch lui rendit ses deux passeports.

– Va prendre tes affaires. Pacha te déposera où tu lui diras. Ah oui, prends aussi ça !

Il se vit gratifié d'une carte de visite ornée du trident, l'emblème national, estampillée « Rada suprême d'Ukraine ». Elle portait, comme l'attestation qu'il avait découverte peu avant, le nom de son patron suivi de la mention « attaché parlementaire ».

– Si tu as besoin d'aide, une fois à Moscou, passe au restaurant *Le Pékin* et demande Bim. Tu lui donneras le bonjour de ma part.

28

Leurs adieux furent à la fois chaleureux et froids. Bizarrement, Victor ne parvenait pas à concevoir ce séjour forcé dans la maison de Sergueï Pavlovitch comme une détention ni un travail d'esclave. Au contraire, durant toute cette période, il s'était senti en sécurité, tel un petit escargot dans une solide coquille. Maintenant qu'on le libérait, il se sentait exténué, écrasé. L'une des règles essentielles de la Loi disait : en passant d'une maison à une autre, un escargot doit se montrer le plus prudent et rapide possible. Mais lui, aucune autre maison ne l'attendait. Là où il allait, il ne connaissait personne et se retrouverait sans défense. En revanche, il n'aurait plus qu'une seule tâche à accomplir, retrouver Micha et se débrouiller pour l'expédier en Antarctique. Et ensuite, que ferait-il? Vivrait-il pour lui? Pour Sonia? Comment gagnerait-il sa vie? Au fond, ces questions ne le tourmentaient pas vraiment. Il se passerait bien quelque chose, une proposition qui tomberait quand il en aurait besoin. Tant que l'on y pense et qu'on se pose des questions à son sujet, l'avenir existe. Les réponses peuvent attendre. La vie finit toujours par les fournir.

Il prit congé de Pacha devant l'entrée de son immeuble. Le garde du corps lui serra la main avec vigueur et lui souhaita bon courage.

Resté seul sous le ciel nocturne, sans une étoile, les pieds sur le goudron humide de la cour, il leva les yeux vers les fenêtres de son appartement. Elles étaient noires, comme toutes les autres. Il vérifia à tout hasard si celles de la mère Tonia étaient éclairées, mais non. Il grimpa chez lui.

Décidé à ne réveiller personne, il ouvrit, se déchaussa dans l'entrée et ôta son blouson. Il alla à la cuisine, alluma, déposa sur la table le sac qui contenait toutes ses richesses, passeports, carte de crédit et lettre à la veuve du banquier.

Il se fit du thé et s'installa près de la fenêtre. Il considéra l'urne funéraire, qui avait retrouvé sa place légitime, et se souvint de son ami, de leur pique-nique sur le Dniepr gelé, de Micha que Sergueï avait enveloppé dans une serviette après son bain «pour qu'il attrape pas froid». Il prit une bouteille de Smirnoff entamée et se servit un verre.

Quelques mois auparavant, dans cette même cuisine, il écrivait un petit mot à Nina et Sonia, leur disant qu'il réapparaîtrait lorsque «la poussière serait retombée». Peut-être que maintenant aussi, il devrait leur laisser un message et filer à la gare prendre le premier train pour Moscou ?

Au milieu du silence nocturne, la porte de la cuisine grinça. Le cœur battant, il se retourna, s'attendant à voir le fantôme de Micha. Son pingouin avait l'habitude d'entrer ainsi, par surprise, en poussant la porte avec sa poitrine, pendant qu'il était assis à travailler sur ses « petites croix ».

Mais cette fois, ce fut Sonia qui pointa sa frimousse ensommeillée.

– Pourquoi tu ne dors pas ?

C'est tout ce que Victor, remis de ses frayeurs, trouva à lui murmurer.

– Et toi ? demanda-t-elle en entrant.

Elle portait un pyjama de flanelle blanc, avec un pingouin brodé sur la veste.

– Je suis juste passé deux minutes. Je dois quitter la ville.

– Maintenant ? Mais tu m'avais promis de m'aider à coller mes affiches !

– Et Nina, elle dort ?

– Oui, elle boit du somnifère pour pas regarder la télé trop tard, sinon elle a mal aux yeux...

– Elle boit quoi ?

Sonia désigna du doigt la bouteille de Smirnoff posée sur la table.

– De la vodka ?

– Je sais bien que c'est de la vodka, mais elle, elle en boit le soir pour s'endormir.

Victor prit un air désabusé. Il se versa un autre verre, mais le regard insistant de Sonia le gênait.

– Toi aussi tu en as besoin pour dormir ?

– Non.

Il se leva et vida son verre dans l'évier, puis se tourna vers la fillette comme s'il guettait un compliment.

– Et tu vas où ? demanda-t-elle en clignant des yeux.

– À Moscou.

– Alors on colle les affiches avant !

Il se mit à réfléchir.

– Si tu veux. Il n'y a qu'à le faire maintenant, tant qu'il n'y a personne dans les rues.

– D'accord.

– Bien. File t'habiller. Mais surtout pas de bruit, ne réveille pas Nina !

Vingt minutes plus tard, un homme et une fillette sortaient de l'immeuble dans la nuit. La fillette tenait une chemise pleine de papiers, et l'homme un tube de colle Moment.

– Allons rue Chtcherbakov, il y a plus de passage, proposa Victor.

Ils entamèrent leur promenade dans la grande ville endormie, dépassant deux crèches, des abris à voitures, une école. C'était comme s'ils remontaient le temps, vers l'enfance de Victor, qui, bien des années auparavant, avait fréquenté l'une de ces crèches, puis l'école numéro 27. Sonia cheminait à ses côtés, regardant avec intérêt les alentours et le ciel, comme si c'était la première fois qu'elle voyait la nuit d'aussi près.

Ils débouchèrent rue Chtcherbakov, et collèrent leur premier avis de recherche à un arrêt de trolleybus. Plus loin, ils tombèrent sur des panneaux couverts d'affiches électorales. À la lueur diffuse des lampadaires, Victor remarqua celle, revue et corrigée, de l'adversaire de Sergueï Pavlovitch, et, peu après, celle de son patron lui-même.

– Viens, on va en coller une ici ! suggéra-t-il en montrant le Boxeur.

Sonia approuva, et le visage sans cicatrice fut orné d'un rectangle de papier blanc avec un pingouin.

L'air humide de la nuit avait redonné du tonus à Victor, qui se surprit à aimer cette balade. Cela lui plaisait d'être avec Sonia, réunis autour d'une tâche commune. Certes, Micha n'était plus à Kiev, mais quelle importance ? Les enfants sont enclins à chercher non pas là où l'objet de leur quête est perdu, mais à l'endroit le plus proche, le mieux éclairé. Lorsqu'il retrouverait Micha à Moscou, il le ramènerait forcément ici avant son départ pour le Grand Sud, et Sonia pourrait l'enlacer et jouer avec lui une dernière fois.

Ils décorèrent trois autres arrêts de trolley, puis tombèrent à nouveau sur des panneaux électoraux. Une ambulance brisa soudain la sérénité nocturne, fonçant, sirène hurlante, en plein milieu de la rue déserte. Sonia et Victor la suivirent des yeux, puis reprirent leur travail.

Un nouveau véhicule rompit leur quiétude avec le bruit de son moteur et la lumière de ses phares. Il roulait lentement. Victor avait à moitié enduit de colle le verso d'une affichette lorsqu'il s'arrêta à leur hauteur. Trois jeunes hommes en descendirent. L'un d'eux tenait un grattoir en métal.

– Vous collez quoi, là ? interrogea-t-il d'une voix dure, pendant que le faisceau d'une torche frappait le visage de Victor.

– Un avis de recherche pour un pingouin, expliqua tranquillement Sonia.

Le gars à la torche s'approcha, éclaira le papier et réprima un éclat de rire.

– Pourquoi vous faites ça en pleine nuit ? demanda-t-il.

Il enchaîna sans attendre la réponse :

– Je pensais que vous étiez des saboteurs !

Il fit un signe de tête à ses acolytes, qui se mirent aussitôt à déchirer, avec le grattoir et à mains nues, les affiches de Sergueï Pavlovitch et de son adversaire.

Victor les considérait avec curiosité.

– Dites, vous n'allez pas arracher la nôtre ? s'inquiéta Sonia.

– Non, ne crains rien, la rassura le gars au grattoir en se retournant. Du moment que ton pingouin ne se présente pas aux législatives, personne n'y touchera !

Leur mission accomplie, ils remontèrent dans leur voiture, une BMW rouge framboise, et redémarrèrent. Victor nota, au loin, que leurs feux de stop s'allumaient : ils venaient de s'arrêter devant d'autres panneaux.

– Tonton Vitia, pourquoi il a parlé de sabots ?

Victor sourit.

– Le sabotage, Sonia, c'est quand on abîme l'image de quelqu'un.

– Pour quoi faire ?

– Pour que les gens le trouvent laid.

Elle parut satisfaite de ces éclaircissements, et ils continuèrent leur besogne jusqu'à la station de métro Nivki, tout au bout de l'avenue, où elle se mit à bâiller. Victor dut la porter jusqu'à la maison. Avant de s'endormir dans ses bras, elle lui confia les cinq dessins restants, qu'il lui promit de coller sur la Place Rouge.

29

Quand il arriva à Moscou, le soleil était au zénith, mais il avait tellement sommeil que ses yeux se fermaient tout seuls. Durant la nuit, et jusqu'à l'aube, il avait été réveillé sans arrêt, un coup par les douaniers, un coup par les gardes-frontière, côté ukrainien et côté russe. Il n'aurait pas su dire la nationalité de chacun, tous avaient parlé russe, s'étaient montrés relativement polis, avaient voulu voir son passeport et demandé où étaient ses bagages. Il avait eu la présence d'esprit de ranger son passeport polonais hors de portée, dans une poche de son pantalon, avec la carte de crédit, les dollars et la lettre de

Bronikovski, passablement froissée à présent. Roulé en boule, le pantalon lui avait servi d'oreiller, pendant que son passeport ukrainien, dissimulé sous un journal, passait la nuit sur la tablette du compartiment.

C'est avec un pantalon et un visage assez chiffonnés qu'il descendit du train.

– Porteur? lui proposa un grand costaud aux joues rouges poussant un chariot. Dix roubles par valise seulement!

Victor lui signifia qu'il n'était pas intéressé, rajusta la courroie de son sac de sport sur son épaule et regarda autour de lui. Il devait d'abord trouver où dormir, car il était peu probable qu'il parvienne à tout régler en l'espace d'un ou deux jours. Ce serait déjà bien s'il arrivait à savoir sous peu où était exactement Micha! Et ensuite? Il n'aurait sans doute pas les moyens de le racheter. Il devrait donc trouver autre chose. Mais quoi? Subitement, le but de son voyage lui sembla presque hors de portée. En revanche, son autre mission ne présentait pas de difficulté: le nom, l'adresse et le téléphone de la destinataire étaient inscrits sur l'enveloppe. Puis il se rappela qu'au *Pékin*, il y avait un certain Bim qui pourrait peut-être l'aider...

Quelque peu rassuré, il remonta le quai d'un pas ferme et se fondit dans le flot des voyageurs. Il passa devant deux OMON[1] en gilets pare-balles, arme automatique à la main, qui détaillaient les visages des arrivants. Celui de Victor ne retint pas leur attention.

Il commença par appeler la veuve du banquier. Il tomba sur un répondeur où une belle voix de baryton annonçait qu'il n'y avait personne, mais que si vous laissiez votre numéro on se ferait un plaisir de vous rappeler. Après le bip, il expliqua qu'il avait une lettre pour l'épouse de Bronikovski et qu'il

1. Membre d'une unité d'élite du ministère de l'Intérieur.

téléphonerait à nouveau vers dix-huit heures, ajoutant qu'il se nommait Victor et qu'il n'était que de passage à Moscou.

Il regagna ensuite la gare, changea vingt dollars et mangea un morceau de poulet rôti, debout dans un snack, tout en observant la foule. Il arrosa son repas d'un verre de Pepsi, puis se dirigea vers un kiosque à journaux. En apparence tout allait bien, il avait même l'impression que l'ambiance de la gare l'apaisait, mais il croisa une autre patrouille d'OMON en gilets pare-balles, kalachnikov au poing, trois solides gaillards qui dévisageaient les gens et s'approchèrent de deux hommes basanés, probablement azéris, qui faisaient la queue pour des hot dogs.

Cette seconde apparition lui déplut. Il quitta la gare, prit le premier trolley et se colla à la fenêtre pour mieux observer Moscou qui défilait sans hâte sous son regard. Les enseignes criardes et variées le captivaient, il dévorait avidement la capitale des yeux, s'efforçant de ne rater aucun détail, aucune vitrine. Cela faisait environ huit ans qu'il n'y avait pas mis les pieds. La ville était méconnaissable. Il avait quelques souvenirs de ses précédents séjours : des restaurants de *pelmeni*[1], des bars à bières, la station de métro Octobre ou l'hôtel Cosmos, près du Parc des Expositions. Son trolleybus suivait la Ceinture des Jardins, où rien n'aurait dû changer. Or, il ne retrouvait aucun de ses repères. Même les fenêtres des immeubles étaient différentes, comme si tout l'environnement lui assénait : « Non, tu n'es jamais venu, tu ne connais rien d'ici, tu ne comprends rien ! »

Troublé, il descendit pour déambuler à pied le long d'un boulevard. À sa gauche s'élevait toujours l'énorme édifice fatigué de l'ambassade américaine. Il regarda ce bâtiment familier, que dora un rayon de soleil qui disparut soudain, le

1. Sorte de gros raviolis, spécialité sibérienne.

laissant d'un jaune terne uniforme. Il leva la tête vers le ciel; des nuages s'amoncelaient. Il pressa le pas comme s'il avait eu un point de chute, un toit sous lequel s'abriter.

Il s'arrêta un instant devant un restaurant de *pelmeni* à l'enseigne démodée. Et s'il entrait? Mais non, une force inconnue le poussa plus loin. Quelque chose bouillait en lui. Il accéléra encore, comme s'il était en retard à un rendez-vous.

Les premières gouttes se mirent à tomber, accompagnées d'une surprenante fraîcheur. Son blouson, qui s'apparentait plutôt à un coupe-vent, n'était plus adapté. Il regarda autour de lui et remarqua une sorte de cafétéria de l'autre côté de l'avenue. L'enseigne *Club-café* était vieillotte et semblait indiquer un endroit bon marché bien chauffé, où on pouvait attendre la fin de l'averse en buvant une tasse de thé.

Il traversa en courant, entra d'un pas décidé et se retrouva dans un cybercafé. Assis devant des ordinateurs, des adolescents buvaient du Coca en jouant à des jeux en ligne. Seul l'un des clients, japonais ou coréen, était plongé dans la rédaction d'un e-mail.

Derrière le comptoir, un jeune homme corpulent, avec des lunettes à la mode, surfait, l'air absorbé. À sa droite, une caisse enregistreuse, et dans son dos, une étagère fixée au mur, avec un percolateur, un micro-ondes et des rangées de bouteilles en plastique de Coca, Pepsi et autres sodas.

– Vous auriez du thé? s'enquit Victor en s'approchant.

– En sachets seulement.

– Très bien.

Le gros gabarit abandonna ses activités à contrecœur.

Il prépara une tasse de thé, la posa devant Victor et lui annonça: «Ça fait quarante-cinq roubles.» Victor le regarda, interloqué – même pour Moscou cela lui paraissait un poil cher.

– Ordinateur numéro 9, ajouta le replet en réponse à son interrogation muette, qu'il avait interprétée de travers.

En fait, dans ce café, le prix des consommations incluait une demi-heure de connexion à Internet, et, découvrant cela, Victor se réjouit. Le temps allait passer tout seul.

Il s'assit devant l'ordinateur, remua son thé, et pria le jeune homme, fort surpris, de lui expliquer en termes simples ce qu'on pouvait trouver sur Internet, et comment s'y prendre. Celui-ci demanda à ce drôle de client d'où il sortait, et, entendant « de Kiev », il pouffa de rire. Cet accès de moquerie passé, il sut se montrer pédagogue. La veille encore, Victor était persuadé que le monde merveilleux d'Internet était réservé aux seuls génies de l'informatique. À présent, il observait avec curiosité la petite fenêtre où taper n'importe quel mot-clé, n'importe quel nom propre sur lequel on voulait en savoir plus ; la puissance électronique se chargeait alors de passer en revue tout ce qui existait sur le sujet.

Pour commencer, il écrivit « pingouin », et quelques instants plus tard, son écran l'informait que cinq cent douze liens avaient été trouvés. Il en consulta quelques-uns, sans rien y voir de passionnant. Il tapa ensuite « Antarctique ». Plus de deux cents liens. Il avait la flemme de les détailler. Comme pour tester la patience de l'ordinateur, il demanda « Bronikovski », ce qui n'engendra que huit réponses. Il décida de les parcourir. Les deux premières n'avaient rien à voir avec l'homme qu'il avait connu ; elles se rapportaient respectivement à un physicien et à un journaliste de Vladivostok. La troisième concernait bien un financier. C'était un article du *Journal du crime* qui évoquait la disparition d'un banquier accusé de détournement de capitaux pour un montant de trente-deux millions de dollars. Victor apprit que cet homme était président-directeur d'une banque, que l'un de ses adjoints s'était pendu et qu'un autre avait été retrouvé mort dans un bois, son cadavre portant des marques de torture. Les détails sanglants que le journaliste étalait avec délectation rebutèrent Victor.

Un quart d'heure s'était écoulé. Il passa le suivant à admirer les photos de « belles de Moscou » semi-dévêtues qui avaient envahi l'écran lorsqu'il avait cliqué sur un encart rouge où était inscrit « Pour le plaisir des vrais hommes ». Elles l'avaient remarquablement distrait et détendu.

« Il vous reste une minute de connexion », annonça un message à l'écran. Ce compte à rebours ne l'affola pas. Il se leva et quitta le café. Il tombait une pluie fine, à laquelle il ne prêta pas attention. Il atteignit la place Maïakovski, emprunta le passage souterrain et vit, face aux tourniquets du métro, deux téléphones publics fixés au mur. Il regarda sa montre et décida de rappeler la destinataire de la lettre.

30

Il n'eut pas grand mal à trouver le 6 de l'avenue Koutouzov. Cette artère semblait avoir été conçue pour des myopes abrutis: les numéros étaient en relief, et les immeubles affichaient de telles dimensions qu'on devait les voir de la Lune.

Au téléphone, Mme Marina Bronikovski, ou, pour être exact, Mme veuve Bronikovski, lui avait expliqué avec force détails et un accent de Moscou très prononcé comment arriver jusqu'à l'immeuble, et, une fois sur place, comment trouver son appartement. Elle lui avait donné le code et l'avait prévenu qu'un gardien veillait dans le hall et qu'il allait l'interroger. Elle lui avait paru étrangement heureuse qu'il appelle et il réalisa qu'au cours de leur brève conversation, il n'avait jamais parlé au passé. En fait, il avait seulement dit apporter une lettre écrite par son mari. Elle avait sans doute interprété son coup de fil comme une preuve qu'il était sain et sauf.

Il soupira, s'imaginant comment elle allait réagir en lisant la lettre. Mais il ne pouvait plus faire machine arrière, et à vrai dire, il était pressé d'en finir avec cette corvée. Il voulait ne plus avoir d'autre souci que Micha.

Dès qu'il eut franchi la porte à code, Victor fut arrêté par le gardien. La seule apparence de cet homme aurait suffi à le stopper: un parfait OMON, mitrailleuse en moins, mais équipé d'une matraque en caoutchouc, de menottes, d'une bombe lacrymogène et d'un pistolet à la ceinture. Victor se demanda si l'arme était à gaz ou à balles.

– Vous allez où?

– Appartement 26, Mme Bronikovski.

Il enveloppa Victor d'un regard suspicieux, fixant en particulier son sac de sport. L'aspect du visiteur le rendait méfiant. D'un coup d'œil, il lui demanda d'ouvrir son bagage. Il lui ordonna ensuite d'attendre et entra dans sa guérite, d'où il passa un coup de fil. Un instant plus tard, il sortit la tête.

– Ascenseur de gauche. Sixième étage.

Aux abords de l'ascenseur, ainsi qu'à l'intérieur de la cabine, figuraient quelques annonces en anglais. Il n'eut aucun mal à comprendre la plus grande des inscriptions, NO SMOKING, et parvint aussi à déchiffrer un papier concernant une Landrover à vendre. Elle appartenait à un étranger qui en demandait dix mille dollars, mais le véhicule n'était pas dédouané.

Arrivé au sixième, il trouva tout de suite la bonne porte, massive, en chêne, avec poignée de bronze et visiophone. Il appuya sur le bouton et s'imagina la maîtresse de maison en train de le regarder sur un écran miniature.

Une Coréenne lui ouvrit et le fit entrer dans un spacieux vestibule.

« Elle a la belle vie si elle peut s'offrir une servante étrangère », pensa-t-il.

Il quitta son blouson et le suspendit au portemanteau. Il avait failli le tendre à la bonne, mais n'avait pas osé.

– Marina est là ? s'enquit-il en considérant la porte à deux battants, entrouverte, qui donnait sur le salon.

– Marina, c'est moi, répliqua la Coréenne avec un large sourire.

Ce n'était visiblement pas la première fois que l'on se méprenait sur son compte, et elle avait appris à s'amuser de la stupéfaction de ses visiteurs.

Désemparé, il laissa choir son sac.

– Je suis navré, j'avais cru…

– Entrez, entrez, l'interrompit-elle sans cesser de sourire. Vous pensiez trouver une blonde à longues jambes et visage rond ?

– Oui, à peu près, reconnut-il.

Le salon était gigantesque, et le mobilier en acajou, imposant. Au centre, une énorme table ronde était entourée de douze chaises disposées avec une précision géométrique.

– Olia ! appela Marina.

Une jeune fille apparut aussitôt. C'était justement une blonde à longues jambes et minois arrondi, robe foncée, tablier blanc, l'employée de maison dans toute sa splendeur.

– Je peux vous appeler Vitia ? demanda Marina.

Il fit signe que oui.

– Désirez-vous un café, un thé, un chocolat chaud ?

– Un café.

Sans prononcer un mot, Marina tourna son regard vers Olia, qui fit un geste d'assentiment.

Ils s'installèrent dans deux fauteuils placés devant une large baie vitrée à moitié occultée par un store.

Victor sortit son petit sachet du sac de sport et en tira la lettre, qu'il tendit à Marina.

Pendant qu'elle la dépliait, il se mit à contempler le salon, remarquant plusieurs photos du couple, sur le pont d'un grand yacht, puis quelque part en Méditerranée. Il regarda

Marina à la dérobée. Son sourire avait disparu. Elle était concentrée sur ce qu'elle lisait, remuant à peine les lèvres. Il se prit à redouter qu'elle pique une crise de nerfs.

Il regarda à nouveau les photos accrochées au mur, puis la maîtresse de maison.

Elle avait posé la lettre sur la table basse, devant elle, et la considérait en retenant son souffle. Victor commençait à trouver le silence oppressant. Il reprit son sachet, d'où il tira la carte bancaire, qu'il déposa sur la table, à côté de la lettre. Il tourna doucement la tête vers Marina. Elle plissait ses yeux bridés. Il était impossible de deviner ce qu'elle regardait. Elle finit par remarquer la carte, l'effleura de son index droit, appuya dessus.

Victor nota alors que ses longs ongles manucurés étaient vernis de noir. Elle était d'ailleurs toute de noir vêtue, de son léger pull à ses escarpins en passant par son pantalon en jersey. À l'annulaire de sa main gauche, elle portait une émeraude – seule touche de couleur qui conférait un peu de vie à sa tenue. Il revint sur sa première impression, étonné d'avoir mis tout ce temps à remarquer ses vêtements et ses ongles. « En deuil ? Mais alors, pourquoi m'avoir accueilli avec un sourire aussi radieux ? »

– Vous allez devoir boire avec moi, asséna-t-elle soudain d'un ton résolu, comme un homme.

Lorsque Olia apporta le café de Victor et un jus d'orange pour sa patronne, celle-ci lui demanda d'approcher le bar.

La servante fit rouler vers eux un chariot chromé à hauts rebords, chargé d'une trentaine de bouteilles différentes, avec, sur le plateau du dessus, toutes sortes de verres, grands et petits. Marina lança un regard interrogateur à Victor, que la fente étroite de ses yeux noirs mit mal à l'aise.

Il opta pour du cognac.

Marina fixa Olia, qui trouva aussitôt le Hennessy parmi les rangées de bouteilles, en remplit un verre qu'elle posa devant Victor, avant de servir un whisky à sa patronne.

– Tu peux disposer, la congédia Marina.

Puis elle se tourna vers Victor.

– Merci pour la lettre…

Elle trempa ses lèvres dans le whisky, éloigna le verre de sa bouche, examina son contenu avec attention, le porta de nouveau à ses lèvres et le vida lentement.

– Vous fumez ?

– Non.

– Moi oui.

Elle prit une cigarette longue et fine dans une boîte et l'alluma. Victor finit son cognac, s'efforçant de faire abstraction de la tension ambiante.

– Servez-vous, allez-y, lui dit-elle en le voyant reposer son verre vide. Vous me verserez aussi un autre whisky.

Comme il s'exécutait, il surprit le regard pensif de son interlocutrice posé sur lui.

– Stas ne vous a rien donné d'autre ?

– Non.

Elle secoua la tête. Un doute passa sur son visage. Du moins Victor en eut-il l'impression.

– Il ne m'a donné que ça, insista-t-il, désireux de la convaincre.

– Je ne pensais pas seulement à moi… Il ne vous a rien donné pour quelqu'un d'autre ?

Elle l'observait, insistante, perçante, au point qu'il en eut froid dans le dos.

– Non, seulement ça.

Ils vidèrent à nouveau leurs verres, et malgré la faible quantité d'alcool qu'ils contenaient, Victor sentit son anxiété évoluer en mal-être physique.

Marina le considérait avec méfiance. Il voulut partir, mais la laisser seule avec la nouvelle qu'il venait de lui apporter lui sembla lâche. Pourtant, elle n'avait pas eu la réaction qu'il redoutait. Il aurait compris qu'elle pique une crise, mais pourquoi, au lieu de cela, se montrait-elle si sûre qu'il ne lui avait pas donné tout ce qu'il aurait dû ?

Ils burent encore un verre. Victor attendait qu'elle lui demande comment il avait rencontré son mari, de quoi ils avaient parlé, mais elle continuait à le fixer d'un regard de cobra.

– Il vous a remis quelque chose pour une autre femme, peut-être ?

C'était exaspérant.

– Je vous jure que non, murmura-t-il comme s'il avait eu peur qu'on l'espionne. Je vous ai donné tout ce que j'avais !

– Salaud, laissa-t-elle tomber.

Il était stupéfait. Elle le traitait de salaud ? Lui ? Elle avait mal supporté le choc ! Il pensa partir, encore une fois. Après tout, il avait respecté la promesse faite à Bronikovski ; il n'était pas tenu d'aider maintenant sa veuve à sombrer dans l'alcoolisme.

– Alors, il n'a jamais évoqué quelqu'un d'autre que moi ?

Victor était fatigué de cet interrogatoire. Il reprit un cognac et lui servit un autre whisky.

– Il ne m'a parlé de personne et ne m'a rien donné d'autre.

Enfin, pour la première fois, Marina hocha la tête. Elle tendit son verre pour trinquer avec lui.

– Tu as un endroit où dormir à Moscou ? demanda-t-elle d'un ton qui semblait vouloir dire : « De toute façon, tu n'as nulle part où aller ! »

– Non, reconnut-il.

– Tu n'auras qu'à passer la nuit ici. Olia fera ton lit dans le bureau de Stas.

L'atmosphère s'était soudain détendue.

– Tu as des enfants?

Victor secoua d'abord la tête, avant de réfléchir et de préciser:

– En fait, si, j'ai une sorte de fille adoptive… Son père a été tué, c'était quelqu'un que je connaissais…

Un vif intérêt illumina les yeux bridés de Marina.

– Elle a quel âge?

– Bientôt six ans, répondit-il tout en cherchant à se rappeler sa date de naissance.

Il réalisa alors qu'il ne l'avait jamais sue. Il se mordit la lèvre inférieure et eut un regard presque coupable.

– Et vous, vous avez des enfants?

– Ne me vouvoie pas, protesta-t-elle en souriant. Je suis passée au tutoiement, on est entre nous. Non, je n'ai pas d'enfants. Mais j'en aurai peut-être un jour, qui sait?

La conversation suivait son cours, simple et tranquille. Marina avait envie de se livrer. Elle lui apprit que son nom de jeune fille était Marina Tsoï, qu'elle était née en Ukraine, où ses parents, des Coréens soviétiques, cultivaient des pastèques. C'est à Donetsk qu'elle avait épousé Bronikovski. Elle suivait des études de comptabilité, pendant que lui, avec des amis, montait un fonds d'investissement, qui avait ensuite coulé. Tout le monde était alors parti à Moscou, pour fonder une banque qui s'était elle aussi cassée la figure.

Ils discutèrent encore un bon moment, puis elle donna des ordres à Olia, qui leur servit à dîner.

Après le café, elle se leva, se dirigea vers un secrétaire où elle prit une enveloppe et une liasse de dollars. Elle les compta, en retira quelques billets de cent et mit le reste dans l'enveloppe, qu'elle cacheta.

– Mon chauffeur va te conduire chez une jeune femme, déclara-t-elle. Elle s'appelle Ksioucha. Tu lui remettras cette enveloppe de la part de Stas. Tu peux lui dire la vérité, lui expliquer qu'il n'est plus de ce monde. Ne traîne pas. La voiture t'attendra.

Victor était sidéré.

31

Malgré l'heure tardive, la circulation était assez dense. Quand la Lexus vert sapin eut roulé une trentaine de minutes, Victor finit par s'étonner :

– C'est encore loin ?

– Un petit quart d'heure... c'est après le périph, ça fait quand même une trotte.

Ils traversèrent la zone pavillonnaire. Au-delà, on distinguait des barres d'immeubles. Ils s'arrêtèrent au pied de la première tour.

– Quinzième étage, appartement 137, lui dit le chauffeur en se retournant.

Victor acquiesça. L'enveloppe bourrée de dollars pesait dans sa poche.

La porte de l'immeuble était ouverte, il n'y avait ni code ni interphone. Une loupiote protégée par un grillage éclairait péniblement l'ascenseur, qui empestait le tabac. Il se mit en branle avec difficulté. Ses parois étaient couvertes des insanités habituelles, gravées et griffonnées. Enfin, Victor arriva au quinzième.

En sonnant au numéro 137, il se demanda quelle heure il pouvait bien être. Il regarda sa montre : une heure trente du matin.

– Qui est là ? Je vais appeler la police ! menaça une voix de femme terrorisée de l'autre côté de la porte.

– N'ayez pas peur, je viens de la part de Bronikovski.

Elle lui ouvrit. Il aperçut alors le visage endormi d'une

jeune femme, qui portait, sous sa robe de chambre enfilée à la hâte, une fine chemise de nuit. Elle était pieds nus sur le lino marron de l'entrée. Près d'elle, immobile, un pitbull blanc le considérait de ses yeux porcins. La jeune femme sembla soudain retrouver ses esprits et fit un pas de côté, invitant son hôte à entrer.

– Venez, allons à la cuisine, proposa-t-elle.

Il ôta ses chaussures et la suivit. Le pitbull fit demi-tour et partit au petit trot vers une pièce sombre.

La cuisine était minuscule. Le robinet de l'évier gouttait sur une montagne de vaisselle sale. Trois pots d'aloès s'alignaient sur le rebord intérieur de la fenêtre. Cette ambiance, qui ne collait pas avec l'âge de la propriétaire, étonna Victor. Il tira l'enveloppe de sa poche et la lui tendit.

– Stas m'a demandé de vous donner ceci.

– Il lui est arrivé quelque chose? s'alarma Ksioucha.

Victor se demanda quel âge elle pouvait bien avoir. Moins de trente ans... peut-être seulement vingt-cinq...

– Il est arrivé quelque chose à Stassik? répéta-t-elle.

– Oui, avoua-t-il. Il est mort...

Les yeux de Ksioucha s'emplirent de larmes.

– C'est de l'argent? interrogea-t-elle en regardant l'enveloppe qu'elle avait prise dans ses mains.

Il hocha la tête.

Elle posa l'enveloppe sur la corbeille à pain en bois qui occupait un coin de la petite table carrée.

– Il ne m'aurait jamais fait passer de l'argent comme ça... Je n'avais pas besoin de ses dollars.

Les larmes continuaient à couler doucement le long de ses joues, donnant du caractère à son visage simple. Sa chevelure châtain clair en bataille s'accordait bien aux lignes brisées que dessinaient les larmes. «Le chagrin sied à certaines personnes», songea Victor.

– Vous voulez peut-être un thé? demanda-t-elle en arrangeant sa coiffure.

Sans attendre la réponse, elle commença à s'affairer, débarassa la table. Elle passa un chiffon, un vieux torchon en nid-d'abeilles, et posa la bouilloire sur le feu.

Des pas résonnèrent dans le couloir, ce qui fit sursauter Victor. Ksioucha sortit précipitamment de la cuisine.

– Retourne te coucher, maman, tout va bien! C'est quelqu'un qui est passé me voir.

Elle revint et poussa un lourd soupir.

– J'ai dû prendre maman à la maison. Elle ne peut plus se débrouiller toute seule, elle a de l'arthrose, toutes ses articulations la font souffrir... Vous êtes de Moscou?

Il parla brièvement de lui, et, sans attendre qu'elle le lui demande, expliqua qu'il avait très peu connu Bronikovski.

– Dommage. C'était quelqu'un de bien. Mais très naïf. Il pensait que l'argent peut tout. Il avait acheté un appartement pour moi dans l'Arbat, et quand j'ai refusé de m'y installer, il a voulu m'emmener consulter un psychiatre.

À ce souvenir, elle sourit, le regard rivé sur le mur. À l'endroit qu'elle observait, Victor distingua une photo de Bronikovski à cheval.

– Il voulait m'apprendre à monter. Et là aussi, il m'avait tout de suite promis un pur-sang arabe. Toujours excessif! soupira-t-elle dans un nouveau sourire. Quand il est parti, j'étais enceinte... Mais ce n'était pas notre destin, hélas...

Il se prit à examiner sa silhouette. Mince, bien proportionnée, taille moyenne; une fille banale. De celles qui ne se font pas remarquer et savent être fidèles.

Un remue-ménage et un grognement de chien qui joue parvinrent du couloir.

– Pourquoi avez-vous pris un chien pareil? Ils sont dangereux.

– Je l'ai recueilli. Il avait été abandonné, déplora-t-elle. C'est mon Bossik, il n'est pas méchant… Vous avez des enfants?

Décidément, c'était la question du jour. Cette fois, la réponse vint spontanément:

– Une fille adoptive.

– Vous l'avez laissée avec qui, pour cette nuit?

– Avec sa nounou.

– Moi aussi, sans doute, j'adopterai un enfant. Ça va être dur, maintenant, de vivre sans Stassik. Je pensais… je pensais qu'il la quitterait. C'est elle qui vous a donné cet argent, n'est-ce pas?

Il ne dit rien. Il n'en avait pas envie, et Ksioucha n'en avait pas besoin. Elle s'approcha de la fenêtre, plongea son regard dans les ténèbres, puis éteignit le gaz sous la bouilloire.

Il aurait voulu lui remonter le moral, lui dire qu'elle avait tout l'avenir devant elle, mais il garda le silence. Il songea que si quelque chose lui arrivait, à lui, aucune femme n'en serait spécialement affectée.

Pour la distraire un peu, il lui parla de Micha. Il en profita pour lui demander si elle n'aurait pas des informations sur le zoo privé d'un banquier surnommé «Le Sphinx», mais elle n'évoluait pas du tout dans ce milieu-là, d'ailleurs elle n'évoluait nulle part, et ne savait rien. Elle se montra juste surprise que les banquiers aient des surnoms, comme les caïds et les animaux de compagnie. Au même instant, elle tourna la tête vers le couloir, d'où venaient toujours des bruits de chien excité. L'histoire de Micha l'avait beaucoup intéressée, elle avait surtout été touchée par ses liens avec Sonia et la tristesse de la petite maintenant que le pingouin avait disparu.

La conversation s'interrompit brusquement lorsque ses yeux retombèrent sur l'enveloppe. Elle se figea.

– Je n'aurais jamais accepté un centime d'elle… Mais

maman est malade, je dois lui acheter des remèdes. Je ne vous ai pas dit, en plus de tout elle a un cancer... Et je n'ai pas un sou.

Elle soupira, et il comprit qu'il était temps de partir. Dans le couloir, il découvrit le pitbull, une de ses chaussures dans la gueule. Il l'avait copieusement mastiquée.

– Qu'est-ce que c'est que ce travail ! Allez, donne ! s'exclama Ksioucha en reprenant la chaussure.

Désemparée, elle la déposa devant Victor et leva vers lui un regard coupable.

– Je suis navrée...

Il s'empressa de se rechausser. Son soulier gauche, désormais informe, lui blessait le pied. Il quitta Ksioucha complètement abattu.

32

Quand il rentra, Marina lui demanda comment il l'avait trouvée.

– Malheureuse. Elle a pleuré.

– Normal. Elle a beaucoup pleuré ?

– Non.

– Elle a pris l'argent ?

– À contrecœur. Elle a compris qu'il ne venait pas de Stas. Vous étiez donc au courant de son existence ?

– Bien sûr. Il envoyait même son chauffeur lui apporter de la nourriture. Jusque là-bas ! Dans sa banlieue ! Tu t'imagines, une Mercedes 600 qui va se garer devant un immeuble pourri ! Au vu et au su de tout le monde ! Au moins, s'il l'avait installée quelque part avenue de Tver, à côté de sa banque... Il y serait allé entre deux réunions, on n'y aurait vu que du feu ! Il me faisait honte.

– Il lui avait proposé un appartement dans l'Arbat, justifia Victor, mais elle n'en a pas voulu. C'est sans doute ça, l'amour, hasarda-t-il, et l'ombre d'un sourire passa sur ses lèvres.

– Tu penses qu'il l'aimait? Tu parles! Elle le reposait... tellement naïve, une vraie petite dinde de province, le rêve du banquier épuisé. Aucune exigence, aucune question. Une reconnaissance sans bornes juste pour avoir posé les yeux sur elle. Bon, on arrête de parler de lui!

Elle prit la carte de crédit et la lui tendit.

– Tiens, tu sauras imiter sa signature, ce n'est pas compliqué. Je n'ai pas besoin de son argent, ni comme tardive demande de pardon, ni comme argent en tant que tel. J'ai mes propres revenus...

Il considéra la carte, pensif. Peut-être qu'il aurait désormais assez pour racheter Micha?

33

Le lendemain matin, en montant dans l'ascenseur, il se sentit comme un cosmonaute regagnant la Terre.

Le bilan de ses aventures se résumait à une gêne tenace au pied gauche. La chaussure qui avait servi de jouet à Bossik le blessait malgré sa chaussette quand il marchait.

En bas, les portes de l'ascenseur s'écartèrent doucement, Victor adressa un signe de tête machinal au gardien et quitta l'immeuble.

Des flots serrés de voitures montaient et descendaient l'avenue. Il était onze heures et demie. Victor sentit qu'il n'allait pas tarder à avoir faim.

Cela lui fit penser au *Pékin*, où, comme le lui avait suggéré Sergueï Pavlovitch, il pourrait faire appel à un certain Bim. Il était évident qu'il ne parviendrait jamais à retrouver Le

Sphinx tout seul, et même s'il y parvenait, ses gardes ne le laisseraient pas approcher. Il avait besoin d'être recommandé, recommandé par des gens du calibre de Sergueï Pavlovitch. Cela lui fit l'effet d'une révélation.

Place Maïakovski, en face du Conservatoire, il changea cent dollars, puis reprit le passage souterrain pour traverser l'avenue de Tver et gagner *Le Pékin*.

L'immense salle du restaurant était presque pleine, avec une grande majorité de clients caucasiens[1].

Il choisit une table, glissa son sac dessous, pendit son blouson au dossier de sa chaise, s'assit et regarda autour de lui en quête d'un serveur. Il craignait que, vu la taille du lieu et la quantité de gens attablés, son attente soit longue. Il n'en fut rien. Un jeune homme aux traits asiatiques lui apporta la carte, précisant aussitôt que la formule la plus rapide et la plus économique était le *business-lunch*.

Victor la lui commanda sans même demander en quoi elle consistait. D'une part il était pressé, d'autre part il avait confiance en Moscou. Moscou savait ce qui était le mieux. Moscou ne suggérerait pas quelque chose de mauvais. Si le jeune Asiatique avait pu lire dans ses pensées, il eût été très flatté d'être considéré comme une incarnation de l'esprit moscovite.

La soupe s'avéra douce-amère. Victor eut vite fait de l'avaler, dédaignant les pousses de bambous qu'il mâchonna puis recracha dans le bol. Il enchaîna sur le plat, du porc à la sétchouanaise accompagné de riz, l'arrosa d'une gorgée de thé vert et se sentit rassasié. Ses pensées ralentissaient, se structuraient. Il appela le garçon, le priant de se pencher vers lui afin que les convives de la table voisine n'entendent pas ce qu'il avait à lui dire.

---

1. Ce qui donne toujours un petit air mafieux...

– Où pourrais-je trouver Bim ?

Le serveur, très calme, lui répondit :

– Il va venir. Désirez-vous autre chose ?

Il ne désirait plus rien.

Il but encore une gorgée de thé et regarda discrètement la tablée voisine. Elle se composait de quatre hommes aux doigts épais garnis de chevalières en or. De probables défunts à brève échéance. Eux aussi avaient choisi le *business-lunch*, mais arrosé de vodka.

– Vous vouliez me voir ?

Un homme d'allure avenante, en costume gris passe-partout, s'assit à côté de Victor qui l'examina et hocha la tête.

– Sergueï Pavlovitch, de Kiev, m'a dit que je pourrais m'adresser à vous si j'avais besoin d'aide.

– Ce cher Palytch ! se réjouit Bim. Comment va-t-il ?

– Il a eu des hauts et des bas… Il n'y a pas si longtemps tout allait bien, il devait devenir député, mais finalement, il ne sera qu'attaché parlementaire.

– Pas grave. Ça compte aussi dans une carrière, affirma-t-il avant de poursuivre, après un soupir : Bon, et toi, qu'est-ce que tu as comme problème ?

Victor se plongea plus avant dans l'étude du visage de son interlocuteur, qui ne s'était même pas présenté, à croire qu'il était comblé par son surnom. C'était un homme insignifiant, maigre, un parfait anonyme semblable à des millions d'autres. Il ne parvenait pas à le croire doté de pouvoirs extraordinaires. Mais s'il l'était vraiment, son apparence trompeuse ne pouvait être qu'un atout. Victor, pensif, se mordillait les lèvres. Bizarrement, quand Bim avait parlé de « problème », il avait tout de suite pensé à sa chaussure gauche. Il finit son thé et chercha un serveur des yeux, car il n'avait pas étanché sa soif. Le jeune Asiatique était à côté, comme s'il n'avait jamais bougé. Il capta le regard de Victor, comprit sa demande muette et disparut.

– Je t'écoute, insista Bim pour lui rappeler son existence.

– Ah oui, pardon. Pour que vous compreniez bien ce que je vais vous demander, je dois vous expliquer plusieurs choses.

Bim acquiesça. Victor lui raconta alors l'histoire de Micha, les enterrements, son départ forcé pour l'Antarctique. Il passa cependant sous silence son ancien emploi au journal, ses «petites croix». Elles appartenaient à un passé révolu qu'il préférait ne pas évoquer.

– Le Sphinx, tu dis? répéta Bim, concentré. La Banque commerciale du gaz... Elle n'existe plus, celle-là... Mais tu dois bien comprendre que ce Sphinx a hérité de ton pingouin dans les règles. On ne peut pas le lui reprendre. On peut le lui racheter, l'échanger contre une jolie fille, mais il faut voir ça avec lui... Je vais essayer de t'arranger un rendez-vous, soit avec lui, soit avec ses hommes. Mettons ce soir, proposa-t-il en regardant sa Rolex. Reviens vers vingt heures, on dînera, et puis, avec un peu de chance, on ira le voir...

Les nuages s'étaient à nouveau amoncelés au-dessus de Moscou, ils éclaboussaient de gouttelettes d'argent la Ceinture des Jardins, l'avenue de Tver et la place Pouchkine. Pourtant, Victor était heureux, il se sentait pousser des ailes. Il descendit en direction de la Place Rouge sans prêter attention à la pluie. Il s'efforça également d'oublier l'inconfort de sa chaussure massacrée: la fine semelle laissait maintenant passer l'eau. Lorsque l'averse se fit plus violente, il entra dans un café nommé *Le Bar populaire* et prit un verre de cognac, ce qui lui permit d'oublier ce désagrément. L'enseigne le fit sourire: le lieu n'avait rien de «populaire», il était trop beau, trop propre!

Lorsque la pluie sembla se calmer, il ressortit. En chemin, il se laissa tenter par une boutique de luxe. Il sentait dans sa poche la carte de crédit de Bronikovski. Il la serra bien fort dans sa main, en détaillant les coupe-papier à plusieurs milliers de dollars et les gobelets à vin en argent. C'était agréable. Savoir qu'il pouvait s'acheter tout cela mais ne le ferait pas lui procurait un plaisir étrange. Il entra ensuite dans un magasin de chaussures. Les prix y étaient aussi longs que des numéros de téléphone. Outré, il se dit que le bien-être de son pied gauche ne pouvait décemment pas valoir aussi cher.

34

En début de soirée, le soleil réapparut. D'un pas léger, Victor regagna la place Maïakovski, en jetant un regard admiratif au gratte-ciel de l'hôtel *Le Pékin*, qui abritait le restaurant où il avait rendez-vous.

Bim l'attendait dans l'entrée, près d'un palmier en pot. Il fumait un cigarillo. Le voyant arriver, il l'éteignit avec une certaine nervosité sur le tronc de l'arbre et le rangea dans un étui en bois à peine plus grand qu'un paquet de cigarettes.

– Allons-y, lança-t-il assez sèchement.

Ils traversèrent la salle pour gagner une table située tout au fond sur laquelle deux petits cartons indiquaient *Reserved* et *No smoking*. Ils prirent place. Lorsque Victor posa son sac et suspendit à nouveau son blouson au dossier de sa chaise, Bim jeta à ce piteux accoutrement un regard réprobateur.

– Tu devrais déposer tout ça au vestiaire. Nous attendons quelqu'un.

Victor obtempéra.

– On va nous apporter à dîner. Qu'est-ce que tu bois?

– Un peu de cognac, si possible.

Bim fit signe à un serveur d'un certain âge, lui passa commande et ressortit son cigarillo.

– Qui doit venir? Le Sphinx?

– Un peu de patience, l'exhorta Bim. Tiens, au fait, tu as le bonjour de Palytch. Il demande que tu passes le voir quand tu rentreras à Kiev.

Victor acquiesça. Le changement d'humeur et de ton de Bim était manifeste. Qu'avait donc pu lui dire son ancien patron ?

– Comment va-t-il ? s'enquit Victor en observant les doigts de Bim qui serraient le cigarillo.

– Il va bien, répondit-il en soufflant un épais nuage de fumée. Il a recouvré sa liberté.

– Comment ça ? On l'avait arrêté ?

Bim eut un sourire narquois et prit un air condescendant.

– Pourquoi aurait-on dû l'arrêter, voyons ? Non, son député vient juste d'avoir un accident. On l'a retrouvé mort avec une prostituée. Du coup, Palytch n'est plus attaché parlementaire. Il n'y a plus d'attache.

Incapable d'évaluer s'il s'agissait ou non d'une bonne nouvelle pour Sergueï Pavlovitch, Victor fixa sur Bim un regard ahuri.

Celui-ci répéta son sourire ironique. C'est alors qu'arrivèrent le cognac de Victor et l'apéritif anisé de Bim.

Ils venaient de terminer leur verre quand un homme sec et âgé vint discrètement s'asseoir à leur table. Il avait le visage si hâlé que sa peau avait pris une teinte cuivrée. Il affichait une élégance qui dénotait l'aisance. On voyait qu'il devait avoisiner les soixante-dix ans, mais cherchait à en paraître vingt de moins.

Il rectifia son nœud papillon bleu marine sur sa chemise blanche, puis déboutonna son veston bleu foncé, croisa les jambes et posa son coude droit sur la table. Après quoi, il salua Bim du regard et fixa Victor dans les yeux.

Celui-ci se troubla quelque peu. Il attendait que Bim engage la conversation, mais il ne disait rien et semblait lui aussi attendre que Victor commence.

– Pardon, mais comment vous appelez-vous? demanda-t-il finalement à l'homme bronzé.

– Eldar Ivanytch. Je vous écoute...

– Répète-lui tout ce que tu m'as expliqué, lui souffla Bim d'un ton encourageant d'instituteur.

De mauvaise grâce, Victor raconta de nouveau l'histoire de Micha, dans une version nettement abrégée. Eldar Ivanytch l'écouta jusqu'au bout.

– D'accord! résuma-t-il en hochant la tête. Maintenant, je comprends pourquoi je suis là.

Il tourna les yeux vers Bim et se frotta la tempe droite, comme pour mieux se concentrer.

– Vitia, amorça Bim, puis il marqua une pause, soupira et reprit: Eldar Ivanytch est l'homme qui a liquidé les dettes du Sphinx. Toi, tu as des questions, lui, il a des réponses. Moi, je suis juste là, je mange et je bois un alcool à l'anis, tu comprends?

Victor acquiesça. Il considéra son interlocuteur cuivré.

– C'est simple, reprit celui-ci. Une partie des biens du Sphinx, comme l'immobilier, est restée à Moscou, mais le zoo et le pingouin n'y sont plus. C'est Khatchaïev qui les a récupérés.

– Khatchaïev? Mais qui est-ce? interrogea Victor, désespérant que cette entrevue serve à quelque chose.

– C'est celui qui a fait perdre son empire au Sphinx. Un patron de casino. Au départ, ils avaient des affaires en commun, qui ont mal tourné pour Le Sphinx. Ensuite, c'est Khatchaïev qui a eu des problèmes. Il a tout plaqué pour filer en Tchétchénie. À mon avis, il a embarqué le pingouin.

– Vous voulez dire que mon pingouin est en Tchétchénie? s'exclama Victor, effaré.

– Je ne serais pas aussi catégorique. Votre pingouin doit être quelque part dans le Caucase du Nord, mais il est très possible qu'il soit en Tchétchénie même. Je ne peux pas vous aider plus… Vous voudriez aller le chercher là-bas? ajouta-t-il avec un sourire sarcastique.

La Tchétchénie et le pingouin? Le pingouin en Tchétchénie? Victor ne parvenait pas à associer ces deux mots. Il se versa un cognac, et l'avala sous l'œil attentif des deux autres convives, qui échangèrent un regard.

Le serveur âgé apporta un grand plat de riz avec de la viande, des crevettes et du poisson.

Bim garnit son bol avec du riz et de la viande, puis arrosa généreusement le tout de sauce brune au soja. Il finit son apéritif et commanda de la vodka.

Il en but un verre, ainsi qu'Eldar Ivanytch. Victor acheva son cognac. Il avait le moral au plus bas et demanda à Bim de commander de la vodka pour lui aussi.

La nourriture et l'alcool délièrent peu à peu les langues. Eldar Ivanytch avoua qu'il avait eu recours à la chirurgie esthétique et faisait désormais des UV pour raffermir sa peau. Bim leur montra comment préparer le cocktail *Conflit frontalier*. Une recette fort simple: un peu de sauce de soja, de la vodka, le jus d'un demi-citron. À mélanger au shaker et à boire d'un trait. Victor essaya, mais, trop abattu ou exténué, il ne ressentit rien de spécial.

– Tu vois, se mit à disserter Eldar Ivanytch, déjà bien imprégné de *Conflit frontalier*, si c'était ton frère ou ton fils qui avait été emmené en Tchétchénie, je comprendrais, et je ferais tout pour que tu le retrouves. Je suis Russe, quand même! Mais toi, tu pleures un pingouin… C'est pas digne d'un homme, ça, pas digne d'un Russe… Buvons plutôt à la victoire de nos armes russes!

Victor se renfrogna.

– Vous ne comprenez pas, expliqua-t-il d'une voix pâteuse. Je ne vous ai pas tout dit, il faut savoir qu'il a été opéré, sans quoi il serait mort! On lui a transplanté le cœur d'un enfant.

Et moi, j'ai pris sa place dans l'avion ! C'est lui qui aurait dû partir en Antarctique, pour finir ses jours chez lui, au moins !

– Toi, l'alcool te monte au cerveau ! diagnostiqua Eldar Ivanytch, en soulignant ses propos d'un hochement de tête convaincu et en échangeant un nouveau regard, lourd de sens cette fois, avec Bim. Tu es drogué ou quoi ? Tu crois que la Tchétchénie est plus loin que l'Antarctique ? Moi, je peux t'y expédier, en deux nuits tu es sur place. Ça te dit ?

Victor soupira pesamment. Les propos tournaient aux divagations d'ivrognes, et continuer à parler de Micha, comme de tout ce à quoi il tenait, n'avait plus de sens.

Eldar Ivanytch prit un air songeur, puis tira un portable de la poche de son veston et composa un numéro.

– Arthur, mon petit, dis-moi, il y a bien un départ cette nuit ? Oui ? Bon, viens me rejoindre, je suis au *Pékin*. Rapplique, je raccroche !

Il éteignit son téléphone et le posa sur la table.

– Je vais compter une minute, commença-t-il avec le plus grand sérieux en considérant sa montre, et si, avant qu'elle soit écoulée, tu m'as dit oui, avec Bim comme témoin, je t'envoie en Tchétchénie à mes frais. Tu n'auras qu'à chercher ton pingouin et son cœur greffé jusqu'à ce que tu te fasses buter, ou jusqu'à ce que tu le trouves, sait-on jamais !

Une lueur mauvaise s'alluma dans les yeux du liquidateur. Victor, qui l'observait depuis un moment, comprit qu'il ne plaisantait pas. Cela éveilla soudain en lui une résolution farouche. Les dernières secondes de tic-tac du chronomètre lui parurent résonner dans sa tête, et il s'empressa de dire, dans un souffle : « Oui ! »

– Oh ! s'exclama Eldar Ivanytch en se tournant vers Bim.

Il se fit un nouveau cocktail *frontalier*.

– Et moi qui pensais que nous étions les derniers vrais hommes !

Son visage cuivré s'anima d'un sourire un peu forcé. Il regarda de nouveau Victor, d'un œil désormais suave.

– Eh bien, je te conseille d'être ivre mort d'ici une demiheure. C'est plus naturel que d'avaler un somnifère ou de s'injecter une saleté. À la libération du pingouin de sa geôle tchétchène et à la victoire des armes russes !

Ils trinquèrent et burent tous les trois.

– De toute manière, ce seront toujours les armes russes qui l'emporteront, quels que soient les vainqueurs, puisqu'ils en sont tous équipés ! conclut Eldar Ivanytch en riant.

Victor se mit à tanguer, et s'efforça de retenir le tableau qui fuyait devant ses yeux. Il reposa son verre vide sur la nappe mouvante, puis s'accrocha des deux mains au rebord de la table, ce qui le stabilisa. Il se reprit et vit le liquidateur lui préparer un autre cocktail.

Pendant ce temps, Bim commandait au vieux serveur de l'eau minérale et du thé.

Victor se sentait partir. Il parvenait encore à conserver toute la salle du restaurant dans son champ de vision, mais assez vite, l'espace autour de lui se rétrécit, les tables voisines disparurent, ainsi que les serveurs. Il vit approcher un jeune gars en blouson de cuir marron. Eldar Ivanytch le prit à part pour discuter. Ils devaient parler de lui, car le liquidateur le désigna à plusieurs reprises. Ensuite, les yeux de Victor se fermèrent, de l'intérieur. L'ivresse annihilait tous ses sens l'un après l'autre. Le jeune homme au blouson but un peu de vodka, passa un coup de fil sur son portable, et, une vingtaine de minutes plus tard, deux autres gars au crâne presque rasé embarquaient Victor. Ils l'avaient attrapé sous les bras, et Bim les héla avant qu'ils disparaissent :

– Prenez aussi son coupe-vent et son sac, il doit avoir le jeton du vestiaire dans une poche.

35

Victor rata beaucoup de choses. Il ne vit ni ne sentit rien de ce qui arriva à son corps durant les heures qui suivirent sa sortie du restaurant. Lorsqu'un pénible sentiment de vibration l'arracha à son inconscience et qu'il entrouvrit les yeux, quelqu'un s'approcha de lui et l'aida à avaler une gorgée d'un liquide amer contenu dans un gobelet en plastique. Il replongea là d'où il tentait de s'extraire.

Le brave vieux minibus PAZ, à l'avant aplati en gueule de bouledogue, poursuivait sa route. Comme dans les anciens trains grande distance, les vitres étaient encadrées de rideaux pelucheux bordeaux, destinés peut-être à donner une impression de confort. Le bus roulait sans hâte, ouvrant la route de ses deux phares un peu faiblards. À l'intérieur, dans l'obscurité, une douzaine d'hommes de tous âges dormaient. Trois autres gardaient les yeux grands ouverts: le chauffeur et deux jeunes qui occupaient les sièges avant. De temps à autre, ils se retournaient pour jeter un coup d'œil aux dormeurs. L'un d'eux avait à portée de main un thermos de thé assaisonné de somnifères.

L'espace d'un instant, les phares du minibus éclairèrent un écriteau qui annonçait un poste de contrôle de la police routière trois cents mètres plus loin. Le chauffeur se pencha, attrapa un panonceau posé à ses pieds, où figurait l'inscription *Saratov-Novotcherkassk*. Il le coinça contre le pare-brise.

Le poste de contrôle routier, dénomination pompeuse de ce qui n'était qu'une malheureuse guérite perchée, était plongé dans le noir. Soit les policiers dormaient, soit il n'y avait personne.

L'horizon se teintait d'une lumière grise. Le soleil allait se lever.

L'un des deux jeunes s'adressa alors au chauffeur :

– Cherche un bois, dans une vingtaine de kilomètres, pour qu'on puisse s'arrêter.

C'est dans un silence complet que Victor commença à reprendre ses esprits, affalé sur une des banquettes du minibus. Son dos n'en pouvait plus d'être ainsi tordu. Il se redressa, regarda autour de lui et aperçut une bonne dizaine de passagers sur les autres sièges. C'étaient tous des hommes, la plupart dormaient. Un vieux monsieur, assis au même niveau que lui de l'autre côté de la travée centrale, mangeait en silence une portion de corned-beef, directement dans le bocal de verre. Il remarqua que Victor venait de se réveiller, mais cela ne parut pas l'intéresser.

Pas de chauffeur. Ils étaient arrêtés en pleine forêt. Victor perçut soudain de vigoureux chants d'oiseaux. Il se mit debout et se dirigea vers la porte avant, qui était ouverte. Sans descendre, il observa les alentours.

Le soleil, qui traversait les branches de grands pins, vint lui effleurer le visage. Il cligna des yeux et porta une main à son front en guise de visière. Le sentiment étrange de l'irréalité de tout ce qu'il voyait le paralysa quelques instants.

Il ne comprenait pas où il était. Il se remémora sa dernière journée à Moscou, Bim, Eldar Ivanytch, leur conversation au sujet du Sphinx.

Pris d'un doute, il vérifia le contenu de ses poches et de son sac ; passeports et carte de crédit étaient à leur place. Il mit pied à terre. À une vingtaine de mètres, trois hommes en blousons de cuir étaient assis autour d'un feu. Victor fit quelques pas dans leur direction. Ils faisaient griller des champignons enfilés sur des branches taillées.

L'un des hommes tourna la tête et le regarda, sans s'appesantir. Victor regagna le bus. Il lut le panonceau posé contre le pare-brise. *Saratov-Novotcherkassk* ? Perplexe, il baissa les yeux et aperçut à ses pieds un petit escargot en train d'escalader un brin d'herbe. À mesure qu'il grimpait, l'herbe ployait sous son poids. Elle finit par se courber tout à fait et toucher terre.

– La Tchétchénie? murmura-t-il en songeant à leur discussion de la veille au soir. Novotcherkassk, ce n'est pas loin de Rostov-sur-le-Don, et Rostov, c'est à côté du Caucase du Nord…

– Eh, toi, viens par ici! l'interpella soudain l'un des amateurs de champignons.

Il s'approcha. L'homme lui tendit un gros bocal de corned-beef, une cuillère en alu et un couteau de chasse.

– On n'a pas de pain, ajouta-t-il.

Victor s'installa par terre, ouvrit le bocal à l'aide du couteau et plongea la cuillère dans la viande.

Une mélodie électronique s'éleva brusquement. L'un des hommes porta un téléphone à son oreille et une conversation dans une langue étrangère s'engagea.

Victor se tint sur ses gardes. Il tenta de deviner quelle langue ce pouvait être. Pas un seul mot familier, rien à quoi se raccrocher.

Le vieux monsieur descendit du bus à son tour. Il jeta son bocal vide au pied d'un pin et s'essuya la bouche avec la manche de sa veste ouatée. Il contempla le soleil en plissant les yeux, puis rejoignit Victor.

– Dis-moi, fiston, tu aurais l'heure?

– Oui, il est midi et demi.

Il devint songeur et s'assit dans l'herbe, en lorgnant sur le trio aux brochettes.

– Tu es déjà allé là-bas, fiston?

– Où ça?

– Là-bas, en Tchétchénie…

Victor fit non de la tête et considéra le minibus. Il avait lui aussi envie de poser des questions au vieil homme afin de mieux comprendre ce qui se passait, mais craignait que celui-ci le prenne pour un demeuré. Comment imaginer qu'il puisse ignorer le but de son voyage?

– Et vous, vous y êtes déjà allé?

– Non, dit-il en jetant un regard vers Victor. J'aimerais bien un peu d'eau... On a vendu notre vache, on a tué les deux cochons et on les a vendus aussi... Maintenant ça me fait rien de mourir. J'ai décidé de les avoir, reprit-il à mi-voix. Je vais m'offrir en échange de mon fils. Ils ont promis de le libérer, et moi j'ai dit que j'allais travailler à sa place, de toute façon je n'ai pas de quoi payer sa rançon... Ils l'ont bien vu...

Il s'interrompit et poussa un lourd soupir.

– Tout ce que j'avais, je l'ai donné à ces parasites, expliqua-t-il en désignant de la tête les mangeurs de champignons. J'ai laissé ma vieille sans rien. Elle n'a plus que des patates pour vivre.

– Qui sont ces hommes? demanda Victor, les yeux rivés sur une touffe d'herbe où deux petits escargots recommençaient leur inutile manège.

– Il y a deux Tchétchènes, et le chauffeur est russe.

Le vieux monsieur passa sa langue sur ses lèvres desséchées.

– Et on va tous au même endroit?

– Eh oui, fiston, eh oui... Certains veulent essayer de retrouver des disparus, d'autres ont des choses à négocier... Moi, on m'a accepté sur ce voyage un peu par relations, parce qu'au début, on m'avait dit qu'il n'y avait pas de place avant novembre. Et toi, tu y vas pour quoi? C'est ton frère que tu cherches?

– Non, articula Victor en fixant le vieil homme dans les yeux, qu'il avait très bleus et très las. J'ai un ami là-bas...

Parler du pingouin aurait été absurde. Comme il était absurde, sans doute, de vouloir aller en Tchétchénie. Il se repassa encore la conversation du restaurant. Les regards qu'avaient échangés Bim et Eldar Ivanytch. Leur insistance à le soûler. Il s'était laissé faire avec plaisir. Tout en buvant, il espérait un miracle, comme lorsqu'il était enfant, quand son père lui disait de fermer les yeux pour lui faire une surprise. La veille aussi, il avait fermé les yeux, pour ne les rouvrir qu'aujourd'hui. Et effectivement, il avait eu une surprise. Bim et Eldar Ivanytch lui avaient joué un sacré tour.

Il se plongea dans ses pensées. Serait-il vraiment allé de lui-même en Tchétchénie retrouver Micha, en toute conscience?

L'escargot le plus gros fit choir le plus petit et continua son escalade sous le nez de Victor, qui l'expédia au loin d'une chiquenaude.

– Dieu fasse que tu retrouves ton ami, soupira le vieil homme en se levant.

– Comment vous appelez-vous?

– Matveï Vassilitch. Je vais me dégourdir les jambes...

Victor resta de nouveau seul. Il acheva son corned-beef et se dirigea vers le feu. Il rendit la cuillère et le couteau au gars qui lui avait offert cette « ration de survie », en le remerciant.

– Quand repartons-nous? s'enquit-il.

– À la tombée de la nuit.

– Et après, ça va se passer comment?

Le jeune scruta son visage, posa le quart émaillé dans lequel il buvait du thé et se mit debout.

– Viens par là, lui dit-il.

Ils s'éloignèrent des deux autres.

– On ne t'a rien dit, ou quoi? s'étonna-t-il, et dans son russe, Victor sentit une légère pointe d'accent.

– Ben non...

– Attends un peu, réfléchit-il à haute voix en hochant la tête. Tu es celui que les hommes d'Eldar ont chargé... D'accord...

L'interlocuteur de Victor s'appelait Rezvan. Il lui expliqua en deux mots la suite des événements. Ils se dirigeaient vers Atchkhoï-Iourt, où ils étaient attendus pour le surlendemain. Ils auraient à franchir sept postes de contrôle, mais ce bus de Moscou passait toutes les semaines. Les militaires trouvaient un intérêt financier à ce que ce discret transport fonctionne sans incident. À Atchkhoï-Iourt, un organisme local baptisé Croix-Verte les prendrait en charge. Ceux-là, c'étaient des gens bien, des Tchétchènes prêts à rechercher les disparus, les morts et les prisonniers, ou à aider dans les négociations. Quant à tous les autres, on pouvait s'y fier ou non selon les circonstances.

– La dernière fois, on en a quand même sorti huit de Tchétchénie, se vanta Rezvan pour conclure. Et en ne payant qu'une seule rançon. Les sept autres ont été relâchés gratis... Bon, parmi ceux qu'on avait emmenés, il y a eu un disparu, mais c'est sa faute. Il n'a pas écouté nos conseils. Or dans les montagnes, les conseils, c'est la vie. Obéir ou périr ! Tu as donné la photo ?

– Quelle photo ?

– La photo de celui que tu cherches.

Victor eut un sourire triste.

– Et je pourrai aussi repartir avec vous ? demanda-t-il sans répondre à la question.

– Tu as le choix. Mais avec nous, c'est moins cher. Pour l'hélico des fédéraux, c'est minimum trois cents dollars par tête.

La mélodie que Victor connaissait déjà résonna. Rezvan sortit son portable et, sans mot dire, s'éloigna de quelques mètres.

Victor regagna le minibus où il reprit sa place. Il tira le rideau, appuya sa tête dessus et s'assoupit.

36

Lorsque la pénombre s'installa, ils reprirent leur route. À l'intérieur du bus, il n'y avait aucune lumière, et les yeux de Victor furent vite fatigués. Il tenta de compter les véhicules qu'ils croisaient, mais, à la faible lueur des phares, cet exercice l'épuisa encore plus. Comme il avait dormi son content dans la journée, il se sentait chargé d'une énergie superflue. En outre, il avait faim. Le copain de Rezvan, l'autre Tchétchène, avait fait le tour des passagers avec son thermos, en leur proposant du thé aux somnifères. Il avait refusé et maintenant il le regrettait. Un sommeil provoqué aurait mieux valu que cette pénible veille.

Matveï Vassiliévitch, lui, dormait, la tête calée contre la vitre. Le plus chanceux de tous était un grand type en belle veste chaude – il ronflait, étendu de tout son long sur la banquette arrière. Les autres sommeillaient, assis plus ou moins de travers.

Victor finit par plonger dans une sorte d'inconscience. Ce n'était pas l'idéal du sommeil, mais cela s'en rapprochait, même s'il percevait tous les bruits du bus: le moteur tournait, le passager allongé ronflait, les deux Tchétchènes échangeaient de brèves phrases entre eux ou avec le chauffeur.

Finalement, le fond sonore s'effaça.

Le minibus parcourut encore une vingtaine de kilomètres sur une route sans éclairage, puis se rangea sur le bas-côté et alluma ses feux de détresse.

Dix minutes plus tard, une Volga noire arriva. Deux jeunes gens, grands, en tenues de camouflage, hissèrent plusieurs sacs de toile rebondis dans le bus, puis repartirent et revinrent avec deux kalachnikov. La Volga redémarra.

Le chauffeur alluma la lumière, tandis que les Tchétchènes

réveillaient les passagers en les secouant par l'épaule. Victor n'eut aucun mal à ouvrir les yeux, mais sa tête bourdonnait.

Rezvan dénoua la ficelle qui fermait l'un des sacs, en tira une veste et un pantalon de camouflage qu'il lui jeta.

– Change-toi.

Pendant ce temps, le chauffeur avait remplacé l'écriteau de son pare-brise par un autre, qui portait trois grosses lettres rouges : *MSU*. Ministère des Situations d'Urgence.

Ce sigle, Victor le découvrit aussi sur sa poitrine lorsqu'il eut revêtu sa chaude tenue militaire. Il regarda autour de lui. Les passagers, que jusque-là différenciaient leurs habits plus que leurs visages, se fondaient désormais en un tout indistinct. Seul Matveï Vassiliévitch, uniforme ou pas, restait égal à lui-même. Son visage était trop expressif, trop sec, trop creusé de rides.

Tous avaient eu vite fait de s'habiller, et le bus repartit. Les plafonniers s'éteignirent. Les deux nouveaux passagers armés s'étaient installés à l'avant-dernier rang.

Au loin, on pouvait distinguer les pâles lumières d'un village. La route était totalement déserte.

37

De temps à autre, Victor, assoupi, percevait de lointaines bribes de conversations, d'abord en russe, puis en tchétchène. Elles se turent bientôt. Il était en train de rêver qu'il se trouvait sur un bateau, loin en mer ou sur l'océan, avec une très légère brise qui pouvait juste balancer le navire, mais pas gonfler les voiles. Soudain, le vent se leva et l'embarcation tangua fortement. C'est alors qu'un brusque coup de frein le projeta sur le dossier du siège placé devant lui. Il ouvrit les yeux, se leva et se rassit. Les deux possesseurs de kalachnikov avaient disparu. Rezvan était désormais seul et discutait avec le chauffeur.

Victor se rendit soudain compte qu'ils parlaient tchétchène, et, en y regardant de plus près, que c'était l'autre Tchétchène qui avait pris le volant. Le conducteur russe n'était plus là.

L'étroit sentier forestier qu'ils suivaient n'avait manifestement pas été conçu pour un bus, mais, au grand étonnement de Victor, leur véhicule le gravissait vaillamment, même si son moteur rugissait parfois comme s'il était sur le point de rendre l'âme. Il faisait jour, et quelque part au-dessus de ces pentes montagneuses couvertes d'une épaisse forêt, le soleil brillait, mais seuls de parcimonieux éclats de lumière parvenaient jusqu'au sol.

La route s'aplanit enfin, et le chauffeur s'arrêta en poussant un soupir de soulagement. Il regarda sa montre.

Rezvan avait maintenant un talkie-walkie à la main. Il l'approcha de sa bouche et parla, puis écouta la réponse brouillée par des parasites et fit un signe de tête à son copain. Il s'adressa ensuite aux passagers.

– Vous avez le choix, soit vous reprenez du somnifère, soit on vous bande les yeux. C'est pour votre bien : si vous tombez entre les mains du FSB[1], vous n'aurez pas besoin de vous creuser la tête pour retrouver devant quelle souche ou quel arbre vous êtes passés…

Bien qu'exprimé dans la cacophonie, le choix des passagers fut unanime : personne ne voulait plus de somnifère. Cela fit rire Rezvan.

– Je plaisantais. En fait, vous n'avez pas le choix, il n'y a plus de thé.

Il fit un clin d'œil à Victor, avant de poursuivre :

– Prenez vos affaires et posez-les sur le siège à côté de vous.

Le chauffeur distribua des bandeaux noirs en tissu épais et le bus démarra.

---

1. Service Fédéral de Sécurité russe, successeur du KGB.

38

Ils s'étaient déjà arrêtés à cinq ou six reprises. À chaque fois, Rezvan les avait prévenus de ne pas ôter leurs bandeaux. Ensuite, il avait cité des noms et indiqué aux passagers concernés de descendre du bus avec leurs affaires.

Victor suivait ce qui se passait avec une attention soutenue, s'efforçant, à l'aide de ce qu'il entendait, d'imaginer ce qu'il ne pouvait voir. Hors du bus, on parlait tchétchène. Une fois, il y eut des exclamations et un grondement de moteur, celui d'un camion ou d'un blindé.

Tous les noms appelés étaient simples: Verchinine, Medvedev, Pichtchenko, Kartachov, Polenine, Dmiterkine. Il y en eut d'autres, probablement trop ordinaires pour que Victor les retienne.

Ils roulèrent environ trois heures. Cela grimpait à nouveau. Victor tentait d'évaluer combien d'hommes étaient déjà sortis. D'après ses estimations, ils ne devaient plus être que quatre ou cinq dans le minibus.

Il regretta de ne pas avoir demandé à Matveï Vassiliévitch quel était son nom de famille. C'était le seul avec qui il avait échangé quelques mots.

Le bus s'arrêta.

– Vassilichine et toi! claironna Rezvan.

Victor porta la main à son bandeau pour vérifier si le « toi » s'adressait bien à lui.

– Qu'est-ce qui te prend! Debout, et ne t'avise pas de l'enlever!

Cela lui confirma que son tour était venu de descendre. Il avança la main, sentit son sac de sport, le saisit. Il s'était sensiblement alourdi, lesté de ses vêtements civils. Il avança à tâtons vers la porte, trébucha. Une main le retint, le fit pivoter, et il descendit les hautes marches du bus pour se retrouver sur la terre ferme.

– Deux pas en avant! ordonna un homme au fort accent moscovite.

Victor obéit.

– Celui-là, c'est Eldar qui nous l'a confié, expliqua Rezvan.

39

Dans un vacarme assourdissant, un hélicoptère passa juste au-dessus de leurs têtes. Assis dans l'herbe sous un arbre, Victor leva instinctivement le visage, mais qu'aurait-il bien pu voir avec son bandeau? Il entendait près de lui le souffle de Vassilichine, qui n'avait pas daigné articuler un mot depuis que le bus les avait déposés là, deux heures auparavant.

À cause du bandeau qui le coupait du monde, tout ce qui se passait à l'intérieur de son corps prenait une importance démesurée. Son pied gauche souffrait des dégâts infligés à sa chaussure par le pitbull de banlieue. Il remua les orteils, sans leur trouver de position confortable. Non loin, des gens discutaient. Les voix de deux ou trois hommes se rapprochaient, puis s'éloignaient. L'un d'eux parlait russe avec l'accent de Moscou, mais parfois se mettait à parler tchétchène, et Victor, d'abord persuadé qu'il s'agissait d'un vrai Moscovite, commençait à en douter.

Il avait sommeillé une bonne heure, le dos calé contre l'arbre, jusqu'à ce que trois hélicoptères les survolent. En fait, il s'agissait peut-être du même appareil qui était passé trois fois, en boucle. En tout cas, lorsque le grondement saccadé caractéristique commençait à s'élever au loin, les conversations s'interrompaient, laissant place à un silence oppressant.

Le bruit s'éloigna derrière d'invisibles montagnes. C'est alors que Victor entendit un son familier, le crépitement d'un feu de bois.

– Enlevez vos bandeaux ! leur ordonna-t-on.

Au préalable, Victor plissa les yeux, craignant la lumière soudaine, mais il faisait nuit. Il regarda son compagnon, et une joie muette le submergea : c'était Matveï Vassiliévitch. Il tendit la main au vieillard, qui la pressa bien fort en retour. Cela le rasséréna. Il se tourna ensuite vers les hommes installés près du feu.

Ils n'étaient que deux. Le plus grand, un rouquin, était coiffé en brosse et portait une tenue de camouflage à la veste serrée par un large ceinturon en cuir. L'autre, à la peau mate, petit et très jeune, était, à n'en pas douter, un Caucasien. Il remuait une mixture dans un chaudron.

– On va manger un morceau, puis on se mettra en route, expliqua le rouquin. Ici, on évite de marcher dans la journée, parce qu'il y a toujours quelqu'un qui veut vous tuer, c'est contrariant. Des fois on dirait que c'est les nôtres, des fois les autres, des fois des commandos débarqués d'un hélico… Venez par ici.

Ils allèrent s'asseoir face à lui.

Du récipient montait un savoureux fumet de mouton. Victor saliva. À l'idée de dévorer enfin un vrai repas, le premier de ce long voyage, il sentit son humeur s'améliorer.

Le rouquin s'appelait Piétia, il était de Zagorsk, mais cette origine ne lui convenait pas. Il s'était donc appliqué à prendre l'accent de Moscou. Dans le silence de la nuit tchétchène, sa façon de traîner sur les « a » semblait étrange, déplacée. Victor craignait à tout instant qu'un tireur surgisse de l'obscurité et vide son chargeur sur cet accent, sur cet homme qui parlait russe au carré en un lieu où parler russe suffisait amplement à s'attirer une balle.

L'autre jeune homme s'appelait Maga, il était Daghestanais, de Khassaviourt. Il expliqua être là pour l'argent.

– L'argent? Ici? s'étonna Victor.

– Oui, il y a des choses qui rapportent beaucoup ici…

Ils se turent. Au bout de dix minutes, le chaudron fut posé à terre, le feu éteint. Ils mangèrent l'épaisse soupe de mouton à même la marmite, avec des cuillères en alu, l'accompagnant de galettes de pain gris un peu sèches.

Avant qu'ils partent, le rouquin piétina consciencieusement les cendres, et pour plus de sûreté, il urina dessus.

Ils empruntèrent encore un sentier escarpé et tortueux. Bientôt, ils cheminèrent à flanc de montagne, sur un versant désolé, sans un arbre, sans même un buisson. La lune illuminait cet espace trop dégagé. Victor nota que leurs deux guides pressaient le pas. Il fit de même, malgré une douleur croissante au pied gauche. Serrant les dents, il se retourna, inquiet, vers Matveï Vassiliévitch qui fermait la marche; il suivait le rythme, mais cela lui coûtait.

L'étendue pelée fut bientôt passée, et le sentier se fit très étroit. Ils avançaient lentement, avec mille précautions, s'agrippant de la main droite à la paroi rocheuse et s'efforçant de ne pas regarder du côté gauche, où, au bord même du sentier, naissait le ciel.

Victor se retourna une fois de plus. Il redoutait que l'épuisement fasse trébucher le vieil homme. Personne n'irait le chercher. Le ravin était profond, plusieurs centaines de mètres. En réalité, il avait peut-être surtout peur de se retrouver seul dans cet univers étranger, régi par des lois inconnues. Il était peu probable que quelqu'un ici ait entendu parler de la Loi de l'Escargot, mais il y en avait forcément d'autres, que personne ne semblait disposé à lui enseigner.

Tout en suivant le pseudo-Moscovite et le Daghestanais, il se mit à penser à Kiev. Il devait avoir enfreint certains articles de la Loi, ce qui lui valait de se trouver là, sans savoir ce qui allait lui arriver. Sergueï Pavlovitch l'avait laissé partir à Moscou en lui suggérant de prendre contact avec Bim. Donc, Bim avait été censé lui fournir une protection provisoire, un petit toit. Or, il l'avait présenté à Eldar Ivanytch, et tous les deux l'avaient expédié ici. C'était peut-être là l'erreur. « Un escargot ne boit qu'entre les murs de sa maison. Un escargot hors de sa maison en état d'ébriété s'appelle... » Il réfléchit, et un mot bref et déplaisant s'imposa pour finir sa phrase : « une cloche ».

Il avança ensuite d'un pas plus léger.

Ils arrivèrent dans un village en ruine. Maga, en tête de la colonne, leur fit longer les décombres d'une grande maison, qui en cachaient d'autres.

À la clarté de la lune, Victor contemplait ce bourg mort, mais la succession de murs effondrés cessa brutalement et ils se retrouvèrent dans une ruelle, devant une maisonnette trapue, à partir de laquelle, lui sembla-t-il, commençait le côté vivant du village. Sur le toit d'une bâtisse, il aperçut un drapeau sombre. Plissant les yeux, il tenta d'en déterminer la couleur.

– Le vieux, je l'amène chez Douda ? demanda Maga au rouquin.

– Oui, vas-y. Après, tu viendras chez Arbi.

Victor se troubla. Il regarda Matveï Vassiliévitch, qui s'approcha de lui.

– Bonne chance ! lui souhaita son compagnon en lui tendant la main.

Naïvement, Victor avait imaginé qu'ils ne se quitteraient plus. Cette séparation l'attristait.

Maga partit avec le vieil homme.

– On y va ! ordonna le rouquin.

Ils prirent la direction opposée, à gauche de la ruelle. Le

chemin descendait. Ils passèrent devant deux maisons détruites et une intacte. Plus loin, accrochée au versant de la montagne, dissimulée derrière d'autres habitations en ruine, se trouvait une cahute dont la cheminée fumait.

Ils s'arrêtèrent là, et le rouquin lui dit d'attendre, pendant qu'il entrait.

Victor, contemplant la fumée qui montait vers le ciel, sentait de plus en plus l'emprise du froid. Il avait les mains, le visage et la tête gelés. Même ses pensées commençaient à se figer. Il souffla un peu d'air par la bouche. Un nuage de vapeur se forma.

Cela lui rappela une annonce de bord, dans le Rouslan qu'il avait pris pour se rendre à Ushuaïa: «L'altitude de vol est de neuf mille mètres, la température extérieure de moins quarante-cinq degrés. Pour commencer à vous habituer au climat polaire, vous n'avez qu'à ouvrir un hublot.» L'humour du pilote avait bien amusé les chercheurs.

«Et ici, on est à quelle altitude? se demanda-t-il. Et combien peut-il faire?»

La porte s'ouvrit en grinçant. Le rouquin lui fit signe d'entrer.

40

Le maître de maison, un vieux Tchétchène, désigna à Victor un réduit, fermé par une lourde tenture en poil de chameau, au fond de l'unique pièce. Victor y entra: une petite fenêtre avait le carreau fendu; au sol, un cadre de bois supportait deux matelas rayés. À côté, une grosse chandelle posée sur une table de nuit projetait des lueurs mouvantes sur le plafond blanc et les cloisons. Au mur, étaient suspendues deux assiettes en cuivre et la photo d'un jeune garçon en uniforme de l'armée soviétique, dont l'angle inférieur était barré d'un crêpe noir.

Le propriétaire ne parlait pas un mot de russe. Il se contenta d'accompagner Victor dans son coin et de lui montrer le lit avant de tourner les talons. Le rideau en chameau claqua.

Victor laissa tomber son sac sur le sol recouvert d'un tapis usé jusqu'à la corde et s'assit sur les matelas. Il tendit l'oreille.

Dans la salle, derrière la tenture, on marmonnait, puis il y eut un bruissement.

Il écarta le rideau pour jeter un œil. Le vieux Tchétchène lui tournait le dos. Sur la coiffeuse, une chandelle brûlait. Parcourant la pièce du regard, il distingua plusieurs dizaines de photos dans de vieux cadres à fine baguette, mais il faisait trop sombre pour les détailler.

– Bonne nuit, dit-il à voix basse.

Le vieil homme se retourna et secoua la tête d'un air craintif.

Au matin, on frappa bruyamment à la porte. Victor ouvrit les yeux. Un soleil radieux brillait à la lucarne et semblait se concentrer dans le réduit, comme bloqué là par l'épaisse tenture.

Il enfila son pantalon de camouflage, contempla ses chaussures avec hargne et passa dans la pièce principale sans les mettre. Son hôte, en caftan gris et bottes noires, se tenait à l'entrée. Il discutait avec Maga qui, l'apercevant, lui adressa un signe de tête.

– Pour se laver, c'est dans la cour, lui indiqua-t-il avant de reprendre sa conversation.

Victor, en pantalon et maillot de corps, sortit en se glissant entre eux. Le contact de la pierre froide lui stimula la plante des pieds. Non loin de la maison, il découvrit un lavabo émaillé bleu marine. Il se débarbouilla à l'eau froide, se gargarisa et chercha des yeux une serviette, en vain.

Le vif soleil du matin n'avait aucun effet sur l'air, qui restait glacé. Victor s'empressa de rentrer, et s'essuya le visage à la tenture. Il enfila sa chemise, puis sa veste d'uniforme.

Resté dehors, Maga, qui avait fini de discuter, l'interpella.

– Tu as des photos ?

Victor lui expliqua qu'il n'en aurait pas besoin pour retrouver celui qu'il cherchait :

– Il ne peut pas y avoir deux pingouins en Tchétchénie !

Perplexe, Maga continua à le questionner, persuadé d'avoir mal compris. À la fin, il hocha la tête, accablé.

– Où veux-tu chercher ? Et combien es-tu prêt à payer ?

– Il me faut trouver un certain Khatchaïev qui a quitté Moscou pour venir ici. Il a emmené le pingouin. Il doit le garder chez lui.

– Mais qu'est-ce que tu crois ? Tu imagines que la Tchétchénie, c'est comme un petit village russe où tout le monde se connaît ?

Remonté, Maga considérait Victor par en dessous, comme s'il était en train d'évaluer quelque chose.

– Combien es-tu prêt à payer ?

Victor ne savait que dire. Au bout de deux minutes, il articula enfin :

– Beaucoup.

Il savait bien que Maga allait répéter sa question, insister jusqu'à obtenir une somme précise. Or, il se contenta d'acquiescer.

– Je vais me renseigner, soupira-t-il. Mais les pingouins, c'est pas ma spécialité...

– C'est quoi, ta spécialité ?

– Eh bien ici, on a notre Croix-Verte, c'est un peu comme votre Croix-Rouge, mais c'est privé. On cherche les morts, les otages, on aide à mener des pourparlers, à transmettre des rançons. Pour tout ça, on a des tarifs bien établis, connus...

– Et Piétia, le rouquin, qu'est-ce qu'il vient faire là-dedans ? s'avisa soudain Victor. C'est un déserteur ?

– Non, un disparu. Écoute, je vais essayer de voir pour ton Khatchaïev, mais je ne te promets rien. J'ai besoin de gagner de l'argent, et je dois en verser à droite et à gauche. Tu aurais peut-être autre chose à me demander ? suggéra Maga, son regard perçant planté dans les yeux de Victor.

– J'aurais besoin d'une paire de bottes, reconnut celui-ci en regardant ses pieds. Mes chaussures prennent l'eau.

– Elles sont si chères que ça, les bottes, à Moscou ?

Victor, en repensant au magasin de l'avenue de Tver, fit un grand signe de tête affirmatif.

41

Il passa deux jours sur son lit. Maga lui avait conseillé de se montrer le moins possible. Le maître de maison lui apportait des galettes de pain, de la viande séchée et du fromage ; il élevait deux chèvres dans sa remise.

Victor ne parvenait même pas à communiquer par gestes avec son logeur, qu'il avait tenté d'interroger sur les photos du mur. Il avait aussi voulu lui expliquer qui il était, sans plus de succès. Rien ne semblait intéresser le vieillard. Tout ce que Victor avait réussi à comprendre, c'est qu'il occupait maintenant le recoin de son fils cadet, mort depuis longtemps, au cours de son service militaire, mais impossible de savoir où, ni dans quelles circonstances.

Au bout de deux jours, Maga réapparut, un sac de toile à la main, encombrant mais léger. Il gagna directement la chambre de Victor, s'assit près de lui et souffla. Il ouvrit le sac, en tira une paire de bottes noires à la semelle maculée de glaise jaune.

– Essaye !

Elles étaient trop petites.

Il en sortit d'autres, un peu grandes. Victor les enfila, martela le sol, secoua son pied gauche, et songea que s'il recouvrait ses chaussettes de bandes molletières, les bottes seraient juste de la bonne taille.

– C'est OK, conclut-il. Combien je te dois ?

Maga le dévisagea, vexé.

– Tu me prends pour un voleur ? C'est un cadeau. Elles appartenaient à un Tchétchène qui a pas eu le temps de les user.

– Il a été tué ?

– Figure-toi qu'ici on meurt rarement de mort naturelle. Bref ! Ton Khatchaïev, je l'ai retrouvé, attaqua Maga d'une voix qui ne présageait rien de bon. Impossible de l'approcher. Une trentaine de gardes du corps. Une seule route pour aller chez lui, surveillée par des hommes en armes. Il ne fait pas commerce de prisonniers et ne reçoit personne. Unique porte d'entrée, son business. Je peux te faire embaucher comme esclave, il ne garde personne plus de deux ou trois mois.

– C'est quoi comme business ?

– Je sais pas... Un truc dans le pétrole, sans doute. Ou le gaz.

– D'accord.

– Tu acceptes ?

Maga le regarda fixement, et son visage se rembrunit soudain.

– Tu me paies d'abord ! Si j'étais tombé sur un client normal, je me serais fait cinq cents dollars cette semaine !

– Tu veux que je paie quoi ?

– Mes recherches, mes négociations. Le vieux qui était avec toi, il a déjà donné huit cents dollars au rouquin pour retrouver son fils.

Victor était gêné à l'idée de faire perdre de l'argent à Maga, et comme celui-ci avait obtenu des renseignements, il méritait bien quelque chose.

– Attends-moi dans la salle, le pria-t-il d'une voix lourde de sous-entendus.

Étonné, Maga passa tout de même de l'autre côté de la tenture. Il engagea aussitôt une conversation avec le vieux Tchétchène qui était allongé sur son lit. Ils parlaient doucement, mais les intonations laissaient à penser que l'homme se plaignait.

Du fond de son sac de sport, Victor tira le sachet où il avait remis ses papiers, sa carte de crédit et son argent. Il compta les dollars, il en restait cinq cent soixante-dix. Certes, cela faisait beaucoup, mais c'était tout ce qu'il avait, et il ignorait ce qui l'attendait dans les semaines à venir. Il décida tout de même de ne pas se montrer trop pingre et préleva deux billets de cent pour le Daghestanais, en paiement des informations fournies et de l'aide promise.

Il remit le sachet à sa place au fond du sac, qu'il poussa sous les matelas. Puis il souleva la tenture et appela Maga.

– Tiens, voici déjà deux cents dollars. Raconte-moi tout ce que tu sais sur ce Khatchaïev.

Maga prit l'argent sans se faire prier et le rangea dans une poche de son pantalon.

– Il est arrivé de Moscou il n'y a pas longtemps. Là-bas, il avait un casino et plusieurs bijouteries…

– Je m'en fous, c'est ce qu'il fait ici qui m'intéresse, pas ce qu'il faisait à Moscou, l'interrompit Victor.

– Ici, il a tout de suite annoncé qu'il n'était pas venu pour se battre mais pour faire de l'argent. Au début de la guerre, il avait déjà un business, mais c'était son frère cadet qui s'en occupait. Maintenant, il l'a envoyé en Turquie et dirige ses affaires lui-même. Il a des amis aussi bien chez les fédéraux que chez les Tchétchènes. Il a créé une zone quelque part dans la région. *Afchor*, je crois que ça s'appelle. Les seuls qui ont le droit d'y être armés sont ses hommes.

– Une zone offshore, tu veux dire ?

– Peut-être, je sais pas. Elle est proche de son village. Mais personne ne va chez lui, tout le monde a peur. Il a prévenu que le premier qui arriverait avec une arme serait abattu, quelle que soit sa nationalité.

– Et il est où, ce village ? C'est là-bas que tu pourrais me trouver un travail ?

– Je ne t'ai rien promis, se récria Maga en agitant la main. J'ai juste dit que je pouvais essayer.

– C'est quoi, le problème ?

– Il faut d'abord y aller. Te trouver un coin où tu attendras pendant que je parlemente. Ça, je sais faire. Mais pour que je te conduise et que je négocie, il faut me payer…

– Combien ?

Maga fit ses calculs.

– Dans les cinq à six cents dollars.

– D'habitude tu en gagnes cinq cents en tout ! C'est toi qui me l'as dit ! Écoute, je remets trois cents, ça te fait tes cinq cents. Ça marche ?

Maga réfléchit, avant de hocher la tête.

– C'est bon, file-moi les trois cents.

– Tu les auras quand on sera arrivés.

Le Daghestanais fit signe que non.

– Et si on te tue en chemin ? Je vais devoir fouiller ton cadavre ? Non, c'est pas convenable. Je suis pas un charognard. Tu me paies avant qu'on parte. Tu peux avoir confiance. Je te montrerai dans quelle poche je mets l'argent. Si c'est moi qui suis tué, tu pourras le prendre et t'enfuir en vitesse. Ça te va ?

Victor accepta.

42

Maga vint le chercher vers dix-huit heures. Son attention fut aussitôt attirée par le mauvais sac de sport posé près de la porte.

– Tu devrais le laisser. Donne-le plutôt au vieux, il y trouvera peut-être quelque chose d'utile.

Victor retourna dans son coin, sortit ses papiers, sa carte et le reste de son argent. Il avait déjà mis de côté les trois cents dollars destinés à son guide. Il fourra tout ce qu'il venait de trier dans la poche intérieure de sa veste et jeta un dernier regard au contenu de son sac. Plus que tout, il regrettait son coupe-vent. Ils avaient connu tant de tribulations ensemble !

Il prit congé du vieil homme, lui serra la main en le remerciant et lui fit signe qu'il lui abandonnait le sac. Maga traduisit ses paroles et ajouta quelque chose. Finalement, le vieux offrit à Victor deux morceaux d'une serviette éponge rouge, décorés des anneaux olympiques et de la moitié de l'ours Michka, la mascotte des Jeux de Moscou. Ce faisant, il désignait du doigt ses nouvelles bottes, et il prononça quelques mots. Victor interrogea Maga du regard.

– C'est pour que tu le mettes dans tes bottes. Et qu'Allah te garde ! traduisit celui-ci.

La nuit tombait. Le ciel paraissait encore clair, mais sa luminosité ne descendait pas jusqu'au sol.

Ils remontèrent la ruelle qui passait entre des maisons détruites ou intactes.

Victor remarqua l'absence totale de poteaux électriques.

– Il n'y a pas le courant, dans ce village ?

– Non, il n'a jamais été installé. Le gaz non plus, ni le téléphone. Et pas d'école. Les autorités voulaient que les montagnards aillent vivre en bas, dans la plaine, du coup elles n'ont rien fait dans ces villages.

– Pourquoi tu n'as pas d'arme? continua Victor.

– Pour éviter de me faire tuer. Il y en a qui ne tirent pas sur les gens désarmés. Il y en a d'autres qui tirent, aussi. Mais moi, je ne suis pas un combattant. Je suis un civil. C'est plus facile à prouver sans arme. Même face aux militaires fédéraux.

Ils approchaient d'un sentier aussi étroit qu'abrupt. Maga stoppa, contempla le ciel et prit un air dubitatif.

– Quelque chose ne va pas? s'inquiéta Victor.

– Le vent va se lever. Et ici, marcher quand ça souffle, c'est dangereux. Les rafales frappent si fort sur le rocher qu'on a du mal à s'agripper.

– Mais il n'y a pas un souffle d'air...

– Ça va pas tarder, asséna Maga. Tant pis, on continue. On devrait avoir le temps de passer.

Il maugréa quelque chose en tchétchène ou en daghestanais et aborda le sentier, suivi de Victor.

Le ciel s'assombrissait à vue d'œil, des étoiles commençaient à apparaître. La lune, que l'on distinguait depuis longtemps, de pâle était devenue jaune et brillante.

Victor regardait où il mettait les pieds, mais ne pouvait s'empêcher de voir le précipice qui plongeait sur sa droite; l'éclat de la lune en atteignait le fond. Il s'efforçait de consacrer toute son attention au chemin qu'il suivait. Il devait se montrer excessivement prudent, car des pierres plus ou moins grosses dévalaient sans cesse d'en haut et ne demandaient qu'à vous faire trébucher.

– Dans dix jours, je rentre à la maison, annonça subitement Maga.

– Au Daghestan?

– Oui, à Khassaviourt. Je rapporte l'argent que j'ai gagné, je vais voir mes parents, leur dire que je suis en vie. J'ai trois sœurs à marier. Et mes parents sont malades. Tu comprends? Il n'y a qu'à Makhatchkala qu'on peut acheter des médicaments, et ça coûte très cher.

Il se tut soudain pour tendre l'oreille.

– Attention! Couche-toi! murmura-t-il en se jetant au sol.

Plaqué contre les cailloux glacés, Victor entendit approcher un hélicoptère.

Il avait la main droite au bord du gouffre. Il avança la tête et regarda en bas, ne distinguant d'abord qu'une grisaille uniforme, mais peu à peu, alors que le grondement s'amplifiait, il commença à voir se dessiner des arbres et des contreforts de montagnes.

Deux hélicoptères équipés de puissants projecteurs passèrent à trois cents mètres d'eux, à la hauteur du chemin. La lumière balaya le ravin que Victor avait tenté d'explorer des yeux. L'énorme faisceau toucha jusqu'aux arbres du fond.

– Ils cherchent qui? demanda Victor, qui se doutait de la réponse.

– Devine! Bassaïev, Nagaïev, Radouïev[1] et compagnie, pardi!

Maga se releva, brossa de la main la poussière et la boue collées à ses vêtements. Ils repartirent.

– Et toi, tu es de Moscou?

– Non, de Kiev. Mais j'arrive de Moscou.

– Moi, j'y ai été, à Moscou! Ça, c'est une ville! C'est super!

– Pas tant que ça, rétorqua Victor. Toi, les flics t'arrêteraient tout de suite pour contrôler tes papiers. Tu sais ce qu'ils pensent des Caucasiens...

– Je leur échapperais! affirma Maga en se retournant un bref instant. Et les femmes qu'y a là-bas! T'en as déjà vu ailleurs des comme ça? Y en a aussi à Kiev? Dis-moi la vérité, y en a?

---

1. Chefs rebelles tchétchènes.

Victor se mit à réfléchir. Marina, la Coréenne, s'imposa à son esprit.

– Moi, j'ai une fiancée là-bas, une fille géniale ! Galia Rafassouilova, elle a des yeux comme des noix. Grands, ronds ! Allez, dis-moi, des femmes comme à Moscou, y en a pareil à Kiev ?

– Non, convint Victor.

La réponse avait satisfait Maga, qui marchait désormais en silence. Victor s'efforçait de ne pas trébucher et songeait à Marina. « Marina, Moscou », murmura-t-il pour lui-même.

Subitement, Maga stoppa et se retourna. On voyait à son air qu'il allait formuler une hypothèse de première importance.

– Je crois que c'est la faute des femmes si les Tchétchènes aiment pas les Russes, confia-t-il. Les femmes tchétchènes ne sont pas très jolies, elles vieillissent vite, tandis qu'à Moscou, sûr qu'on fait venir des belles femmes de toute la Russie pour épater les étrangers…

Victor jeta un coup d'œil au ravin. Tenir une discussion sur ce sentier ne l'enchantait guère, d'autant que le vent s'était bel et bien levé, et que deux ou trois rafales l'avaient déjà frappé, sournoises, dans le dos. La lune brillait maintenant par intermittence, sans cesse masquée par des nuages. Quand elle se cachait, il paniquait et se collait à la paroi pour avancer.

Il se hâta de faire un signe d'assentiment, et ils purent reprendre leur progression. Enfin, le sentier tourna doucement, et le gouffre sur leur droite se combla d'un coup, pour rejoindre le niveau du chemin. Victor s'arrêta, respira à fond et aperçut un arbrisseau aux branches couvertes de lambeaux de tissu agités par le vent.

– Ça porte bonheur, lui expliqua Maga. Chez nous aussi on a ça.

43

Au matin, la bise était mordante. Malgré sa chaude tenue de sauveteur, Victor se gelait. Ce n'est que quand ils purent s'abriter dans une remise en bois à la lisière d'un village qu'ils eurent un peu moins froid.

– Je me repose cinq minutes, puis je repars, annonça Maga. Toi, tu m'attends ici.

Il examina l'intérieur: des pelles, un empilement de bûches qui atteignait la hauteur d'un homme, une lucarne à la vitre opaque, de la paille par terre.

– Pas possible de faire du feu ici, déplora Maga. Tant pis, je serai pas long, c'est quelque part dans le coin.

Resté seul, Victor tenta de dormir, sans résultat. Le jour se levait, même si le verre trouble ne laissait passer qu'une faible lumière. Il avait fermé le loquet de l'intérieur. Dehors, par-delà les minces cloisons, c'était le silence. Il n'entendait même pas le vent.

Il prit quelques bûches et les empila pour se faire un siège, mais ce n'était pas confortable. Il ne cessait de se lever, s'approchait de la porte, regardait par une fente: devant s'élevait une vieille palissade, et plus loin, des arbres.

Il voulut s'allonger, mais sa hanche heurta un objet pointu. En tâtonnant, il sentit la froideur du métal. Il fouilla la paille mêlée de copeaux et tomba sur une kalachnikov. L'odeur si particulière d'une arme bien graissée frappa ses narines. Il se figea, et resta ainsi, à genoux, durant quelques minutes, avant de poser l'arme à l'écart et de replonger les mains à l'endroit où il l'avait trouvée. Il sentit les contours striés de plusieurs grenades, en prit une qu'il garda sur sa paume comme pour en évaluer le poids. Il la remit en place et se leva. Il tenta de regarder par la fenêtre.

Le temps filait vite. Le soir était arrivé et Victor avait des crampes à l'estomac. Il faisait les cent pas entre la porte et la fenêtre, jetant des coups d'œil à l'arme et aux grenades. Il se sentait pris au piège. Il s'imagina jaillir de la remise, kalachnikov au poing, pour continuer son parcours, dissimulé dans la forêt, mais interrompit aussitôt son délire en songeant au but de son voyage fou. Il suffit d'avoir une arme dans les mains pour se sentir en guerre, et risquer d'être tué sans raison. Maga faisait bien de s'abstenir.

Il se demanda ce que la Loi de l'Escargot pouvait bien dire au sujet de la guerre. Cela lui fit une distraction. Un sourire éclaira son visage. « Un escargot qui a une maison ne participe pas à des combats qui se déroulent hors de sa maison. Un escargot qui abandonne volontairement sa maison pour prendre part à des combats cesse d'être un escargot et devient un soldat. »

Il se rengorgea, fier de sa créativité.

– Tu es là? demanda soudain Maga derrière la porte. Ouvre !

Victor le fit entrer et referma le loquet.

– Tout va bien, je t'ai vendu comme esclave, s'empressa de lui dire le Daghestanais. On peut y aller, ils t'attendent.

– Esclave? Ça veut dire quoi? se renfrogna Victor, et son regard glissa vers le bas, vers la kalachnikov.

– Juste un mot, le rassura Maga. Ici, c'est comme ça qu'on dit. Tu sais bien que les Tchétchènes ne travaillent pas. Ce sont des esclaves qui travaillent à leur place. Et d'ailleurs, si je t'avais amené gratis, ils n'auraient pas voulu de toi, ils auraient cru que j'essayais de leur fourguer un gars du FSB.

– Combien tu m'as vendu? s'enquit Victor, intrigué et encore quelque peu irrité.

– Pas cher, t'en fais pas. Deux cent vingt dollars. J'ai dû

marchander, ils voulaient en lâcher que cent au départ. Mais ils ont besoin d'un homme.

– Et je devrai faire quoi ?

– Tu verras bien. Tu voulais te rapprocher de Khatchaïev, oui ou non ? C'est tranquille, là-bas. Une zone *afchor*, pas de coups de feu... Je t'ai apporté à manger.

Ces derniers mots achevèrent de calmer Victor. Maga lui tendit une tranche de viande séchée, une galette de pain, et se mit à grignoter aussi, debout devant la fenêtre.

– Il y a une arme automatique et des grenades là-dessous, jeta Victor sans cesser de mâchonner sa viande.

– Où ça ?

– Sous la paille.

– Tu n'auras qu'à le dire à ton patron, il te fera encore plus confiance, se réjouit Maga, avant de réfléchir et de se raviser. Non, ne dis rien, ça vaudra mieux. C'est loin, pour eux. J'irai les cacher ailleurs. Peut-être que je les revendrai...

Leur repas terminé, ils quittèrent la remise. Pendant environ trois heures, ils suivirent un sentier, en silence et dans le noir total. Ils traversèrent une route, retrouvèrent leur sentier de l'autre côté. Il se fit plus raide et beaucoup moins droit. Victor était fatigué. Il pria Maga de ralentir.

– On arrive, l'encouragea celui-ci, c'est à moins d'un kilomètre !

La piste forestière les conduisit à une grosse canalisation noire. Elle lui était désormais parallèle et franchissait une colline.

– C'est quoi ? demanda Victor.

– L'oléoduc *Droujba*, répondit Maga d'un ton narquois. Il faut le suivre, et dans une petite heure ce sera bon.

– Comment ça, une heure ? Tu avais dit un kilomètre !

– C'est de l'à-peu-près...

Pour Maga, l'à-peu-près était toujours très en deçà de la

réalité. Il leur fallut encore deux heures avant de tomber sur un A majuscule tracé à la peinture blanche sur le pipe-line.

– Tu vois, c'est là que commence la zone *afchor.*

Il se baissa, ramassa une tige de métal dont il frappa le tuyau à deux reprises. Il tendit l'oreille et entraîna Victor à l'écart, sous un arbre. À sa grande surprise, celui-ci y découvrit un banc.

– Asseyons-nous pour qu'ils puissent nous voir, ordonna Maga.

Cinq minutes plus tard, un jeune homme portant une barbichette blonde, en veste molletonnée et pantalon noir fripé enfoncé dans des bottes en skaï, fit son apparition.

Il salua Maga, s'approcha de Victor et le regarda avec attention, puis sortit une lampe de sa poche et l'examina de nouveau.

– Donne-lui ton arme, dit-il à Victor en désignant Maga. Ici, c'est...

– Il n'a pas d'arme, l'interrompit Maga en se levant et en tendant la main, paume en l'air.

Le jeune y déposa quelque chose.

« Me voilà vendu », songea Victor.

– Bonne chance ! lança Maga en guise d'adieu.

Jetant un coup d'œil pensif sur les bottes qu'il lui avait offertes, il repartit en suivant l'oléoduc.

44

La zone offshore occupait une surface que Victor était incapable d'évaluer et comprenait un hangar relié au pipeline. Il ignorait quelle sorte d'industrie pouvait abriter ce bâtiment, mais savait que toute la vie économique nocturne de la Tchétchénie était basée sur le détournement du pétrole de cette conduite. L'éventail des activités possibles de Khatchaïev était donc assez restreint.

Il avait du mal à garder les yeux ouverts lorsqu'ils longèrent ce hangar avec le barbichu. Prénommé Siéva, il était, comme Piétia le rouquin, russe et porté disparu. Pour Victor, qui avait passé ses dernières nuits à se rendre d'un point à un autre par des chemins noyés dans l'obscurité, peu importait désormais où aller, pourvu que la route soit courte et qu'il y ait un matelas au bout, voire un banc, ou même une couche de paille. En son for intérieur, il remercia Maga de lui avoir fait renoncer à son sac de sport.

– Je vais te présenter à Aza, puis tu iras dormir. Aujourd'hui, on travaille pas, on nous a pas apporté de matière première, lui expliqua Siéva pendant qu'ils cheminaient.

Après trois cents mètres à travers bois, ils arrivèrent à une baraque dont Siéva poussa la porte.

Dans le couloir, il faisait déjà beaucoup plus chaud que dehors. La tiédeur de l'air vint caresser son visage. Le couloir était large d'un mètre cinquante, court, droit, ponctué de portes à droite, à gauche et au fond.

Siéva frappa à l'une des portes de droite, tendant l'oreille.

– Eh ! s'écria-t-il. Aza ! J'amène l'esclave pour le boulot !

La porte s'ouvrit sur un homme de petite taille, trapu, chauve, en survêtement bleu marine. Tête ronde, gros nez, petits yeux comme des billes et sourcils broussailleux, il était à l'évidence caucasien, mais certainement pas tchétchène. Il bâilla, considérant Victor, puis Siéva.

– Il a pas d'arme ?

– Non, et il est fatigué, il voudrait dormir.

– Eh bien qu'il dorme, conclut le chauve avec un geste en direction de la porte d'en face. Tu as bien secoué le matelas de Djanguirov ?

– Oui, et en plus je l'ai arrosé de pétrole.

– On risque de nous amener des clients ce soir, un type est venu de la part des fédéraux tout à l'heure.

Après un dernier regard à Victor, Aza referma sa porte.

Dans la petite chambre, deux lits de bois de facture grossière, équipés de matelas couverts de couettes rouges, étaient installés de part et d'autre de la porte. Sous la petite fenêtre, il y avait une table de nuit, et devant, un poêle fait d'un bidon métallique, dont la cheminée traversait le plafond.

45

Victor se réveilla, incommodé par une odeur bizarre, le corps entier perclus de fatigue. La chambre était chaude et obscure, le feu craquait dans le brasero, et des escarbilles rouge sombre fusaient par la fente de la porte pour tomber sur le plancher. L'autre lit était vide. Sans l'odeur inconnue qui flottait dans l'air, il aurait été conquis par cette illusion de confort. En fait, c'était plus qu'une illusion, car le confort, on le trouve partout, même dans une caverne crasseuse, du moment que l'on ressent une vraie différence avec l'inconfort antérieur.

Il se leva, s'approcha de la fenêtre et se cogna le nez au carreau glacé. Il fit aussitôt un pas en arrière et chercha à identifier l'odeur entêtante. Du pétrole ?

Il enfila ses bottes. Elles étaient quand même grandes. Il les retira, s'entoura les pieds des bouts de serviette offerts par le vieux Tchétchène et se rechaussa. Il se sentit tout de suite plus à l'aise, l'espace était rempli. Si l'odeur étrange pouvait être le seul désagrément de son séjour dans cette zone à part !

Sur ces entrefaites, la porte s'ouvrit, et Siéva apparut, jetant un rai de lumière dans la chambre avec sa lampe.

– Bien dormi ?

– Oui, répondit Victor en bâillant. Ça sent quoi ici?

– Le pétrole raffiné maison, une famille tchétchène nous en a porté tout un baril, on a fait un troc. Contre les moustiques y a pas mieux, mais si on en met trop ça file mal à la tête. Enfin, c'est pas grave, ça va se dissiper. D'ailleurs on a plus de moustiques maintenant, l'hiver arrive. Bon, allez, au boulot!

– C'est quoi, comme boulot?

– On va chauffer le tuyau.

Dehors, le ciel était sombre, sans étoiles. Un vent violent soufflait, mais en altitude; au sol on le sentait à peine, il agitait seulement la cime des arbres.

– Le temps est super! s'écria Siéva, enthousiaste. On a du bol! Tu peux pas savoir!

Étonné, Victor haussa les épaules. Un air frais, légèrement humide, lui frappait le visage. Sa veste lui tenait chaud, mais cet air moite l'irritait, lui donnait envie de s'essuyer.

Siéva avançait dans l'obscurité, et Victor suivait, résigné. De temps à autre, son compagnon allumait sa lampe et le prévenait: «Baisse-toi! Fais attention, là! Regarde où tu mets les pieds! Gaffe aux racines!»

Ils arrivèrent au hangar. Siéva s'approcha de la porte, ôta le cadenas et ouvrit en grand.

– On va le laisser s'aérer.

Ils restèrent quelques minutes sans rien dire, à côté du pipe-line. Victor le contemplait, déconcerté. Il lui semblait qu'il avait rétréci. On aurait dit une maquette en comparaison de l'oléoduc qu'ils avaient longé la veille, avec Maga.

– Siéva, ce tuyau… il était beaucoup plus gros!

– La conduite principale, oui, bien sûr, elle est plus haute que toi. Ça, c'est juste notre branchement.

Il y dirigea le faisceau de sa lampe, qui révéla deux mots tracés à la peinture blanche: «Bon vol!»

Furieux, il cracha au loin.

– Merde, j'ai oublié de l'effacer ! C'est cet abruti de Djanguirov qui s'est soûlé ! Attends, j'ai un peu de peinture qui traîne par ici…

Il s'engouffra par la porte ouverte et revint avec un pot entamé. Cassant une branche sur l'arbre le plus proche pour s'en faire un pinceau, il demanda à Victor de lui tenir la lampe et entreprit de recouvrir l'inscription de peinture noire.

Pendant ce temps, Victor était absorbé dans ses pensées. Idées et sensations se troublaient, sans doute à cause du pétrole mal raffiné qu'il avait respiré. Il se sentait très calme, presque indifférent à l'avenir et au passé.

– Et il va où, ce tuyau ? demanda-t-il en le suivant avec la lampe jusqu'au moment où il entrait dans le baraquement.

– Éclaire le toit, tu verras !

Il aperçut une cheminée, banale, de deux mètres de haut, et pensa que Siéva plaisantait.

– Non, je te parle du tuyau ! Il va où ?

– T'es ramolli de nature ou c'est juste aujourd'hui ? C'est là-haut qu'il se termine, ton tuyau. Viens, je vais te montrer comment on règle la pression.

Ils entrèrent. Siéva craqua une allumette, enflamma les mèches de plusieurs bougies fichées dans des boîtes de conserve à même le sol et sur une petite table au fond du hangar. Celui-ci était assez vaste, une douzaine de mètres de long et presque autant de large. Le tuyau, avant de finir en cheminée, allait s'encastrer dans un énorme alambic de métal pourvu de grosses vannes et de manomètres. Ensuite, soudé sur des pieds de métal, venait un immense réducteur cylindrique. À la sortie, une autre vanne, et un tuyau qui ne cessait de rétrécir. Au bout, réduit à cinquante centimètres de diamètre, il se divisait en une douzaine de tubes qui entraient dans un gros segment de tuyau.

Victor alla jusqu'au fond, examinant cet arsenal, stupéfait de constater à quel point cela ressemblait à une fusée d'amateur couchée sur le flanc. Sauf que le bout n'était pas pointu. Il était taillé en biais, fermé par une trappe équipée de deux poignées; elle pouvait donc s'ouvrir ou être retirée.

À la faible lueur des bougies, il suivit aussi du regard le tronçon qui remontait et allait traverser le toit.

Cette installation massive l'impressionna, mais il se demandait encore à quoi elle pouvait bien servir.

– Demain, c'est vendredi, c'est le jour qui rapporte! lança Siéva en regardant son compagnon. Au boulot!

Tout d'abord, le boulot en question lui sembla incroyablement pénible, d'autant qu'il n'en saisissait pas la finalité. Chaque fois qu'il posait une question, Siéva gardait le silence, ou répondait, évasif, qu'il aurait bientôt tout compris, et qu'il allait même aimer ce travail.

Pour l'instant, il se contentait de tourner, sous la direction de Siéva, les lourds volants des vannes. Le barbichu, tel un ingénieur, surveillait, en s'éclairant avec sa lampe, les cadrans ronds des manomètres, sous le verre desquels tremblaient des aiguilles.

– Encore, ouvre plus! Stop! Tourne encore un poil! Stop!

Dans le serpentin géant, quelque chose bougea, et le bourdonnement sifflant qui se produisit terrorisa Victor. Tout était effrayant: cette machine mystérieuse, l'inconnu, la puissance du pétrole ou du gaz, une pression capable de tout souffler à la ronde, de faire sauter le toit de ce baraquement, de transformer cette conduite pirate en missile sol-sol...

Ils arrivèrent enfin à la dernière vanne, après laquelle le tuyau se divisait en une douzaine de tubes. C'est Siéva qui tourna lui-même le volant, s'arrêtant après chaque mouvement pour se pencher et vérifier le manomètre. Victor, les bras tétanisés par la fatigue et la tension, pensa que Siéva lui accordait ainsi une pause, mais en fait, il n'avait simplement pas voulu lui confier la tâche la plus délicate.

– Là, si on loupe la manœuvre, c'est fini ! Une seconde d'inattention et tout est foutu ! marmonna-t-il en réglant la position du volant selon les indications du cadran.

Ce travail terminé, il poussa un soupir de soulagement.

– Bon ! Maintenant on peut souffler deux minutes.

Victor perçut une certaine nervosité dans sa voix. Il aurait voulu poser d'autres questions mais garda le silence. « Après tout, je ne suis pas idiot, je verrai bien comment ça marche et à quoi ça sert », pensa-t-il.

Et en effet. Il ne comprit pas tout instantanément, mais déjà, au bout d'une demi-heure, la tempête de feu qui se déchaîna dans le segment d'oléoduc répondit à certaines de ses interrogations.

Il vit trembler les mains de Siéva quand celui-ci ouvrit la porte ménagée sur le gros tuyau pour y plonger une torche de papier enflammé. Il avança doucement les doigts dans les ténèbres du tuyau, comme dans la gueule d'un fauve. Sur son visage, on lisait la peur. Il semblait toucher quelque chose avec le bout de sa torche tout en craignant de regarder. Soudain, il y eut un claquement assourdissant et un tintement de métal. Siéva recula d'un bond avec une grimace d'haltérophile, retirant à toute vitesse sa main de l'ouverture noire. Il poussa un nouveau soupir de soulagement en écoutant le crescendo du feu prisonnier du tuyau. Ensuite, il referma et examina l'aiguille du dernier cadran.

Victor s'approcha du tuyau, pensant qu'il devait être brûlant et qu'il pourrait se réchauffer les mains, même s'il était plus transi d'angoisse que de froid. En fait, la paroi était à peine tiède.

Siéva se montra plus prolixe et lui expliqua que le feu ronflait dans un autre tuyau placé à l'intérieur, mais que l'extérieur allait lui aussi chauffer à tel point que lorsqu'il neigerait, une herbe bien verte continuerait de pousser dans un rayon de cinquante mètres autour du hangar.

La température ne tarda effectivement pas à monter.

– On va chauffer encore vingt minutes, déclara Siéva en se frottant les mains, puis on baissera l'alimentation et on n'aura plus qu'à attendre les clients.

46

Vingt minutes plus tard, Victor commença à avoir trop chaud. Il voulut quitter sa veste, mais Siéva l'arrêta, ouvrit la porte du baraquement, donna un petit tour à une vanne et invita son compagnon à venir prendre le frais dehors.

Il alluma une cigarette, pendant que Victor faisait quelques pas vers l'oléoduc et levait les yeux pour contempler le toit. La cheminée laissait échapper une épaisse fumée qui montait en un panache sombre et bien droit sur plusieurs mètres avant d'être dispersée par le vent, balayée et mêlée à la nuit.

Une branche craqua non loin, il sursauta et se retourna. Siéva était à côté, impassible. Il tourna lui aussi la tête, tira une bouffée avant de jeter sa cigarette à ses pieds et de l'écraser. Il prit le sentier qui suivait l'oléoduc, en direction du bruit qui se rapprochait, attrapant sa lampe au passage.

Resté seul, Victor se sentit mal à l'aise. Il voulut regagner le hangar, mais préféra finalement rejoindre le pied d'un arbre. Là, il s'accroupit, se dissimula, tout en sachant que la tension qui l'habitait était sans fondement. Siéva attendait des clients, il était allé à leur rencontre, rien de plus naturel.

Bientôt, le faisceau de sa lampe revint se balader sur la petite clairière entre le pipe-line et le hangar. Siéva réapparut, suivi de deux hommes portant sur leurs épaules un paquet qui ressemblait à un tapis roulé. Leur fardeau était lourd, cela se voyait malgré la pénombre. Ils avançaient à pas mesurés, en silence. Ils entrèrent dans le baraquement à la suite de Siéva.

– Eh, t'es où ? appela celui-ci en ressortant.

Victor s'extirpa de sa cachette.

– T'avise pas de tirer au flanc, sinon tu finiras comme Djanguirov !

Il ne posa même pas de question sur le sens de cette phrase et entra. Dans la semi-obscurité, il vit que les deux hommes avaient déposé leur paquet près du mur du fond et semblaient attendre les ordres.

– Viens par là ! lui indiqua Siéva.

Sur le sol de terre battue, devant la partie de tuyau avec couvercle, il découvrit un cadavre allongé sur une couverture. Il était défiguré, ce qui empêchait de dire s'il s'agissait d'un Russe ou d'un Tchétchène. Un coup d'œil discret aux deux porteurs lui apprit qu'eux du moins étaient tchétchènes. Ils se tenaient droits, immobiles comme des statues, les mâchoires serrées. On n'entendait même pas leur respiration.

Siéva lui tendit deux grandes moufles ignifugées qui lui firent penser à des gants de boxe usagés.

– Mets ça pour pas te cramer !

Ils attrapèrent tous les deux les poignées de la trappe et tirèrent.

– Maintenant écarte-toi, lui conseilla Siéva, qui avait eu le temps d'apercevoir l'expression de son visage.

La porte ronde s'ouvrit sur le côté. Une bouffée de chaleur se répandit dans l'air déjà brûlant. Victor regarda à l'intérieur du tuyau. Il y vit une autre conduite de moins d'un mètre de diamètre, placée au centre et maintenue par une multitude de pattes en fer à béton soudées. Au fond, il aperçut des langues de feu qui sortaient d'une vingtaine de brûleurs. Il comprit que c'étaient eux que régulait la dernière vanne. Le tuyau intérieur disposait lui aussi d'une ouverture, légèrement renfoncée.

– Je compte jusqu'à trois, et là, on attrape la poignée et on tire d'un coup, c'est compris? expliqua Siéva en regardant Victor de travers, comme s'il avait déjà fait quelque chose de mal. Un, deux, trois!

Ils plongèrent tous les deux les mains vers la porte intérieure pour l'ouvrir. Un souffle brûlant s'en échappa, accompagné d'une odeur si particulière que Victor fut pris à la gorge et se mit à éternuer.

– C'est bon, dit Siéva en se tournant vers les Tchétchènes.

Ils ne réagirent pas tout de suite et restèrent quelques instants tête baissée avant de soulever précautionneusement le corps. Siéva s'éloigna.

Le cadavre entra facilement, tête la première, dans le tuyau central. Seules ses semelles dépassaient.

– Enlevez-lui ses bottes, demanda Siéva.

L'un des hommes soupira et les retira pour les jeter dans un coin.

– Revenez dans deux heures!

Ils sortirent, il les suivit des yeux puis fit signe à Victor de l'aider à refermer les deux portes. Ils appuyèrent avec force sur la première, jusqu'à ce qu'un déclic leur confirme qu'elle était bien close, et firent pareil pour la seconde.

Siéva s'approcha d'une vanne. À mesure qu'il tournait le volant, une tempête montait à l'intérieur, de plus en plus sonore. Il éclaira le cadran et tourna un peu plus, puis regarda sa montre et hocha la tête en direction de Victor qui suivait ses gestes avec attention, pour lui indiquer qu'ils allaient sortir.

Même dehors, on entendait ronfler le feu dans le crématorium.

– Un jour, ça va exploser! soupira Siéva en tirant une cigarette d'un porte-cigares.

– Je peux voir ? s'enquit Victor.

L'objet était lourd, fait dans un métal noble agréable au toucher. Une inscription était gravée sur le couvercle.

– Tu m'éclaires ?

Siéva approcha paresseusement sa lampe, et Victor put lire : *Au capitaine Khvoïko, pour avoir rallongé les pauses-cigarettes. De la part de son régiment. Tchétchénie, Grozny 1997.*

– Et regarde l'autre côté, lui conseilla Siéva.

Il y découvrit une autre dédicace, en géorgien.

– T'as eu ça où ?

– Des fédéraux me l'ont donné, au lieu de me laisser des dollars. Ici, ce genre de trucs, c'est courant. Tiens, regarde !

Il releva sa manche gauche, dévoilant une montre massive qu'il éclaira avec sa lampe.

– Une Rolex ? s'étonna Victor. Authentique ?

– Bien sûr, pas *made in China* ! Des Rolex chinoises, ici, y en a autant que de puces sur les chiens. Non, celle-là, c'était un cadeau précieux. Sur le boîtier, y a marqué : *À notre nigaud préféré, au directeur de la fabrique de tabac, bon anniversaire de la part de ses collègues reconnaissants.*

Fier de lui, Siéva fit claquer sa langue, laissa retomber sa manche et éteignit sa lampe.

– Si tu bosses bien, toi aussi tu te feras des ronds, conclut-il.

Dans le silence troublé par le puissant grondement du feu prisonnier du tuyau, un oiseau poussa un cri. Victor leva la tête, considéra le ciel obscur, la fumée noire qui s'y fondait et la cime des arbres, soudain immobile, comme attentive à ce qui se passait. Il sentit à nouveau le froid, releva le col de sa veste et ferma les yeux, le visage encore empreint de la chaleur sèche et piquante qui avait giclé du tuyau une vingtaine de minutes auparavant.

47

D'après les estimations de Victor, les deux heures fixées par Siéva auraient déjà dû être écoulées depuis longtemps, mais sa montre lui disait le contraire. Il ne cessait de la consulter, et le temps lui semblait s'être arrêté, totalement. On aurait dit que la Terre avait cessé de tourner et que toutes les lois de la dynamique étaient devenues inopérantes.

Dans le hangar, le feu continuait à ronfler, parfois accompagné par le bruit des rafales de vent et les cris des oiseaux de nuit. Soudain, des pas se firent entendre. C'était Aza, le chauve, une lampe à la main, qui balaya les silhouettes de Victor et Siéva. Il vint s'asseoir à leurs côtés. Il amenait un gros cahier et un stylo.

– Tu as relevé le nom et la date de naissance ? demanda-t-il à Siéva.

– Pas encore, répondit celui-ci en craquant une allumette pour une nouvelle cigarette. De toute manière, à quoi bon ? Ils vont me mentir ! Il n'y a que les fédéraux qui donnent toujours la bonne identité.

– Peu importe. S'ils veulent mentir, c'est leur problème. Mais il faut prendre le nom et l'inscrire ici ! Tout travail exige des archives bien tenues.

– T'auras qu'à leur demander quand ils viendront le récupérer, coupa Siéva.

Aza soupira et alluma à son tour une cigarette.

Un quart d'heure plus tard, les deux Tchétchènes reparurent. Ils commencèrent par éclairer l'intérieur du baraquement avec leur lampe avant de se retourner.

– C'est bon ? cria l'un d'eux à l'adresse des trois hommes assis sous leur arbre.

Siéva se leva.

– C'est bon ! Dis-nous juste le nom et la date de naissance de celui qu'on a mis dans le tuyau !

– Pour quoi faire ?

– Pour notre registre, expliqua Aza à la place de Siéva. La mort est une affaire sérieuse, on doit garder des traces. Si plus tard quelqu'un le cherche, il verra qu'il a été inciné ici, et ça le soulagera.

– Ça le soulagera, tu parles ! lança le Tchétchène dans un russe presque sans accent. Ilias Jadoïev, né en 1983 à Nijnié Atagui… Qu'est-ce que tu veux savoir de plus ?

– Rien, répondit tranquillement Aza.

Il ouvrit son cahier, inscrivit les renseignements, puis désigna de la tête le hangar à Siéva.

Victor et lui refirent les mêmes manœuvres que deux heures auparavant. Siéva fixait attentivement les cadrans. Ils ouvrirent la grande porte, attendirent quelques instants que la première vague d'air brûlant se dissipe. Dans le hangar, il se mit à faire aussi chaud que dans un sauna. Lorsqu'ils ouvrirent la seconde porte, ils reculèrent, mais aucune chaleur particulière ne s'exhala. Seule une odeur aigre, soufrée, se répandit, et Victor éternua encore.

– Va chercher le seau ! lui ordonna Siéva en le lui montrant, dans l'angle voisin, avec le faisceau de la lampe.

Victor plaça le seau sous le bout du tuyau intérieur et céda la place à Siéva, qui commença à s'affairer, maniant une sorte de balai à large brosse inclinée afin de récupérer les cendres. Il fit glisser cet instrument dans le tuyau et recula de quelques pas en le tirant. Quand la brosse se rapprocha du bord, il poussa avec précaution les cendres du jeune homme dans le seau.

Un bruit étrange, le choc presque imperceptible, contre le fond du seau en fer blanc, d'un corps délesté de sa matérialité, rappela à Victor le colis recommandé que Nina et lui étaient allés chercher à la poste quelques mois auparavant. C'était un paquet volumineux mais léger, et avant qu'ils comprennent ce qu'il contenait, Victor avait entendu un frôlement, un bruissement, le murmure de quelque chose d'étonnamment aérien. Par la suite, il avait été stupéfait et terrifié de constater qu'il pouvait rester si peu d'un être humain. Comment était-ce possible? Où donc passait tout le reste? Tout ce qui rend un homme concret, vivant, ses souffrances, ses principes, ses joies…

Quelque chose de métallique vint heurter le fond du seau. Siéva s'approcha, éclaira et retira l'objet.

– Première prise! exulta-t-il en se tournant vers Victor pour lui montrer un bout de métal jaune. C'est sa bague qui a fondu. Chez eux, prendre l'or des cadavres porte malheur. Mais là, pas besoin de le prendre, il coule tout seul!

Entendant des pas qui se rapprochaient, il glissa l'or dans sa poche et tourna sa lampe en direction du bruit. C'était Aza. Il prit le seau, le soupesa et le lui rendit.

– Trop léger. On doit pas les décevoir. C'est des gens bien. Rajoutes-en.

– Mais j'ai plus rien là-dedans, déplora Siéva en éclairant le tuyau pour le montrer à Aza.

– Et alors? Tu sais où en prendre!

Siéva hocha la tête, attrapa le seau et gagna un autre coin du hangar où se trouvait un gros bidon qui avait contenu de l'essence.

Victor perçut à nouveau le murmure d'une matière sans poids. L'air, un peu moins chaud et moins chargé de la récente odeur de soufre, s'emplit d'un parfum de cendres remuées.

– C'est bon! jugea Aza. On laisse un peu refroidir et on emballe.

Quelques minutes plus tard, il plaça un sac plastique sous le seau et y versa le contenu, réveillant le parfum de cendres. Victor se rapprocha de la porte d'entrée grande ouverte et prit une goulée d'air frais. Il aperçut les deux Tchétchènes, qui attendaient patiemment de récupérer leur dû.

Aza les rejoignit, le sac à la main, tandis que Siéva s'arrêtait près de Victor.

Il vit les Tchétchènes tendre plusieurs billets qu'Aza examina avec attention à la lueur de sa lampe.

L'un des Tchétchènes s'approcha en silence de Victor et Siéva, et leur glissa à chacun une coupure de cinq dollars passablement froissée. Sans un mot, il s'éloigna.

Aza vint les retrouver. Il avait l'air soucieux.

– On devait aussi avoir des fédéraux, mais je les vois pas arriver... Restez là, et appelez-moi s'ils viennent.

48

Au matin, Victor eut très mal à la tête. Il ne savait pas ce qui, du manque de sommeil ou de l'écœurante odeur de pétrole, en était la cause. Dans sa bouche, l'air de la crémation avait laissé un goût désagréable, comme s'il avait mangé des cendres. Sur la couchette voisine, Siéva ronflait, le visage enfoui dans son oreiller gris, sans taie. D'autres bruits, des geignements, des bribes de mots peut-être associés à un rêve se mêlaient au ronflement. Soudain, Siéva sursauta, se tourna vers la cloison, pour se retourner l'instant d'après face à Victor. Il remuait les lèvres, son visage était couvert de suie, de poussière mêlée de cendres.

Victor songea alors que lui non plus ne s'était pas débarbouillé avant de s'effondrer sur son matelas. Il devait être tout aussi noir. En passant un doigt sur son visage, il sentit rouler sur sa peau une poudre épaisse et sèche.

Quand s'était-il donc couché ? C'est la première question qui lui traversa l'esprit lorsqu'il regarda par la fenêtre, d'où filtraient une lumière grise et le bruit monotone d'une pluie lente, à grosses gouttes.

Le passage de trois fédéraux, tard dans la nuit, lui revint en mémoire. Ils avaient apporté un de leurs camarades mort et une bouteille d'alcool. Ils en avaient offert à Siéva et à Victor. Silencieux, accablés, ils n'avaient échangé que quelques mots avec eux. Ensemble, ils avaient porté un toast funéraire dans des quarts en fer-blanc. Le jeune soldat avait été mis dans le four et brûlé. Siéva était allé prévenir Aza, qui avait inscrit le nom, l'année de naissance et la ville d'origine du malheureux. Victor ne se souvenait que de la ville, Kinechma. Un nom qui se retient bien. Les soldats avaient payé Aza, en roubles ou en dollars, il ne savait pas. Ce qui était sûr, c'est qu'il n'était pas très content et n'avait pas demandé à Siéva de rajouter des cendres. Arrivés avec un corps, les fédéraux étaient repartis avec un sachet léger. Et les lois de la physique n'avaient pas été enfreintes. Tout ce qui brûle voit son poids se réduire considérablement. De même que son importance.

D'autres fédéraux avaient succédé à ceux-là, mais cette fois c'étaient des engagés, pas des appelés. Ils apportaient deux paquets malodorants. Ils regardèrent Victor et Siéva les placer dans le tuyau, refermer les portes et monter le gaz. Ils étaient sales, mal rasés. Ils restèrent là une demi-heure, à écouter la rumeur du feu. Ils fumèrent, le front dégoulinant de sueur. Victor aurait voulu prendre le frais dehors, mais comme ils ne bougeaient pas, il dut rester aussi. Près du tuyau, il était très difficile de respirer. Finalement, les engagés sortirent. Dans la clairière, l'un d'eux tendit plusieurs billets verts à Siéva, puis fouilla dans une poche de sa veste de camouflage, y puisa quelque chose qu'il lui donna. Il prit congé d'un signe de tête et ils repartirent. Au niveau de la conduite principale, ils bifurquèrent sur le sentier qui suivait l'oléoduc et disparurent. Siéva, se rengorgeant, illumina le creux de sa main où Victor put voir briller trois chevalières en or et une bague portant une pierre fine. Les soldats étaient partis sans les cendres, et pour cause : ils avaient simplement voulu se débarrasser une bonne fois pour toutes de cadavres tchétchènes.

Une heure et demie plus tard, Siéva versait dans l'ancien bidon d'essence les cendres qu'il venait de recueillir dans le four.

Victor avait maintenant moins mal à la tête, mais la saveur âcre dans sa gorge, elle, ne se dissipait pas. Il se leva pour aller boire un peu d'eau. Dans le couloir, il regarda autour de lui. Derrière une porte, Aza ronflait, mais à la suivante, pas un bruit. Il ouvrit. Il y avait là une vieille armoire avec un miroir et une table carrée entourée de quatre tabourets de bois rudimentaires. Des quarts et des bols émaillés s'empilaient devant la petite fenêtre.

Il s'approcha et eut la surprise de découvrir que les quarts étaient décorés de héros de dessins animés soviétiques : Winnie l'Ourson[1], le loup de la série *Attends un peu !* le Crocodile Guéna et Tchébourachka.

Victor attrapa Winnie l'Ourson, l'examina, le retourna. Le fond s'ornait d'un tampon à l'encre rouge : *Éc. matern. Inv.* Il songea à Sonia. Comment allait-elle ? Pensait-elle parfois à lui ? Et à Micha ?

Une porte claqua. Victor tressaillit. Il jeta un œil dans le couloir et croisa le regard endormi d'Aza, pieds nus, en pantalon molletonné et maillot de corps informe, autrefois blanc.

– Tu cherches à bouffer ?

Sans attendre la réponse, il désigna l'armoire du doigt.

---

1. Ignorant obstinément l'origine véritable de Winnie the Pooh, les Soviétiques avaient « leur » Vinni-Poukh (Vinni la Peluche), un petit héros animé qui reste extrêmement populaire.

– L'eau, elle est dans un seau, à gauche de l'entrée.

La porte claqua de nouveau, et Victor se retrouva seul. Il ouvrit l'armoire. Côté penderie, sur des cintres, il y avait deux manteaux militaires et un uniforme de policier ; côté étagères, à gauche, de la vaisselle et des casseroles ; tout en haut, il vit de petits sacs en toile blanche fermés par des cordelettes, quelques boîtes de conserve sans étiquette et un litre d'huile de tournesol. En tâtant les sacs, il comprit qu'ils renfermaient du gruau et des pâtes. Ils étaient en tissu épais et rêche, comme amidonné.

Il avait de plus en plus faim. Il prit une casserole et alla chercher de l'eau.

49

Deux semaines plus tard, il se mit à neiger.

Voir des flocons blancs par la fenêtre lui remonta le moral. Cela lui rappela l'hiver précédent, les balades avec Micha dans la cour, près de son immeuble. La neige lui semblait présager des changements. Pour l'instant, seul le temps évoluait, mais il voulait croire que bientôt sa vie aussi prendrait un autre cours.

À la maison et au hangar, tout lui était devenu familier. C'était presque la routine. Il s'était habitué à travailler la nuit, à sentir l'odeur des corps brûlés, omniprésente dès le réveil. Non loin, la guerre se poursuivait. Il lui arrivait d'entendre des explosions et des rafales. De temps à autre, des appareils militaires les survolaient avec fracas, des hélicoptères passaient. Les combats ne connaissaient pas de trêve. De même, lui et Siéva ignoraient les dimanches et brûlaient toutes les nuits de nouveaux corps. Parfois plus, parfois moins. La plupart de leurs clients étaient des fédéraux. Ils apportaient des cadavres enroulés dans des sacs, ou la tête entourée de linges. Deux ou trois fois, ce furent des corps de jeunes femmes.

Les Tchétchènes venaient plus rarement, et Victor avait appris pourquoi, par Aza: la crémation n'était pas dans la tradition musulmane. S'ils apportaient quelqu'un, cela signifiait qu'il n'était pas tchétchène et qu'ils voulaient envoyer ses cendres dans sa patrie pour qu'elles y soient inhumées. Et la patrie de certains morts était fort lointaine: Arabie saoudite, Yémen, Turquie...

Victor avait récolté quelques bricoles. Les Tchétchènes offraient des pourboires en dollars, en petites coupures. Les fédéraux aussi, mais ils donnaient plus fréquemment des montres ou des bagues en or. Il savait bien d'où cela provenait et remettait sans hésiter ces objets à Siéva. Parfois, au matin, lorsque Aza rentrait dormir, son registre sous le bras, Siéva allait chercher un moule en métal qu'il cachait sous un arbre et ramenait d'un autre endroit un pesant lingot d'or. Il déposait le lingot dans le moule et plaçait par-dessus ses nouveaux bijoux en or, puis fourrait l'ensemble dans le tuyau. Lorsqu'il le retirait, les bagues et chevalières avaient fondu, faisant grossir le lingot.

– Pourquoi risquer qu'un jour quelqu'un aille reconnaître une bague ou une autre babiole? L'or est une valeur en soi, il vaut plus cher que les dollars! se justifiait-il.

Victor avait envie de lui poser des tas de questions perfides, sur ses projets d'avenir, la façon dont il comptait s'extirper de Tchétchénie, mais cela assombrissait trop son humeur, car il n'avait pas le début d'une réponse pour lui-même.

Le temps passait. Il ne savait rien de plus sur son pingouin. Ni sur Khatchaïev. Il avait tenté d'interroger Aza, mais celui-ci fuyait toute discussion et le considérait alors avec une irritation méfiante.

– Qu'est-ce que tu en as à faire de Khatchaïev? lui avait-il répliqué un jour.

Victor n'avait rien répondu. Il n'avait pas envie de parler de Micha. À ces moments-là, il se répétait qu'il devait se contenter d'attendre, attendre patiemment, le temps qu'il faudrait. Puisque le crématorium appartenait à Khatchaïev, celui-ci viendrait forcément un jour inspecter le site !

Alors, Victor attendait. Il travaillait, mangeait et buvait dans de la vaisselle émaillée d'école maternelle. Cela le réjouissait, lui rappelant plus sa nuit avec Svetik que sa propre enfance.

50

Les jeudis, Siéva rayonnait. En fait, il était toujours content, mais le jeudi, à la veille du vendredi « qui rapportait », il s'animait encore plus. La nuit du jeudi au vendredi était toujours chargée en cadavres, car, suivant un usage instauré par Aza bien avant leur arrivée, c'était tarif réduit pour tous. Victor et Siéva ignoraient le montant de la remise, car les clients traitaient directement avec Aza, mais en tout cas il y avait plus de travail, donc plus de pourboires.

Ce jeudi-là, Victor s'éveilla plus tôt qu'à l'accoutumée, vers midi. Ils s'étaient aussi couchés plus tôt que d'habitude : ils avaient fini de brûler leur dernier corps, pour le compte des fédéraux, vers les cinq heures du matin. Celui-là leur avait valu une récompense peu ordinaire – une bouteille de vodka et des journaux russes récents. Victor, qui n'en pouvait plus, s'était écroulé sur son lit et endormi aussitôt, en s'imaginant, à son réveil, éplucher les journaux de la première à la dernière ligne. Il y trouverait peut-être même des nouvelles de Kiev. Mais son rêve devait éclater comme une bulle de savon, ou plutôt partir en fumée.

Après les premières chutes de neige, il s'était mis à faire beaucoup plus froid dans la baraque. Désormais, Siéva et lui étaient contraints de se lever à tour de rôle pour alimenter le brasero. Et ce jour-là, en sortant de la chambre, il vit Aza fourrer dans le poêle du couloir le dernier journal des fédéraux. Sur la plaque, une casserole d'eau bouillait. Aza poussa le journal avec quelques bûchettes et referma la petite porte, puis il leva la tête et aperçut Victor. Il le salua et attrapa un sac de sel posé près de lui sur le plancher. Il l'ouvrit et versa le kilo de sel dans la casserole.

Éberlué, Victor s'approcha. Son cerveau venait à peine de se mettre en route, et il ne comprenait rien à ce qui se passait.

Aza se releva, gagna sa chambre, d'où il ramena plusieurs sachets en tissu, une fourchette et un autre kilo de sel qui alla rejoindre le premier dans l'eau bouillante. Il y jeta ensuite les sachets, et appuya avec la fourchette pour bien les immerger.

– Tu nous prépares la soupe ? plaisanta Victor.

– Non, le détrompa Aza avec le plus grand sérieux. L'hiver arrive, il fait déjà froid. Les souris vont bientôt être là, et les souris tchétchènes sont cent fois pires que les russes. Elles voudront s'attaquer à nos victuailles... mais elles ont horreur du sel.

Il remua le mélange un petit moment. Enfin, il leva les yeux et désigna de la tête la chambre où dormait encore Siéva.

– Prends pas exemple sur lui. Il aime trop l'argent. Il pense que je ne sais rien... Enfin, bon, passons...

Il se tut sans avoir précisé ce qu'il savait.

Victor sortit. Le ciel était d'un bleu intense, le sol couvert de neige. L'air frais sentait le pin, comme si quelqu'un avait aspergé les environs de désodorisant.

La perte des journaux ne chagrina pas Siéva. Il arriva, sourire aux lèvres. Ce sourire, Victor avait déjà pu s'en rendre compte, ne disparaîtrait qu'à la fin de la nuit, lorsqu'il serait exténué.

– Cent grammes[1], ça te dirait? proposa-t-il, radieux.

Victor fit non de la tête. Il n'avait aucune envie de boire. Au contraire, il voulait faire durer la sensation de bien-être qu'il éprouvait, s'imprégner de la pureté de l'air aussi longtemps que possible.

– Tant pis, concéda Siéva sans trop de regrets. Un esprit sain dans un corps sain! On boira plus tard! D'ailleurs dans trois jours c'est mon anniversaire!

– Ça va te faire combien?

– Dix-neuf.

– T'es jeune, dis donc, remarqua Victor d'un ton soudain condescendant.

– Et alors? répliqua Siéva avec un sourire qui vira à l'aigre un bref instant. C'est quand même moi qui t'enseigne à toi, le vieux, à travailler et à vivre ici! Et moi, j'ai gagné des sommes que tu peux même pas imaginer dans tes rêves les plus fous!

Victor préféra ne rien ajouter. Effectivement, pensa-t-il, à la guerre l'âge n'a aucune importance, même si Aza s'obstine à noter l'année de naissance des cadavres incinérés...

Vers dix-huit heures, le soleil disparut derrière les montagnes. Aussitôt, comme appelés par un coup de sifflet, Siéva et Victor partirent au travail. Il fallait faire passer le feu dans les tuyaux, chauffer le four, se préparer à accueillir les clients. Aza viendrait plus tard, avec son registre. Mais avant, il y aurait d'autres visiteurs. Des gens qui, comme Siéva, avaient sans doute attendu avec impatience que la nuit tombe.

Au bout d'une demi-heure, le feu grondait déjà. Les bougies éclairaient faiblement l'intérieur du hangar. Une dernière fois, Siéva vérifia tous les manomètres, tourna l'ultime vanne, avant de sortir fumer une cigarette. Victor resta près du tuyau vibrant. Une douce chaleur commençait tout juste à

1. Un verre de vodka.

en émaner, pénétrant agréablement sa grosse veste du ministère des Situations d'urgence, lui tiédissant les mains, le visage. Dans une dizaine de minutes, il ferait trop chaud. Il faudrait s'éloigner de plusieurs mètres pour profiter d'une atmosphère moins lourde.

Dehors, il neigeait à petits flocons. Siéva tira encore quelques bouffées et regarda la neige qui tombait à ses pieds, tendant l'oreille. Les premiers clients n'allaient pas tarder. Il se demanda si, cette fois, ce seraient des Tchétchènes ou des fédéraux. Il paria mentalement sur des fédéraux.

Et fit erreur.

Cinq minutes ne s'étaient pas écoulées que trois silhouettes se détachèrent de la conduite principale du pipe-line. Deux d'entre elles portaient un corps, enveloppé dans une couverture ou un manteau. La troisième suivait, tête baissée.

– Des Tchétchènes ! murmura Siéva, qui les avait identifiés malgré l'obscurité.

Un instant, il s'attrista d'avoir perdu son pari. Mais parier avec soi-même ne comportait pas grand risque.

Les deux hommes qui portaient le corps s'arrêtèrent près de lui à l'entrée du baraquement et posèrent leur fardeau avec précaution.

– Aza est là ? Il est où ? demanda l'un des Tchétchènes.

Siéva lui ayant expliqué qu'il n'était pas là, l'homme l'envoya le chercher. Ils soulevèrent à nouveau le corps et entrèrent, salués par un courant d'air surchauffé. Leur compagnon, épuisé, s'était assis à même la neige, sous un arbre.

Les deux porteurs, grands et forts, la barbe courte, raide et touffue, se plantèrent devant Victor.

– Ouvre ton four ! ordonna l'un.

Victor regarda, circonspect, le corps entouré d'un manteau. Quelque chose lui disait de ne pas se précipiter. Il n'avait jamais vu ces Tchétchènes auparavant, et ils affichaient une audace inhabituelle. En général, les clients tchétchènes, alors même qu'ils payaient, avaient toujours l'air de solliciter humblement une faveur, tandis que ceux-ci semblaient en terrain conquis.

– Il faut attendre Aza, expliqua Victor.

– T'es nouveau, toi ? interrogea le second Tchétchène en faisant un pas en avant.

Il pencha la tête et le regarda dans les yeux, ce qui mit Victor mal à l'aise.

– Allez, ouvre ! On n'a pas le temps !

Victor soupira. Il ouvrit les deux portes, les Tchétchènes déballèrent le corps. C'était un gars d'une vingtaine d'années, un Russe. Chemise à carreaux en flanelle, jean, petite boucle d'oreille en or en forme d'étoile. Certainement pas un soldat. Il avait le visage très pâle et maigre, même pour un mort.

– Qu'est-ce que t'as à le regarder comme ça ? C'est un ami à toi ? demanda l'un des Tchétchènes en se courbant sur le cadavre.

Ils l'attrapèrent par les bras et les jambes et l'enfournèrent prestement, les pieds devant.

– Allez, démarre l'engin !

Reprenant ses esprits, Victor ferma la porte intérieure, puis l'autre, tourna la dernière vanne, augmentant l'arrivée de gaz. Le four se mit à vrombir.

– Ce qui va en rester, tu le donneras au vieux qui est là-bas dehors, expliqua l'un des Tchétchènes en montrant du doigt la porte ouverte. Et fais ça bien, avec respect.

Ils tournèrent les talons.

– Hep ! Il me faut son nom et sa date de naissance !

– Le vieux te dira tout ça !

Aza et Siéva ne tardèrent pas à arriver. Comme toujours, Aza apportait le registre. Manifestement contrarié, il marmonnait en azerbaïdjanais.

– Y a un vieux dehors qui te dira le nom du gars, indiqua Victor.

– C'est déjà fait, répondit Siéva à la place d'Aza.

Celui-ci resta un instant à piétiner près du four, dans l'air chaud et corrosif; son visage rond grimaça.

– Je reviens dans une heure! lança-t-il.

Quand il fut parti, Victor demanda à Siéva ce qu'il avait.

– Ils ont pas payé pour ce client. Enfin, lui, il a pas été payé, mais peut-être que nous on pourra récupérer quelque chose, ajouta-t-il.

Il tira un paquet de cigarettes de sa poche et sortit. Victor, qui avait envie de fraîcheur, le suivit.

Il neigeait encore, et il eut l'impression d'être à la veille de Noël. Il ne parvenait pas à croire qu'on n'était que fin octobre. À Kiev, c'était la saison des pluies, de l'humidité, tandis qu'ici commençait une période de splendeur, dans le décor sinistre d'une cheminée fumante de crématorium privé.

Il soupira. Il avait levé le visage vers le ciel, fermant les yeux. Il sentait les flocons fondre sur sa peau brûlante, et pensait à Sonia, qui devait attendre l'hiver et les premières chutes de neige. Il pensa même à Nina, se demandant ce qu'elle pouvait bien attendre, pour sa part. Certainement pas lui, Victor. Sans doute une vie stable, avec un homme à ses côtés, un toit au-dessus de la tête et un peu d'argent. Ah, et aussi une datcha avec un bout de terrain pour pouvoir cultiver un potager!

Il haussa les épaules. La vision de Nina ne le lâchait plus. Il aurait voulu la comprendre. Peut-être était-ce plus facile à distance? Pourtant, elle demeurait une étrangère, arrivée par hasard.

Les flocons tombaient, fondaient sur son visage, devenaient gouttes d'eau et coulaient.

– Vitia! C'est toi? s'exclama non loin une voix familière.

Il tourna la tête et se figea en découvrant Matveï Vassiliévitch, son compagnon de voyage. Le vieil homme avait très mauvaise mine, une barbe grise couvrait ses joues flasques et ses yeux terriblement cernés luisaient d'une tristesse et d'une lassitude incommensurables.

– Matveï Vassilitch ! souffla Victor. Qu'est-ce que vous...

Avant même de finir sa phrase, Victor comprit ce qui l'avait amené là. Le vieil homme à qui les Tchétchènes lui avaient demandé de témoigner du respect, c'était lui. Le père du client pour lequel ils n'avaient pas payé...

Il se tut, pétrifié, incapable d'articuler une parole.

– Et voilà... prononça Matveï Vassiliévitch après un long silence. J'étais venu chercher un vivant...

Victor vit surgir Siéva dans le dos du vieillard.

– Vous vous connaissez ? s'enquit celui-ci à mi-voix.

Victor fit signe que oui, et Siéva s'éloigna. Ils ne virent plus que le point incandescent de sa cigarette à côté d'un arbre, à une dizaine de mètres d'eux.

– Ils avaient donné une arme automatique à un mouflet de six ans pour qu'il nous fasse peur, expliqua doucement le vieillard. Et le mouflet, il a appuyé sur la détente... C'est quand même pas ça, la guerre ?

Il avait posé cette question d'une voix si blanche et incrédule que Victor sentit un frisson lui parcourir l'échine.

« C'est quand même pas ça, la guerre ? » Lui aussi se le demanda intérieurement et ne put que hausser les épaules. Il ne faisait pas la guerre, il n'était qu'un apprenti chauffeur. C'était le destin qui l'avait parachuté là, et même pas son destin à lui, mais celui de Micha.

– Et toi, tu as retrouvé ton ami ? demanda soudain Matveï Vassiliévitch, comme s'il lisait dans ses pensées.

Victor secoua la tête.

– Non, mais ça va venir !

Son interlocuteur approuva vivement.

– Tu es un brave gars, murmura-t-il. Si mon Vassia avait eu des amis comme toi, il serait encore vivant.

Une heure et demie plus tard, ils étaient tous les trois près du four ouvert. Siéva maniait le balai-brosse. Quelque chose de métallique tinta soudain contre le seau, et Victor se rappela la boucle d'oreille en forme d'étoile. Il fixa aussitôt le visage de Siéva, qui ne manqua pas de s'illuminer. Une étincelle de joie, ou plutôt de frénésie, brilla dans ses yeux, mais, sentant le regard de Victor, il reprit aussitôt unc expression affairée et neutre. Victor n'avait pas prêté attention aux doigts du garçon. Peut-être avait-il aussi une chevalière.

– Allez prendre l'air, je vous rejoins avec les cendres, leur suggéra Siéva.

Cinq minutes plus tard, il sortait à son tour. Il tendit au vieil homme un sac plastique orné du logo d'Aéroflot et de l'inscription *Duty free*, qui semblait pesant.

Victor en fut surpris. D'ordinaire, ils mettaient les cendres dans des sacs noirs sans poignées qu'ils fermaient en les nouant. Cette fois, visiblement, Siéva avait eu pitié et déniché un sac grand luxe dans ses réserves personnelles.

Matveï Vassiliévitch prit le sac de sa main gauche. De la droite, il fouilla dans la poche de son pantalon, d'où il extirpa deux billets fripés d'un dollar qu'il tendit à Siéva. Celui-ci en prit un et regarda Victor, qui n'avait aucune envie d'accepter cet argent. Finalement, les deux billets revinrent à Siéva.

– Vous allez où, maintenant? s'inquiéta Victor.

Le vieillard, immobile, regardait fixement devant lui. Il ne voyait ni n'entendait plus rien. Des larmes roulaient sur ses joues. Il souleva imperceptiblement le sac qui contenait les restes de son fils, comme pour en évaluer le poids.

Victor réitéra sa question.

Matveï Vassiliévitch tressaillit, leva les yeux vers lui et poussa un profond soupir.

– Je ne vais pas loin. Une heure et demie de marche, en suivant le tuyau, vers là-bas... Dis-moi, tu ne saurais pas comment il faut faire pour l'enterrer? demanda-t-il en désignant le sac du regard. Dans une tombe normale, on peut? Chez nous, on ne connaît que les cercueils, on n'a pas de crématorium...

Victor se raidit. Évoquer les columbariums n'avait pas de sens, et d'ailleurs lui-même n'avait toujours pas trouvé quoi faire de l'urne de Sergueï. Ou plus exactement il avait décidé de ne rien en faire. Il était content de l'avoir en permanence près de lui, dans la cuisine, bien au chaud, et de pouvoir discuter avec à tout moment.

– Oui, une tombe normale, ce sera très bien... se força-t-il à dire, puis il se détourna.

Matveï Vassiliévitch acquiesça. Ils s'étreignirent et se dirent adieu. Siéva, discret, s'était écarté.

– Ne reste pas trop longtemps dans le coin! conseilla le vieil homme à Victor. Trouve vite ton ami et pars! Il n'y aura pas de paix, ici!

51

Ils célébrèrent l'anniversaire de Siéva à trois. Ils s'attablèrent dès midi afin d'avoir le temps de bien faire la fête et de s'en remettre avant la nuit. La table s'ornait de la bouteille de vodka offerte par les fédéraux, de trois quarts émaillés avec des Winnie et des Guéna, de trois bols de pommes de terre bouillies, de plusieurs bâtons de viande séchée et d'un bocal d'un demi-litre de concentré de prune. La viande et la sauce, c'était la royale participation d'Aza.

Siéva versa lui-même la vodka dans les quarts, en petite quantité. Il leva le sien et s'immobilisa dans l'attente d'un toast.

– Allez, à ta santé ! lança finalement Victor.

Ils trinquèrent, et le tintement métallique sourd qui en résulta le choqua. Le bruit de métal était incongru au milieu d'une fête, aussi sinistre que celui des gouttes d'or figées heurtant le fond du seau.

– Bois, vas-y, bois, l'encouragea Siéva en le détournant de ses pensées. C'est de la bonne vodka ! De la vraie ! Presque de la Smirnoff !

Il exultait. Victor avala d'un trait et tendit la main vers la viande. Il plongea un bâton dans le bocal de sauce et commença à mâchonner.

Aza but aussi et mangea une pomme de terre. Puis il prit la bouteille et servit tout le monde, mais à peine, comme l'avait fait Siéva. Celui-ci protesta :

– C'est celui qui a versé le premier qui doit continuer !

– Pff, c'est bien une superstition de Russe, ça, ironisa Aza. Les chats noirs, les seaux vides… Tu es un grand garçon maintenant, regarde, tu as dix-neuf ans !

Siéva haussa les épaules.

– Le coup suivant, c'est moi qui sers, sinon ça va me porter malheur. C'est pas des blagues, j'ai vérifié, quand on respecte pas la règle, après, le matin, on a mal à la tête !

Aza fit un geste conciliant et leva son quart.

– À ta future intelligence !

Siéva éclata de rire.

– Tu veux dire : « À mes futures études ! »

– Ma foi, si tu ajoutes un peu d'instruction à ton sens de la combine, sûr que tu finiras chef !

Siéva n'avait pas l'intention de polémiquer, et d'ailleurs peut-être même Aza n'avait-il pas cherché à le vexer. Tel était simplement le ton du repas, et Victor, qui avait d'abord craint que la fête dégénère en querelle d'ivrognes, avait fini par se rassurer et s'était mis lui aussi à taquiner leur jeune compagnon.

Il n'y eut bientôt plus de vodka, ni d'accompagnement. Ils étaient encore d'humeur à faire la fête, mais le service ne suivait plus. Siéva considéra Aza d'un air pensif. Ses yeux exprimaient une requête silencieuse que l'Azéri ne tarda pas à comprendre. Il se leva, gagna sa chambre et en revint avec une bouteille de cognac arménien.

– Voilà, régalez-vous. Mais sans moi. Je vais prendre l'air !

Siéva ouvrit le cognac d'un geste expert et remplit généreusement les quarts.

– On va pas mégoter ! dit-il en souriant. Tu vois, le meilleur toast, je le gardais pour le cognac.

Il leva son quart.

– À l'avenir !

Ils trinquèrent une nouvelle fois, et là encore, le tintement du métal assombrit un instant les traits joyeux de Victor.

Siéva engloutit son cognac cul sec, parcourut des yeux les plats vides, et s'arrêta sur le bocal de concentré. Il s'en empara et avala un peu du liquide épais, fort et amer. Il s'essuya les lèvres du dos de la main et reposa le bocal.

– Qu'est-ce que tu vas faire après ? demanda-t-il soudain à Victor.

– C'est-à-dire ?

– Comment, c'est-à-dire ? Après, dans l'avenir !

Victor réfléchit quelques instants. Il ne lui avait jamais parlé de ses projets ni de ses espoirs et n'avait toujours pas envie de le faire. D'ailleurs, Siéva ne semblait pas intéressé par la réponse, il avait surtout envie de lui faire part de ses propres plans, qu'il avait lui aussi tenus secrets jusqu'à cet anniversaire.

– Moi, dans pas longtemps, je me tire d'ici ! murmura-t-il en jetant un regard de défi aux portes entrouvertes du couloir. Tu sais, j'ai déjà fait passer de l'argent à mes vieux depuis ici, et tu vas pas me croire, ils l'ont reçu ! Je les ai appelés...

– Tu as pu téléphoner ?

– Oui, il y a un appareil satellite pas loin, mais tu risques pas d'y accéder. Moi, je vais bientôt rentrer en douce à la maison, j'ai tout organisé. Mais pas un mot à Aza, sinon il me trahirait. Les Azéris, ils nous aiment pas !

– Mais qui va t'aider à passer ? Des Tchétchènes ?

– Non, les Tchétchènes, ils s'occupent du fric, c'est eux qui ont transmis mes dollars à mes vieux, c'est notre Western Union locale. Ils prennent vingt pour cent de commission. Non, c'est des fédéraux qui ont promis de m'aider.

Victor ne put s'empêcher d'afficher un air dubitatif, ce qui fit taire Siéva. Celui-ci le fixa avec insistance, mais ne tarda pas à reprendre son discours, en versant le fond de la bouteille de cognac dans leurs quarts.

– J'en ai rien à foutre que tu me croies ou non ! Moi, je rentrerai de la guerre avec des dollars et de l'or, et toi, t'auras gagné quoi ?

– Tout cet or, qu'est-ce que tu comptes en faire ?

– Je vais diviser mon lingot en trois, expliqua naïvement le héros de la fête. Avec le premier morceau, j'achèterai un deux-pièces, chez nous ça coûte pas cher, c'est pas comme à Moscou ! Le deuxième, il me servira à acheter ma femme à ses parents, et avec le troisième j'ouvrirai une boulangerie, et je fabriquerai du pain jusqu'à la retraite ! C'est un bon business, ça rapporte. Pour la chaleur du four, j'ai déjà l'habitude. Même que sans ça, j'aurais froid.

Victor marqua sa surprise. Des projets aussi raisonnables, il ne s'y attendait pas.

– Pourquoi faut-il que tu achètes ta future femme à ses parents ? Ce sont des Ouzbeks, des Kirghizes ?

– Non, des Tsiganes, répondit Siéva avec une grimace. En général, ils refusent que leurs filles épousent des Russes, mais contre de l'or, ils accepteront. Elle est superbe, elle s'appelle Maïa...

Victor acquiesça. Il s'imagina Siéva en veste blanche et bonnet de mitron, en train de sortir du four une pelletée de pain encore brûlant. Il voyait bien la scène. Il eut aussitôt une terrible envie de pain, de bon pain blanc frais. Ce fut si fort que cela lui tordit l'estomac.

– Allez, maintenant on va boire à toi ! proposa Siéva en levant son quart.

Victor approuva. Était-ce l'effet de l'alcool ou de cette première discussion à cœur ouvert ? Toujours est-il que son jeune compagnon lui était soudain devenu beaucoup plus sympathique.

– Fais descendre avec de la prune ! suggéra aimablement Siéva en poussant le bocal vers lui.

– Dis, tu connais Khatchaïev, toi ? demanda Victor en reposant le bocal et en s'essuyant la bouche.

– Oui. Je l'ai vu deux fois. En fait c'est de chez lui que j'ai appelé, un jour où on m'y a amené pour que je répare sa télé. La seconde fois, c'est lui qui est venu ici, quand un de ses amis de Moscou a été tué.

– Qu'est-ce que tu penses de lui ?

– C'est un type qui a la classe ! Il est pas comme les autres ! Il peut boire un coup avec toi, plaisanter ! C'est un Moscovite ! Même que sa femme est russe, mais elle est restée à Moscou.

Victor hocha la tête. Il commença à interroger Siéva sur la maison de Khatchaïev.

– Qu'est-ce que tu veux que je te dise, c'est une forteresse, expliqua-t-il en haussant les épaules. Il y a un monde fou là-dedans, de la famille, des gardes du corps. J'ai juste vu la télé, et puis, en haut, une pièce avec un balcon où il y avait le téléphone satellite. Après, on m'a vite ramené ici.

Comprenant que Siéva n'avait pas pu voir le pingouin, Victor n'insista pas. D'ailleurs, s'il l'avait vu, c'est la première chose qu'il aurait dite, sans même qu'on lui pose de questions.

– Je vais dormir une petite heure, déclara Siéva en bâillant. Réveille-moi dès qu'il fera nuit !

Victor le lui promit.

Siéva ôta ses bottes, qui tombèrent avec bruit sur le plancher. Sans se déshabiller, il s'affala sur son lit, ferma les yeux et s'endormit.

52

Le mélange vodka-cognac n'était pas une réussite. Ils avaient sommeil et mal à la tête. En outre, on vint les déranger avant même la tombée de la nuit : un Tchétchène de petite taille, en veste marron ouatée, cherchait Aza. Victor le pria de patienter, lui disant qu'il ne devrait pas tarder à rentrer.

En boitillant, le Tchétchène alla s'asseoir non loin, sur un tronc d'arbre. Victor regagna sa chambre et tenta de s'assoupir au rythme des ronflements de son compagnon, mais des voix retentirent au-dehors. Il reconnut celle d'Aza, qui discutait avec le Tchétchène, en russe.

– Dis-lui que je peux échanger Zara contre trois soldats, et même quatre, expliquait le Tchétchène.

– Qu'est-ce que tu veux qu'il en fasse, de tes soldats ? Son business, c'est pas ça. Lui, il fait des trucs propres. Trouve de l'argent, tes soldats c'est sûr qu'il les voudra pas.

– Écoute-moi, je t'en prie, il faut me comprendre ! C'est mon frère ! Il a fait une bêtise, il est tout jeune encore !

– Ça suffit, fiche le camp ! Je ne veux plus en parler ! se fâcha Aza.

– Tu es un étranger, un homme mauvais, laissa tomber le Tchétchène avec dépit. Si tu te fais tuer, personne te regrettera !

Victor se souleva sur son lit et regarda par la fenêtre. Le

Tchétchène partait, toujours boitillant, par le chemin du hangar. Aza le suivit des yeux un moment, puis entra dans la baraque.

Plus tard, lorsque Siéva et Victor eurent chauffé le tuyau et que l'air fut devenu brûlant, leur mal de crâne s'amplifia.

– J'ai envie de vomir, se plaignit Siéva en regardant les manomètres. Tu parles d'un anniversaire... quelle merde! Ça doit être le concentré de prune... J'espère qu'on se sera pas détraqué l'estomac!

Ils sortirent au grand air. Il semblait faire meilleur que la veille, comme si le vent du sud s'était levé à l'approche du soir. À son grand étonnement, Victor découvrit qu'il n'y avait plus de neige dans la clairière.

Siéva consulta sa montre, secoua la tête. Puis il alluma sa lampe et regarda de nouveau le cadran.

– Six heures et demie et toujours pas de clients!

Il leur fallut attendre encore une demi-heure, mais ce ne fut pas pour rien, puisqu'ils virent arriver quatre soldats d'un seul coup. C'étaient des engagés. Comme ils étaient plutôt éméchés, Siéva s'empressa de les informer que c'était son anniversaire, ce qui lui rapporta une avalanche de présents: un paquet de cigarettes, une nouvelle montre et une paire de boucles d'oreilles qui lui fit particulièrement plaisir.

– Je les offrirai à ma petite Tsigane en cadeau de mariage! s'exclama-t-il en les rangeant dans une poche de son pantalon.

Il considéra ensuite le sac qu'avaient apporté les soldats. Victor aussi le regarda, surpris. Le corps qu'il contenait était celui d'un adolescent ou d'une personne de très petite taille. Il pensa aussitôt au Tchétchène boiteux, mais, dans son souvenir, il lui parut quand même plus grand que le cadavre.

L'un des engagés sortit une bouteille de vodka de sa veste. Il l'ouvrit et la goûta, avant de parcourir l'assistance d'un regard satisfait.

– Elle est bien ! apprécia-t-il en s'arrêtant sur Siéva. Allez, commence ! proposa-t-il en lui tendant la bouteille.

Siéva attrapa le goulot et but de bon cœur. Il quémanda des yeux quelque chose à grignoter et obtint aussitôt un croûton de pain noir. Il mordit dedans et rendit le reste à son propriétaire.

– Écoute, l'amadoua le chef du petit détachement en prenant un ton protecteur. Mes gars savent comment ça marche, ils vont s'occuper du corps eux-mêmes.

– Non, attendez, je dois informer Aza ! protesta Siéva.

– Laisse-le où il est, ton bicot ! Tiens, bois encore un coup !

Victor crut voir le cadavre remuer. Il concentra son attention sur le sac, mais celui-ci demeura immobile. Soudain, la bouteille de vodka surgit devant son nez, et, arrachant son regard du sol, il découvrit le visage rond et mal rasé de l'engagé, fendu d'un sourire marqué par une dent cassée.

– Allez, une rasade pour ton copain ! l'encouragea le soldat.

Un autre des engagés sortit une seconde bouteille.

– Pas encore ! aboya le chef. D'abord on fait le boulot, et ensuite on boit ! Emmenez-moi ça là-bas, et que ça saute, ordonna-t-il en désignant le sac des yeux. Mettez-le dans le four avant que le bicot rapplique !

Les trois autres, ivres, se contentèrent de le fixer d'un air hagard.

Alors, le chef pointa le doigt sur deux d'entre eux.

– Toi, et toi, allez ! rugit-il en montrant la porte du baraquement.

Ils soulevèrent le sac sans effort et l'emportèrent à l'intérieur. Siéva allait se précipiter à leur suite, mais l'homme se mit à lui hurler dessus et lui tendit à nouveau la bouteille, maintenant presque vide.

Il la prit de mauvaise grâce et la termina, sans quitter le

hangar des yeux. Il voulut rejoindre les autres mais s'attira une semonce :

– Bouge pas ! Tu veux quoi, à la fin ? Mes gars vont revenir, on va reboire un coup ! Putain, je fais ça pour toi ! Ce cadavre, vaut mieux que tu le voies pas !

– Et le paiement ?

– De quoi tu parles ? On paie quand on part avec les cendres. Et nous, ces cendres, on les veut pas ! On te les laisse. T'as qu'à les revendre, si tu trouves un acheteur ! conclut le militaire en éclatant de rire.

Victor, qui avait tout entendu, sentit monter un furieux doute. Il se secoua, regarda la porte que les engagés avaient fermée derrière eux.

« Un être vivant, dans ce sac ? » se demanda-t-il, et il courut vers le baraquement, poursuivi par les jurons du soldat.

Il se rua à l'intérieur, longea à toute vitesse l'installation jusqu'au four et entendit plus qu'il ne vit les soldats claquer la première porte. Il se jeta sur la poignée brûlante pour rouvrir, mais aperçut, sur le côté, l'esquisse d'un mouvement. Il y eut un éclair mat, et la bouteille de vodka pleine vint se briser sur sa tempe. En sombrant dans les ténèbres, il entendit tinter le verre et sentit la vodka couler sur son visage, mais il n'eut pas le temps de se rendre compte qu'elle était rouge, mêlée de son sang. Il perçut juste un dernier mot, prononcé par celui qui l'avait frappé : « Crétin ! »

53

Ce fut une violente douleur au pied qui lui fit reprendre conscience. Il ouvrit les yeux et voulut effleurer sa tempe droite, enserrée par un bandage, mais il avait les mains liées dans le dos, si étroitement qu'il pouvait à peine bouger les doigts. Il changea de position, tourna la tête, et comprit qu'il se trouvait au fond d'une fosse d'environ trois mètres de profondeur. Il ignorait s'il y avait été jeté déjà ligoté ou descendu avec plus de précautions, mais en tout cas, il s'était tordu la cheville. Repliant ses genoux, il dégagea ses pieds de leur position inconfortable. Il leva les yeux vers le ciel, qu'il apercevait là-haut, bien au-delà des murs de glaise jaune de sa prison.

Serrant les dents, il se traîna jusqu'à la paroi, à laquelle il s'adossa. Il se rendit compte que le sol était tapissé de vieux vêtements, lambeaux d'un uniforme de l'armée russe. Il distingua même sur le tissu une tache de sang coagulé avec, au centre, un trou. Il se souvint des instants qui avaient précédé le coup de bouteille. Le dernier mot qui lui avait été adressé resurgit à sa mémoire : « Crétin ! »

Tout son corps frissonna, révulsé par l'idée que ces engagés aient pu brûler un être encore vivant.

Il leva de nouveau les yeux. Il se trouvait à trois mètres au-dessous du niveau de la vie, celui de la surface, là où se déroule toute existence humaine. Parfois, certaines personnes se détachent du sol pour planer quelques heures. Et un jour, elles descendent définitivement, à la profondeur standard des cercueils. À cet instant, Victor se trouvait plus bas que les défunts classiques, mais était malgré tout plus proche d'eux que des vivants.

La conscience de cet état, conjuguée au froid intérieur qui l'avait saisi et à celui qui émanait des parois rugueuses de la fosse, lui fit entamer mentalement ses adieux à la vie. Il ferma un instant les yeux et revit Sonia, Micha le pingouin et Micha, pas le pingouin, l'autre, dont le visage lui apparut soudain avec une netteté qui le sidéra. Tous ceux pour qui il avait une pensée émue surgirent : Svetik, Marina Tsoï, Sergueï Fischbehn-Stepanenko, et tout à la fin Sergueï Pavlovitch, avec dans l'expression quelque chose de son premier maître d'école, Ilia Moïseïevitch, qui lui avait fait découvrir l'histoire de l'Antiquité. Elle se composait de guerres et de meurtres, se plaisait-il à répéter. Sergueï Pavlovitch, le presque député du parlement ukrainien, considérait Victor du regard sage d'Ilia Moïseïevitch, en hochant imperceptiblement la tête.

Quelque chose de froid et piquant glissa sur ses joues. Il sursauta et ouvrit les yeux. Des flocons de neige. Il eut soudain encore plus froid. Seule sa tempe droite rayonnait d'une faible chaleur, qui suintait : sa blessure saignait encore.

Il referma les yeux. Il enviait Siéva, au chaud dans le hangar. Il aurait voulu y retourner, se rapprocher du tuyau brûlant, sentir la détestable odeur de soufre. Il se rappela les projets de son compagnon, la boulangerie, la chaleur du four. Du fond de son trou, il comprenait encore mieux ces rêves d'avenir. Tout ce à quoi aspirait Siéva se résumait à un mot bref et riche de sens : la vie. D'ailleurs, tous les mots essentiels ne comptent qu'une syllabe : vie, eau, pain. Ensuite viennent les choses moins cruciales, à deux syllabes : amour, chaleur, argent, bonheur. Plus on va vers le futile, plus les mots s'allongent. Victor eut un sourire goguenard à l'intention des termes compliqués qui lui traversaient l'esprit dans le désordre : humanisme, démocratie, constitutionnalité…

Soudain, un nouveau mot court, mais de deux syllabes quand même, résonna, lancé par une voix rauque, excédée, et vint le gifler au front : « crétin ». Cela chassa les mots trop longs, trop éloignés de la réalité, redevenant la parole ultime, qui sombra doucement dans le néant en même temps que sombrait la conscience de Victor, vaincue par son épuisement physique.

54

Au matin, c'est un Victor à moitié gelé que deux jeunes Tchétchènes vinrent tirer de son trou, pour le conduire dans la cour d'une maison. Ils l'abandonnèrent sur le sol glacial et disparurent. Il tremblait. Il voulut regarder les alentours pour comprendre où il était, mais son cou restait raide. En face de lui, il y avait une jeep, une GAZ kaki avec, suspendues par leurs courroies au rétroviseur, deux kalachnikov. Quelque part dans son dos, des hommes devisaient en tchétchène. Soudain, on entendit un grésillement et la conversation se tut. L'un des interlocuteurs se mit à parler dans un talkie-walkie. Cela ne dura pas. Il y eut ensuite un silence d'environ cinq minutes.

Peu après, les jeunes Tchétchènes revinrent saisir Victor sous les bras pour l'entraîner dans la maison. Ils l'assirent sur un banc en bois, dans une pièce sans prétention, et s'installèrent sur un autre banc, près de la fenêtre. Victor n'avait plus besoin de tourner la tête, il pouvait les observer à loisir. C'étaient des adolescents d'environ seize ans. Ils étaient calmes. Ils attendaient. L'un fixait le parquet, l'autre faisait tourner un pistolet TT dans sa main.

La porte s'ouvrit sur un Tchétchène d'une quarantaine d'années, les joues couvertes d'une épaisse barbe de trois jours. Il regarda attentivement Victor, avant de dire quelque chose aux adolescents. L'un d'eux sortit et revint avec une bouteille, s'approcha de Victor et porta le goulot à sa bouche. Il souleva la bouteille; une eau de vie maison vint râper les lèvres de Victor.

– Bois, vas-y, lui conseilla le Tchétchène, en russe, sans aucun accent. Tu es complètement gelé, pas vrai?

Victor avala une gorgée d'alcool. Il recouvrait ses esprits, mais son corps restait ankylosé, épuisé, et sa blessure, sous le bandage, se mit à le démanger, comme réveillée elle aussi par la lampée de tord-boyaux. L'irritation s'intensifia, se transformant en une douleur vive, intolérable, et Victor grimaça.

– Qu'est-ce qui t'arrive ? s'étonna le Tchétchène en prenant un tabouret dans l'angle opposé pour s'installer à un mètre de lui. Elle est pas bonne, cette vodka ?

Victor secoua la tête ; il n'avait rien à reprocher à l'alcool, il avait juste une folle envie de toucher sa blessure, mais ses mains étaient toujours attachées. Le lien trop serré les paralysait, l'engourdissement montait jusqu'à ses épaules.

– C'est ma tempe, articula-t-il.

Le Tchétchène approcha, retira le pansement, une simple bande de tissu blanc maculée de sang. Il la jeta par terre et se pencha sur la blessure.

– Oh là là ! déplora-t-il, exaspéré. Pourquoi ne l'ont-ils pas nettoyée ?

Il se retourna, prit la bouteille des mains du jeune garçon et arrosa la plaie. Une onde de souffrance, partie de sa tempe, traversa l'intérieur de sa tête, et Victor se tordit, gémissant de douleur.

– Alors quoi, t'es un homme ou pas ? Reste tranquille et tiens le coup ! le gourmanda le Tchétchène.

Il réexamina la blessure, se tourna vers le garçon et désigna du regard le bout de tissu qui traînait sur le plancher. Le jeune homme le replaça autour de la tête de Victor et rejoignit son copain, qui n'avait pas cessé de jouer avec son pistolet.

– Dis-moi, commença le Tchétchène, captant le regard vaseux de son prisonnier. Pourquoi tu es allé chercher querelle à ces fédéraux ? Tu ne connais pas le bon vieil adage : *Le client a toujours raison* ?

– Ils étaient ivres... ils ont brûlé un être vivant... murmura Victor.

– Tu les as vus avec quelqu'un de vivant ?

Victor secoua la tête.

– Et toi, tu n'étais pas ivre, par hasard ?

Il secoua de nouveau la tête.

– Tu n'avais pas fêté l'anniversaire de ton copain, des fois ?

Les lèvres fines du Tchétchène dessinèrent un sourire crispé. Victor haussa les épaules.

– Je pensais...

– Il pensait ! Si tu étais capable de penser, tu ne serais pas ici ! Maintenant, sois gentil de me dire pourquoi tu posais tellement de questions à mon sujet.

Victor comprit soudain qu'il se trouvait face à Khatchaïev en personne. Il tenta de se concentrer, mais la douleur se raviva et il fut incapable de mettre de l'ordre dans ses idées pour les exposer clairement.

– Ce sont nos amis du FSB qui t'ont envoyé ici pour me régler mon compte ?

Une nouvelle fois, Victor fit signe que non. Les gestes lui venaient plus facilement que les mots.

– Inutile de faire des mystères, tu sais. Je n'ai aucune envie de t'entendre hurler tout à l'heure. Tu comprends, je suis quelqu'un de bien éduqué, j'ai un style de vie moscovite, en quelque sorte, et j'ai aussi des enfants. Ne me force pas à te traiter comme un sauvage, pour qu'après la télé russe crie encore à la barbarie tchétchène... D'où connais-tu mon nom ?

Victor eut la conviction que s'il ne parlait pas tout de suite, il ne pourrait plus jamais parler.

– Vous aviez mon pingouin à Moscou, vous l'avez emmené ici... il s'appelle Micha...

– J'ai aussi emmené ma femme et mes enfants, et le FSB le sait. Mais ils ne sont plus ici. Seulement, ça, tu n'auras pas l'occasion d'en informer qui que ce soit.

Khatchaïev n'était donc pas décidé à le croire.

– Je suis de Kiev, je vous ai cherché à Moscou pour… vous comprenez, c'est mon pingouin, il est tombé entre les mains de ce banquier, puis c'est vous qui l'avez récupéré…

– Et maintenant c'est toi que j'ai récupéré, sourit tristement Khatchaïev. Pourquoi faut-il toujours que tout le monde atterrisse chez moi ? Je ne suis pas un combattant rebelle, je ne fais de tort à personne. À Moscou, pareil, j'étais tranquille, je m'occupais juste de mes petites affaires. À vrai dire je ne suis qu'un simple prof de physique et d'histoire. J'ai été nourri de votre grande littérature classique ! De fierté ! *Le Chant du faucon* ! *Le Chant de l'oiseau des tempêtes* ! Et maintenant, qu'est-ce qui vous reste ? Hein ?

– Mais moi je suis de Kiev, je ne suis pas russe, répéta Victor en avalant sa salive.

La trace cuisante de l'eau de vie lui consumait encore la langue.

– Tu es ukrainien ? demanda Khatchaïev, une soudaine lueur d'intérêt au fond des yeux. Qu'est-ce que vous avez, vous ? Quelle fierté ? Vous avez votre *Chant du faucon*, ou pas ?

– *Pourquoi ne suis-je pas un faucon, pourquoi est-ce que je ne vole pas*[1], chuchota Victor en réponse.

C'était le début d'un chant populaire ukrainien qui venait de lui revenir. Son interlocuteur soupira pesamment.

– Tu vois, certains peuples, comme nous, les Tchétchènes, ont une dignité innée. C'est dans nos gènes, dans notre sang. Mais d'autres ont besoin d'une idéologie, d'une tyrannie pour y arriver. Je vais te dire, si on remplace l'idéologie et la tyrannie par la démocratie, c'est terminé ! Ces peuples redeviennent esclaves, esclaves de leur propre faiblesse. La vraie dignité nationale, elle est plus forte que tous les régimes

1. Vers de Taras Chevtchenko, poète, peintre et héros national ukrainien, 1814-1861.

politiques. Et vous, les Russes, si vous nous faites la guerre, c'est parce que nous avons cette dignité, et vous pas !

– Mais les Ukrainiens ne vous font pas la guerre !

– Ils font la guerre à qui, alors ?

– À personne !

– Ce n'est pas bien, regretta Khatchaïev. Ça veut dire qu'ils se font la guerre à eux-mêmes... Enfin, bon, raconte-moi ton histoire !

– Je vous ai dit la vérité. À la baraque, dans ma chambre, j'ai des passeports...

– Beaucoup ? se moqua le Tchétchène.

– Deux. Un vrai, ukrainien, et un faux, polonais.

– Et moi, devine combien j'en ai, des passeports ! s'exclama-t-il en éclatant de rire. Les passeports, je suis bien placé pour savoir que ça ne prouve rien. Sur l'un d'eux, il y a écrit que je suis Russe, né à Riazan, alors tu vois !

Soudain, des tirs d'armes automatiques claquèrent au loin. Khatchaïev bondit, cria quelque chose aux jeunes gens toujours assis près de la fenêtre et partit en courant.

L'adolescent au pistolet pointa le canon sur Victor et visa sa tête.

Sa douleur à la tempe s'apaisa, comme si elle s'était sentie menacée par le TT. Il ne sentait plus rien, tout en lui s'était figé dans l'attente de la balle. Seul le goût de la vodka persistait dans sa bouche, encore plus déplaisant et marqué. Il ferma les yeux. Une détonation se produisit, assourdissante. Ses oreilles bourdonnèrent, l'écho se fit très long, interminable. Il ne parvenait pas à savoir s'il était vivant ou mort. Seule la vibration du coup de feu qui s'éternisait le reliait encore à la vie. Il resta ainsi immobile plusieurs minutes, jusqu'à ce que résonnent, à proximité, de cinglantes vociférations de Khatchaïev, en tchétchène. Il ouvrit les yeux, vit qu'il avait saisi le pistolet de l'adolescent et lui passait un savon. Il tourna doucement la tête et aperçut, à une dizaine de centimètres, un trou bien net dans le plâtre du mur.

Le sermon fut interrompu par le talkie-walkie que tenait Khatchaïev. Une voix rauque hurlait quelque chose. Il éructa une réponse, aboya de nouveaux ordres aux adolescents et disparut.

Ils se saisirent de Victor, le ramenèrent à l'extérieur et le poussèrent dans la fosse tapissée de la vieille tenue de combat. Il tomba sans se faire mal, mais se cogna la tête contre la paroi. En haut, les tirs en rafales continuaient, plus faibles cependant.

55

Sans sa grosse veste, il se serait endormi pour toujours, succombant au froid. Finalement, l'uniforme du ministère des Situations d'urgence était on ne peut mieux adapté à sa situation à lui. Au milieu de la nuit, tiré du sommeil par les appels d'Aza, il s'éveilla sans problème. Il ressentit aussitôt la souffrance de ses poignets ligotés, que le sommeil avait masquée, la chaleur de sa tempe, la douleur qui irradiait de sa plaie, recouverte plus que bandée.

La puissante lueur d'une torche lui tomba droit dessus. Dans le faisceau, des flocons duveteux descendaient vers lui. Il les vit se poser sur son nez, où ils fondirent. Mais il ne sentit pas leur frôlement, le picotement de leur contact glacé : la fièvre l'en empêchait. Il avait chaud, et il comprit que cela n'était pas dû à sa veste ; c'était un feu intérieur qui le faisait ainsi transpirer.

Quelqu'un le rejoignit, le tourna sur le flanc et lui délia les mains, avant de le hisser vers la surface. Il grimpa d'abord plusieurs barreaux d'une échelle de bois descendue dans la fosse, puis on l'attrapa sous les aisselles et on le tira à l'extérieur. La voix d'Aza se fit à nouveau entendre :

– Il faut le laver, et lui donner du thé !

– On le lavera là-bas, répondit une autre voix.

« C'est où, là-bas ? » s'inquiéta furtivement Victor.

La torche éclairait le chemin devant eux, et des inconnus dissimulés par l'obscurité le soutenaient, pendant qu'Aza, à côté, respirait avec précipitation, nervosité. Mais était-ce bien lui ? Était-il vraiment capable de reconnaître le souffle d'Aza ? Peut-être délirait-il ?

Son pas devenait de plus en plus assuré, et l'aide moins nécessaire pour avancer. Il sentait la poussée de ses pieds sur le sol, et sa fièvre commençait à tomber. Sur son front, la transpiration avait séché. Les flocons piquaient enfin son visage. Seule sa blessure continuait à le démanger, avec plus ou moins de frénésie. Elle paraissait vivre sa vie.

Ils arrivèrent à la baraque. Le couloir, la chambre, l'odeur : il renouait avec son environnement familier. Il se retrouva assis sur son lit, et Aza sur celui de Siéva. À la flamme de la bougie qui brûlait sur la table de nuit, l'Azéri avait l'air pâle et effrayé, ses yeux emplis de compassion et d'inquiétude. Il tendit à Victor un quart Winnie rempli de thé fumant.

– Bois ! Dépêche-toi ! Il y a beaucoup de travail !

Victor avala son thé sucré, en se brûlant, au point que la peau de sa lèvre inférieure se détacha.

– Bois, s'il te plaît !

La supplication d'Aza bouscula la flamme.

– Où est Siéva ?

Aza sourit : si Victor posait cette question, c'est qu'il avait tous ses esprits. Mais il s'abstint de répondre.

– Fini ?

Victor acquiesça.

– Un peu de vodka ?

Il fit signe que non, surtout pas.

– Bon, alors on y va !

Il neigeait toujours. Le sol brillait d'un curieux éclat mat. Victor marchait sans appui. Aza n'avait pas eu besoin de lui dire où ils allaient. Ils cheminaient ensemble, à faible allure, vers le crématorium. Ils étaient suivis par deux hommes sans visages, sans paroles, identifiables au seul crissement de leurs pas sur le tapis immaculé.

Le hangar était froid. Pendant qu'Aza allumait la douzaine de bougies disposées dans tous les coins, Victor porta doucement la main à son bandage. Il se demanda où étaient passés les deux inconnus qui les suivaient, sans doute les mêmes qui l'avaient soutenu peu avant.

C'est alors qu'ils entrèrent, portant un troisième homme. Mort.

L'engourdissement de Victor, son impression d'être extérieur à lui-même, disparurent subitement. Ses yeux s'habituaient à l'obscurité à peine dissipée par les bougies.

– Mets l'engin en marche ! lui dit Aza à l'oreille en lui donnant la boîte d'allumettes.

– Où est Siéva ? redemanda Victor, puisque c'était toujours lui qui démarrait le four.

– Ton Siéva, il n'est plus là, grogna Aza, mécontent.

Victor rangea les allumettes dans sa poche et se dirigea sans hâte vers l'arrivée du tuyau. Il ouvrit les différentes vannes tout en contrôlant les aiguilles tremblotantes des manomètres, éclairé par Aza, qui le suivait comme son ombre. Parvenu à la dernière, il tourna à peine le volant, puis ramassa un bout de journal à moitié consumé, l'enflamma, écarta la porte métallique et porta le feu dans l'ouverture. Le gaz que crachaient les multiples brûleurs s'empara de la flamme et le tuyau se mit à ronfler. Victor referma et regarda le manomètre. Il tourna encore un peu le volant. Le grondement se fit plus intense.

– Presse-toi, il faut qu'on finisse tout cette nuit ! Le patron va venir !

– Il faut qu'on finisse quoi ? s'enquit-il, en vain car Aza était déjà dehors.

Ne restaient que les deux hommes, en tenue de camouflage, silencieux, le cadavre posé à leurs pieds. Il s'approcha, regarda son visage. C'était un Tchétchène. Il pensa que les deux autres étaient des fédéraux et leva les yeux vers l'un d'entre eux.

– Où c'est qu'on le met ? demanda l'homme avec un léger accent.

Des Tchétchènes, eux aussi.

Victor les invita à le suivre, ouvrit les deux portes du tube, où les inconnus glissèrent le corps la tête la première. Pendant qu'il fermait, il entendit des pas qui s'éloignaient. Il crut qu'ils étaient partis, mais il se trompait encore. Quelques instants plus tard, ils revinrent avec une deuxième dépouille.

– Vous en avez beaucoup, comme ça ? s'inquiéta Victor, qui se rappela l'impatience d'Aza.

– Encore trois, après celui-là.

– Et quelle heure est-il ?

L'un des Tchétchènes lui mit son poignet sous le nez, sans un mot, et éclaira sa montre avec une lampe.

La première chose qu'il vit fut la marque de la montre, « Président ». Ensuite, il regarda l'heure. Vingt-trois heures trente. Lui qui se croyait presque à l'aube !

L'air se réchauffait. Le tuyau produisait un ronronnement régulier, monotone, qui donnait une impression de confort et de sécurité, comme si, tant que ce bruit durerait, il ne pouvait rien se passer de mal dans le monde.

Il s'assit sur le sol de terre battue, non loin du second cadavre. Il s'était tourné de façon à exposer sa tempe droite à la chaleur. Très vite, il s'assoupit, bercé par le grondement du feu.

56

La vague brûlante, chargée de l'odeur âcre qu'il trouvait si irritante il y a peu, le réchauffait et l'endormait. Son alanguissement, lesté de fatigue, de douleur et de faiblesse, l'entraînait vers le bas, vers un sommeil entre deux eaux, quelque peu agité, où il était à la fois lui-même et un petit bateau.

Il voguait, sans surveiller la voile ni le vent. Il était assis sur le pont, jambes pliées, la tête posée sur les genoux mais les yeux ouverts, et il observait Siéva et Sergueï, assis près de lui. Ils ne disaient rien, ils se regardaient et attendaient, quasi indifférents, le rivage ou peut-être le retour de Micha, même si tous ignoraient où il avait disparu. Était-il censé jaillir de l'eau? Rien ne venait. Il se mit brusquement à explorer son uniforme et tira de la poche intérieure de sa grosse veste une feuille pliée en quatre. C'était l'avis de recherche dessiné par Sonia. Siéva et Sergueï ne bougeaient pas, ils ne lui avaient prêté aucune attention pendant qu'il retournait fébrilement ses poches. Il replia la feuille, la remit où elle était et l'oublia aussitôt, concentré sur l'attente de Micha. Il regardait les planches du pont, sans voir que Siéva et Sergueï se dissolvaient peu à peu, l'abandonnant à sa solitude.

– On en fait quoi de la cendre? demanda une voix issue des chaudes vagues lointaines.

Il ne se sentit pas concerné. Alors, une main l'attrapa par l'épaule et le secoua. Il perdit l'équilibre et passa par-dessus bord en se cognant, tout étonné que l'eau soit aussi dure.

– Frappe-le! suggéra une autre voix.

Il ouvrit les yeux. Devant lui se tenaient les deux Tchétchènes, dont l'un avec le balai.

– La cendre, on en fait quoi?

– Les sacs sont là-bas, derrière le bidon, expliqua Victor en montrant l'angle du hangar.

– Quels sacs ? Pourquoi on la mettrait dans des sacs ? On peut pas la verser dans le seau ?

Victor aperçut le seau, posé sous le tuyau.

– Mais qui c'est qui va les récupérer, ces cendres ?

– Personne, on nous a dit de les disperser au pied d'un arbre.

– Eh bien, dispersez-les.

Victor ne comprenait pas pourquoi des Tchétchènes voulaient jeter les cendres d'un autre Tchétchène sous un arbre, mais il s'abstint de poser d'autres questions.

Les explications ne tardèrent pas. Au matin, après la crémation des cinq cadavres, il éteignit les bougies et les deux hommes partirent sans un mot. C'est lui qui dut sortir les trois derniers seaux de cendres, suie et bouts d'os calcinés. Il les déversa sous un arbre, à une vingtaine de mètres du baraquement.

Dans le dernier seau, il remarqua l'éclat d'une goutte d'or. Il se souvint du lingot de Siéva et de ses projets d'avenir, mais un bruit de moteur interrompit le cours de ses pensées. C'était la GAZ kaki, conduite par Khatchaïev, avec Aza sur le siège passager et, à l'arrière, deux jeunes, armés jusqu'aux dents. D'un signe de tête, Khatchaïev ordonna à Victor de monter. Celui-ci se casa sur le siège arrière et sentit une grenade lui entrer dans les côtes. Elle pendait à la ceinture d'un des gardes du corps.

Ils roulèrent longtemps, suivant les lacets d'une piste forestière qui grimpait à flanc de montagne. Ils finirent par arriver dans un village abandonné et s'arrêtèrent devant un portail ouvert.

Les gardes du corps, suivis d'Aza, entrèrent dans la cour, tandis que Khatchaïev se tournait vers Victor et le regardait sombrement, comme on regarde un condamné à mort.

– Bon, j'espère que cette fois nous pourrons terminer notre conversation. Vois-tu, en ce moment j'ai d'autres soucis que tes histoires à dormir debout…

– Qu'est-ce qui s'est passé l'autre jour ?

Khatchaïev soupira.

– Il semblerait que tu aies eu raison… Pour venger l'un des leurs, des engagés ont capturé la fille d'un rebelle, ils l'ont violée, rouée de coups…

Il prit une profonde inspiration avant de poursuivre :

– Et ils sont venus la brûler chez moi. Après, les rebelles ont retrouvé les engagés, leur ont tout fait avouer, les ont décapités et sont venus au hangar brûler vif ton petit copain. Ensuite, mes hommes les ont tués, et cette nuit, tu les as tous réduits en cendres. La boucle est bouclée.

– Vous êtes sûr que c'est fini ? interrogea Victor, assommé par ces révélations, tentant de démêler les fils des événements dont la majeure partie s'était déroulée pendant qu'il se trouvait ligoté dans sa fosse.

– Si ce n'est pas fini, tu seras le prochain dans le four. Mais ne crains rien, nous allons avoir le temps de bavarder tout à l'heure. Et si ton discours me déplaît, tu auras une mort plus banale que ça, et on en brûlera un autre. Aza, peut-être…

Justement, celui-ci réapparut, penaud.

– Il y en a un d'inutilisable, un tuberculeux. L'autre n'a que la peau et les os, mais ils en demandent cher…

– Combien ?

– Mille.

Khatchaïev réfléchit quelques instants.

– C'est bon, prends-le. L'argent, ils l'auront dans huit jours.

Cinq minutes plus tard, les gardes du corps amenaient un jeune rouquin en uniforme déchiré, maigre, menton pointu et nez busqué. La barbe rousse de plusieurs jours qui mangeait ses joues creuses le faisait ressembler à un Ingouche ou un Daghestanais. Sur le chemin du retour, ils étaient serrés, à l'arrière : le rouquin d'un côté, Victor de l'autre, les gardes armés au milieu. Du coup, malgré son envie d'échanger quelques mots avec ce soldat, Victor resta muet. L'autre ne manifestait pas le moindre intérêt pour quoi que ce soit, et vers la fin du trajet, alors qu'ils roulaient à travers bois, il s'assoupit.

Il faisait déjà nuit quand ils arrivèrent à la baraque. Aza et le soldat descendirent, les autres continuèrent leur route.

57

Au premier étage, un garde équipé d'une arme automatique était posté devant une porte blindée. Éclairé par trois bougies, il avait une allure de preux chevalier. Il s'écarta lorsque Khatchaïev et Victor montèrent l'escalier. Le maître de maison prit une clé dans la poche de son jean et ouvrit, puis se retourna et dit quelque chose en tchétchène. Le garde dévala les marches, dont les lattes grincèrent. Dans la pièce, il faisait frais, mais ce n'était pas désagréable.

Khatchaïev craqua une allumette et l'approcha d'une grosse chandelle posée sur une table ronde, massive.

Il alla ensuite fermer les deux imposants verrous.

De la cour monta un grondement. Victor sursauta et regarda du côté de la petite fenêtre. Dehors, il faisait sombre et il devait continuer à neiger. Le grondement s'apaisa, se fit plus régulier, cadencé, et finit par se transformer en bruit de fond sans relief particulier. Au plafond, une lampe scintilla, une lumière vive se diffusa dans tout le salon.

Khatchaïev s'humecta les doigts pour moucher la chandelle. Il s'assit et désigna un siège à son hôte, de l'autre côté de la table.

Victor, pendant ce temps, considérait la pièce avec surprise. Elle ressemblait tout à fait au salon d'un confortable appartement, hormis la porte, doublée de tôle, équipée d'un judas et de deux serrures. Mais la guerre banalise les incongruités. Il y avait aussi un piano contre un mur, un canapé, une desserte avec bar, et le portrait de Maxime Gorki dans un cadre élégant, suspendu à côté de celui de Chamil[1]. Seule la petite console sous la fenêtre, où reposaient deux armes automatiques à canons sciés et un pistolet, jurait quelque peu avec l'atmosphère paisible de la pièce.

– Alors? Tu voudrais peut-être boire un verre pour te donner du courage? proposa Khatchaïev en ôtant sa veste militaire.

Il se leva, la jeta sur le canapé et se dirigea vers la desserte. Avec son jean et son gros pull bleu marine, il n'avait rien d'un combattant rebelle, ni même d'un Tchétchène.

Il posa sur la table une bouteille de cognac Martell et deux petits verres en cristal qu'il remplit, avant de se rasseoir.

– On va commencer par le commencement, ça sera plus facile pour toi. Vas-y, explique-moi qui tu es.

Victor prit son verre, but, et lui exposa d'une voix calme, presque atone, toute sa biographie, sans rien omettre, ni les «petites croix», ni les enterrements, ni même Bronikovski, le banquier. Il s'attarda sur les épisodes les plus récents, Sergueï Pavlovitch, la campagne électorale et les conseillers en communication.

À tout cela, Khatchaïev hochait la tête, versant en permanence du cognac dans les verres jusqu'à épuisement de la bouteille. Il alla en prendre une autre et continua à servir. Victor n'avait plus rien à ajouter. Il avait livré suffisamment de détails pour qu'aucun doute ne subsiste chez son interlocuteur.

1. Héros national tchétchène, chef des montagnards qui se sont opposés à la conquête russe au XIXe siècle.

– Eh bien, que d'aventures, constata celui-ci.

Un léger craquement fit soudain s'élancer Khatchaïev, qui tira un talkie-walkie de la poche de sa veste et échangea quelques mots en tchétchène. Il regagna sa chaise, posant l'appareil sur la table.

– Tout cela est très intéressant, reprit-il. Mais qu'est-ce qui me prouve que ton histoire est vraie, au moins en partie ?

– Il y a Sergueï Pavlovitch... suggéra Victor, dubitatif. Si seulement on pouvait lui téléphoner...

– Téléphoner ? On peut même téléphoner au président des États-Unis s'il faut. Donne-moi le numéro !

Victor fouilla ses poches, attrapa le sachet qui contenait ses papiers, retrouva la carte d'attaché parlementaire et la lui tendit par-dessus la table.

– Tu n'as qu'à boire encore un coup en attendant ! lui ordonna Khatchaïev en attrapant le talkie-walkie pour lancer ses ordres.

Ils passèrent les minutes suivantes dans un pesant silence rythmé par le groupe électrogène qui tournait au-dehors. Khatchaïev fut ensuite appelé une nouvelle fois, il se leva avec entrain et enjoignit Victor de le suivre.

Sur un large balcon, une tablette supportait la mallette ouverte d'un téléphone satellite. Un fil partait vers le haut, Victor le suivit des yeux jusqu'à une sphère blanche de la taille d'une belle pastèque de Kherson, fixée à un mât de bois d'environ trois mètres.

Quand il en détacha son regard, Khatchaïev pianotait déjà sur le clavier. Il porta le téléphone à son oreille et eut l'air déçu.

– Il a mis son répondeur, expliqua-t-il avec un regard las.

Victor, la bouche encore imprégnée de cognac, chercha frénétiquement une autre idée, comme s'il avait été pris en flagrant délit de mensonge.

– On pourrait appeler chez moi, téléphoner à Nina,

proposa-t-il. Je n'aurai qu'à lui parler, et elle vous confirmera que je suis bien moi… En plus, elle sait, pour le pingouin…

– Ton numéro ! réclama Khatchaïev, imperturbable.

Il donna son téléphone, et le maître de maison appela, le combiné collé à l'oreille.

– Allô ? Allô ! C'est Nina ? Quoi ? Elle est où ? C'est qui, alors ? Sonia ?

Cela dégrisa immédiatement Victor. Il vit le rideau de neige devant le balcon, sentit la bise glaciale égratigner ses joues qu'il n'avait pas rasées depuis longtemps.

Il tendit la main, implorant. Khatchaïev lui passa le téléphone.

– Sonia ? C'est tonton Vitia !

– Tu es où ? À Moscou ? demanda la petite voix guillerette qui lui était si chère.

– Non, je suis plus loin que ça. J'ai retrouvé Micha, mais on risque de ne pas nous laisser rentrer. C'est un peu compliqué…

– Comment ça, on vous interdit de rentrer ? Tu es puni ?

– Attends, je te passe un monsieur… Il te croira peut-être… peut-être que toi, il t'écoutera…

Victor rendit le combiné à Khatchaïev.

– Sonia ? demanda celui-ci en regardant Victor de travers. Le monsieur avec qui tu viens de parler, tu le connais bien ?

– Ben oui, c'est mon tonton Vitia ! C'est mon papa…

– C'est ton père ou ton oncle ?

– Mon papa. Et Micha, le pingouin, il est chez vous ?

– Oui. Mais explique-moi si c'est ton père ou ton oncle.

– Vous allez les laisser revenir ?

– Qui ça ?

– Tonton Vitia et Micha !

– Attends, d'abord…

– Non, d'abord promettez-moi que vous allez les laisser

partir. Micha est malade du cœur, vous le savez, quand même ?

– Bon, promis, si tu…

– Mais non, on promet pas comme ça, il faut donner sa parole, jurer sur sa maman.

Stupéfait, Khatchaïev secoua la tête.

– Je te donne ma parole, je jure sur ma maman que je les laisserai partir ! Mais toi, réponds à ma question !

– C'est mon second papa. Le premier m'a laissée et il a disparu. Et Micha, il est où exactement ? À côté de vous ?

– Non.

– C'est quand que vous allez les laisser partir ?

– Bientôt. Bon, ça suffit, au revoir Sonia !

– Je peux encore parler à tonton Vitia ?

– Non, j'appelle par l'interurbain ! s'exclama Khatchaïev en pressant un bouton.

Il reposa le combiné dans la mallette et resta figé un petit moment. Il se tourna ensuite vers Victor, une lueur mauvaise dans les yeux. Il le fixa ainsi deux minutes, sans bouger, sombre, comme s'il laissait monter la rancœur. Soudain, sa rage explosa, il lui décocha un coup de poing en plein visage, et Victor, déséquilibré, roula sur le balcon, heurtant de sa tempe blessée un pilier de la balustrade. Il ne s'évanouit pas, mais fut traversé par une décharge électrique, et se recroquevilla, pensant qu'il allait être passé à tabac.

Or, Khatchaïev ne faisait pas mine de vouloir le frapper à nouveau. Debout près de lui, il le regardait d'un œil noir. Cela dura plusieurs longues minutes ; plongé dans ses réflexions, il observait les flocons qui se mélangeaient au sang de la lèvre éclatée par son fulgurant direct. Enfin, sans se départir de son air exaspéré, il tendit la main à Victor et l'aida à se relever. Ils regagnèrent le salon. Khatchaïev ferma à clé et remplit les verres. Sans trinquer ni s'asseoir, il avala son cognac, se dirigea vers le piano, souleva le couvercle, se pencha et joua une mélodie connue. Il s'interrompit au milieu et se tourna vers Victor en secouant la tête, l'air effaré.

– Tu t'es bien foutu de moi, conclut-il sans la moindre trace de haine ni de colère.

– Moi ? Quand ça ?

– Avec ta petite, poursuivit-il sans cesser de secouer la tête, la stupeur se dessinant, de plus en plus nette, sur son visage. Elle m'a obligé à donner ma parole.

– Et alors ?

– Alors, je suis un Tchétchène. Ma parole, elle vaut cent fois n'importe laquelle de tes promesses. Tu comprends ?

Victor sentit à nouveau le danger. Il n'était pas à l'abri d'un nouvel accès de fureur. Il avait toujours sur la langue le goût salé de son sang, que le cognac ne parvenait pas à chasser.

Il porta la main à sa tempe et, sans quitter Khatchaïev des yeux, reprit le sachet qui contenait ses précieux papiers. Il fallait trouver quelque chose à lui montrer pour détendre l'atmosphère, pour lui prouver son innocence. Mais de quoi devait-il se défendre ? Il n'avait rien fait !

Il déplia et posa sur la table l'avis de recherche dessiné par Sonia, le lissa du plat de la main et leva les yeux vers Khatchaïev, qui n'avait pas desserré les dents.

Celui-ci s'approcha, prit la feuille de papier avec le dessin et les pattes de mouche de la fillette, alla se placer sous le lustre dont la lumière vacillait. Il observa longuement le pingouin, prit le talkie-walkie sur la table et donna quelques ordres en tchétchène. Reposant l'appareil, il annonça :

– C'est bon, on va te ramener.

Victor tendit la main pour récupérer l'avis de recherche, mais Khatchaïev ne le lui rendit pas. Il ouvrit la porte. Derrière se tenait le garde, auquel il fit signe de s'occuper de Victor.

58

La voiture grimpait, par une piste étroite et sinueuse. Les faisceaux jaunes des phares illuminaient la neige qui tombait, et, rigides, allaient se perdre bien au-delà du chemin, dans la multitude de troncs d'arbres nus qui couvraient ce versant. Le chauffeur, un Tchétchène, conduisait lentement, clignant des yeux. Sur le siège arrière, Victor sommeillait.

Le chauffeur bâilla. Il revoyait son patron, une heure plus tôt, lui confier ses instructions :

– Aslan, emmène-le à l'enclos des chiens, laisse-le une demi-heure, puis conduis-le chez Aza.

Il jeta un regard sur le siège passager, où était posée une kalachnikov à double chargeur, assez vétuste. Le patron lui en avait promis une neuve, à crosse repliable, un jour.

Il considéra celui qu'il trimballait. Il ne comprenait pas ce que cherchait le patron, mais il avait appris, durant son service dans l'armée soviétique, à ne pas discuter les ordres. Ce principe n'avait rien perdu de sa valeur. Ainsi, il ne dormirait pas cette nuit. Et si Khatchaïev lui avait demandé d'emmener ce type à la maison de son grand-père jusque dans l'enclos des chiens, il devait y avoir une raison. Peut-être voulait-il le punir, ou le faire dévorer. Dans ce cas, il n'aurait pas à le conduire chez Aza. Il pourrait alors dormir trois heures, voire quatre. Il s'imagina le corps de ce Russe, dans sa tenue d'hiver du MSU, baladé de-ci de-là par les puissants chiens-loups, nourris à la viande de mouton. Il se représentait très bien la scène. Au point qu'il se demanda ce qu'il ferait du cadavre. Le grand-père de Khatchaïev était un honorable vieillard au caractère trempé, comme tous les anciens en Tchétchénie. Il lui ordonnerait sans doute d'emporter la dépouille hors du village.

Aslan n'avait aucune envie de la charger dans sa voiture. Il serait obligé de nettoyer, et transporter un mort est de mauvais augure.

Il soupira, et pensa à d'autres morts. Les fédéraux, par exemple, dont étaient truffés de nombreux charniers clandestins des forêts tchétchènes. Il serait bon de les retirer de là. Dire aux Russes de venir creuser, identifier les corps et les rapatrier. La terre tchétchène n'avait pas besoin de ces cadavres étrangers. Et même, un général du Kremlin risquerait d'avoir l'idée de dresser des monuments sur ces fosses communes pleines de soldats russes. Cela reviendrait à s'approprier cette terre. C'en serait fini de la Tchétchénie. Il n'y aurait plus que des obélisques avec une garde d'honneur et un régiment affecté à ce service. Comme à Berlin, au parc Treptow, où lui-même avait monté la garde dix ans auparavant. Khatchaïev était vraiment génial. Il avait trouvé le meilleur système: les brûler et les renvoyer, ou disperser les cendres. Les cendres, ça ne permet pas d'identifier qui que ce soit.

La voiture finit par stopper devant un portail. Il n'y avait pas besoin d'entrer, il suffisait de suivre le mur d'enceinte et de pousser la porte de l'enclos, un peu plus loin. Aslan pensait que bien sûr, la politesse aurait voulu qu'il réveille le propriétaire, qu'il lui explique pourquoi il avait emmené ce Russe jusqu'ici, mais le patron ne lui avait pas dit de le faire.

Sentant approcher Aslan, les chiens dressèrent les oreilles et les tournèrent vers lui, reniflèrent, sans le moindre aboiement. Ils étaient aussi intelligents que des Tchétchènes, capables de saisir leur proie à la gorge et de lui régler son compte sans un bruit.

Il ouvrit le portillon et s'accroupit. En fait, il aurait pu entrer sans même se baisser. Djokha fut le premier à venir vers lui. C'était un mâle, fin et souple, qui le flaira, le regarda dans les yeux.

– Tu veux de la viande russe? lui demanda Aslan en souriant.

Spontanément, il aurait voulu tendre la main pour le caresser, mais il se retint. Djokha et lui étaient des égaux.

Il alla réveiller Victor et l'amena à la porte. Encore abruti, celui-ci découvrit, à travers la neige qui tombait, cet enclos aussi vaste que le salon de Khatchaïev et les quelques niches grossières réparties dans les coins. Aslan le poussa à l'intérieur. Il fit un pas, puis un second, comme un automate. Il dormait debout. Il entendit la porte se refermer dans son dos. Il se retourna. Aslan avait porté sa montre au niveau de ses yeux. Il chronométrait. Il prit une cigarette, l'alluma et regagna sa voiture.

Victor resta là sous la neige, immobile, comme un pin solitaire. Il retenait son souffle, s'éveillant peu à peu. Postés tout autour, cinq bergers allemands le regardaient, aussi immobiles que lui, concentrés pour bondir, ou simplement expectatifs. Il prit peur. Il suffisait que l'un d'eux se jette sur lui pour que tous les autres suivent. Il voulut se retourner pour voir comment la porte se fermait, s'il était possible de l'ouvrir de l'intérieur et de la repousser ensuite, mais comment lui, pauvre bipède, aurait-il pu prendre de vitesse les quadrupèdes qui l'entouraient? Non... tout mouvement, surtout brusque, susciterait une réaction foudroyante des chiens. Il n'en sortirait pas vivant. Mais pourquoi donc Khatchaïev faisait-il cela? Pour supprimer celui à qui il avait donné sa parole? Mais c'était à Sonia qu'il avait promis quelque chose, pas à lui! Et d'ailleurs, quelle valeur avait un engagement jeté au téléphone à une fillette? Cela pouvait n'être qu'une phrase en l'air, pour en finir. Si Victor, à la place de Khatchaïev, avait juré quelque chose à Sonia, il n'en aurait pas fait tout un plat. Il en avait accordé, des promesses, dans sa vie, et n'avait tenu que celles qu'on lui avait maintes fois rappelées, ou celles qui demandaient un minimum d'efforts. Non, décidément, à sa place, il aurait oublié cette «parole d'honneur» et cela ne l'aurait pas empêché de dormir.

Il se dit qu'il était temps de faire ses adieux à la vie, une fois de plus. Sans doute le chauffeur, regardant sa montre, comptait-il le temps qui lui restait avant de venir vérifier que Victor avait bien été déchiqueté, et de rentrer chez Khatchaïev, sa mission accomplie.

Mais les chiens ne bougeaient pas. Victor non plus. Seules ses pensées défilaient à toute vitesse, sans logique. Sa blessure lui faisait mal, et il avait froid, un froid qui prenait naissance en lui, dans son cœur, un froid contre lequel ni une grosse veste, ni un édredon, ni un verre de vodka ne pouvaient rien. C'était le froid que l'on ressent en attendant la mort.

Soudain, du coin de l'œil, il distingua un mouvement sur un côté de l'enclos. C'était à la limite de son champ de vision, il lui aurait fallu tourner la tête pour bien voir. Mais tourner la tête aurait donné un signal aux chiens. Alors, il se contenta de braquer ses yeux vers ce qui avait bougé. Et il vit, près d'une gamelle posée entre deux niches, un pingouin qui se dandinait. L'animal se pencha, prit un peu de nourriture. Mais ce pingouin ne ressemblait pas à Micha. Il était plus petit, plus maigre. Différent.

Au froid qui le glaçait vint s'ajouter le sentiment de son immense bêtise, une déception monumentale, absolue. Il n'avait même pas cherché à savoir combien de pingouins le banquier pouvait détenir dans son zoo privé. Deux? Trois? Plus? Lequel avait donc pris Khatchaïev en quittant Moscou? Il n'avait jamais rien su de précis et avait progressé au petit bonheur. Il n'était arrivé là que par miracle. Mais ce miracle était absurde, d'une absurdité colossale. Le miracle, c'était qu'il soit encore en vie. Et cela n'allait pas durer. Même l'énergie des miracles finit par s'épuiser.

Pendant ce temps, le pingouin avait mangé et fait quelques pas vers la droite. Victor pouvait maintenant le voir. « Micha ! Micha ! » murmura-t-il. Aussitôt, le pingouin tourna la tête vers lui. Les chiens n'avaient manifesté aucune agitation. Brusquement, il cessa de neiger, et un vent glacial gifla le visage de Victor, balayant l'espace entre lui et le pingouin.

– Micha ! répéta-t-il, plus fort.

Le pingouin fit deux pas dans sa direction, sans le quitter des yeux. Il resta ainsi quelques instants, à considérer cet humain immobile. Il s'avança encore, jusqu'à cinquante centimètres de lui, la tête levée.

Victor regarda à droite et à gauche, évaluant le comportement des chiens. Ils le fixaient toujours, certains assis, d'autres debout, sans bouger.

Il avait envie de s'accroupir pour regarder le pingouin dans les yeux. Peut-être était-ce tout de même Micha ? Tellement de temps s'était écoulé, il avait pu oublier à quoi il ressemblait, oublier sa taille.

Il promena un nouveau regard sur les chiens et emplit ses poumons d'air glacé, comme pour plonger en apnée. Il se baissa lentement, les yeux rivés sur le pingouin.

– Micha ! Micha ! appela-t-il en élevant la voix.

Le pingouin fit un pas en avant. Victor put effleurer sa poitrine. Il le caressa sans plus prêter attention aux chiens, qui observaient la scène en silence. Soudain, les doigts de Victor rencontrèrent une légère boursouflure, une cicatrice cachée sous le duvet. Il suivit cette marque, sûr à présent qu'il était bien en présence de Micha.

– Alors, c'est toi ? murmura-t-il.

Le pingouin repoussa la main de Victor en bombant le torse. Il n'avait pas l'air d'aimer qu'on touche sa cicatrice. Pourtant, il fit encore un pas et vint frôler le genou de Victor, ce qui ressuscita tout un passé enfoui, la chaleur d'avant, le désir de vivre. Il passa la main sur sa petite aile, et perçut dans son dos le grognement d'un chien. Il écarta la main, le grognement cessa.

Il comprit que les bergers allemands protégeaient Micha, et il eut un imperceptible sourire. Tout cela était absurde, et pourtant d'une totale cohérence. Ici, c'était l'absurdité qui dictait sa loi.

– Eh ! C'est l'heure de rentrer ! lui cria brusquement le chauffeur.

Victor se retourna.

– On emporte le pingouin ?

– Quel pingouin ?

Aslan plissa les yeux pour tenter de comprendre ce qui se passait dans l'enclos. Il ignorait tout du pingouin et pensa que le Russe, malade de terreur, s'était mis à divaguer. Pourtant, les chiens ne s'étaient pas jetés sur lui.

– Khatchaïev a promis de me rendre mon pingouin et de nous laisser partir, expliqua Victor, soudain affaibli par un élancement à la tête.

– Il ne m'a rien dit de tout ça. Sors de là !

Il se remit debout et vit Micha, qui n'était plus que l'ombre de lui-même, courir vers l'angle gauche de l'enclos et pénétrer maladroitement dans une niche.

Aslan, qui en avait assez d'attendre, ouvrit la porte, entra et entraîna Victor en le tirant par la manche.

Dès qu'ils eurent quitté le village, Victor se rendormit. Aslan l'observa un instant et conclut que ce Russe n'était pas dangereux, puisque les chiens ne lui avaient pas fait de mal. Les bergers allemands de Khatchaïev n'étaient pas des loups, ils n'attaquaient ni les malades ni les loques humaines.

59

Victor se réveilla dans la baraque, complètement transi. Découvrant que la fenêtre était grand ouverte, il bondit pour la fermer. Le lit voisin, qui avait été celui de Siéva, était vide, la porte entrebâillée. Il s'assit sur le bord de son lit et s'aperçut qu'il était toujours en uniforme. Sans doute le chauffeur l'avait-il porté endormi dans la chambre. Il reprit doucement ses esprits et sortit faire sa toilette.

La baraque était déserte. Devant, un féérique tapis blanc brillait au soleil du matin. Il se sentit plein de vigueur, malgré sa douleur persistante à la tempe. Il exultait au souvenir de sa brève rencontre avec Micha, de la promesse de Khatchaïev à Sonia. Elle était formidable, cette petite !

Il sourit. Il n'avait plus qu'à prendre patience. C'était facile. C'était comme attendre la fin du service militaire.

Un flux d'énergie le parcourut, il avait envie de faire la roue, de se jeter par terre et de faire des pompes, de se défouler sans raison.

Débarbouillé, il regagna la baraque, jetant un coup d'œil au passage à la chambre d'Aza. Il découvrit avec intérêt le milieu naturel de l'intendant azéri : un vieux sofa au cuir craquelé par le temps, un pupitre d'écolier, couvert de chemises en carton, avec le registre où il notait les noms des clients du crématorium ; sous la fenêtre, une table de nuit avec une carafe et un verre, ainsi qu'une radio Sony qui n'était plus de la première jeunesse.

Son regard fut attiré par le registre. Il se pencha dessus et se mit à le feuilleter. Il parcourut la liste des noms, prénoms et patronymes soigneusement calligraphiés, ainsi que les villes d'origine. Un concentré de géographie russe. Il remarqua que les clients 856 et 857 n'avaient ni nom, ni lieu de naissance, et soupira. Ainsi, il suffisait de tenir des archives pour que naissent des mystères. Il remonta dans le temps, puis songea à Siéva et revint aux dernières pages. Mais son ancien compagnon ne figurait pas dans le registre, pas plus que les cinq Tchétchènes, les derniers clients de Victor. Sa haute idée sur la rigueur administrative d'Aza s'en trouva écornée.

Son récent rêve avec Siéva et Sergueï lui revint en mémoire, et il comprit soudain ce qui leur avait peut-être valu d'être réunis : tous deux avaient été transformés en cendres. Fixant la dernière page, incomplète, il sentit ses doigts trembler. Il venait de se poser une question qui évoluait en un pressentiment : Sergueï n'aurait-il pas été incinéré ici ? La lettre écrite par ses camarades expliquait bien qu'il avait été tué loin du pays, et qu'ils avaient dû choisir entre un enterrement sur place et une crémation lui permettant d'être inhumé chez lui.

Victor s'assit au pupitre et commença à feuilleter le registre à partir du début, suivant, concentré, l'évolution des dates. Il atteignit la fin avril 1996, et là, détailla les noms. Au bout d'une vingtaine de feuillets, il se découragea. Mais soudain, une ligne perdue au milieu d'une page d'écriture soignée aux arrondis scolaires lui sauta aux yeux : 13 février 1997, Fischbehn-Stepanenko, né à Kiev.

Il ferma le registre, qui claqua, et resta assis un long moment. Il revoyait Sergueï, leur réveillon du jour de l'An dans sa datcha d'un lotissement du ministère de l'Intérieur, leur pique-nique avec Micha sur le Dniepr gelé.

Alors qu'il ignorait tout de cet endroit, qu'il ne risquait même pas d'envisager l'existence d'un quelconque crématorium « artisanal », il lui était déjà lié. Et l'urne qui avait retrouvé sa place dans sa cuisine, sur l'appui de la fenêtre, à Kiev, en était la preuve.

60

Quelques heures plus tard, l'exaltation qui s'était emparée de tout son être était retombée. C'est alors qu'Aza regagna la baraque. Victor était allongé, occupé à contempler le plafond. Il attendait la quille.

– Debout là-dedans! vint lui ordonner Aza. Prends le rouquin avec toi et montre-lui comment ça marche. On aura du travail tout à l'heure. Si tu lui apprends pas, c'est toi qui devras tout faire.

Victor se leva en maugréant.

Sur le chemin du hangar, il put discuter avec le nouvel esclave. Originaire d'Arkhangelsk, tout au nord de la Russie, il s'appelait Vassia. Il demanda si on était nourri, à la baraque.

– Aza t'expliquera tout. Tu pourras te faire des nouilles, et le vendredi, le jour qui rapporte le plus, tu auras droit à des rations militaires de corned-beef.

– Pourquoi ça rapporte plus le vendredi?

– Parce que dans la nuit du jeudi au vendredi, on fait des réductions.

Pendant qu'il parlait ainsi, Victor avait dans l'oreille le lointain écho de la voix de Siéva, qui lui avait donné en son temps les mêmes éclaircissements.

– Des réductions sur quoi?

Victor s'arrêta net. Bien sûr, Vassia ne savait rien du travail qui l'attendait. Il perdit tout désir de continuer à lui donner des détails. Il lui fit signe de le suivre, et ils reprirent leur chemin.

– Alors, c'est quoi ces réductions? insista la nouvelle recrue en pressant le pas.

– Je te montrerai sur place.

C'était effectivement le plus simple. Vassia resta bouche bée quelques instants, avant d'en prendre son parti sans trop de difficultés, surtout après que Victor lui eut déclaré qu'il valait mieux un four chaud qu'une fosse froide.

– Toi aussi tu es resté prisonnier au fond d'un trou?

Victor fit oui de la tête.

Une lueur de respect éclaira les yeux verts du rouquin.

Victor lui montra toutes les vannes, l'une après l'autre, dans l'ordre, et ouvrit les portes du four.

– Les morts, on les met les pieds devant? s'enquit Vassia en examinant la trachée noire du tube interne.

– Non, plutôt la tête la première. Ça permet de les pousser par les pieds.

Vassia approuva.

– On pourrait peut-être l'allumer tout de suite, ça nous réchaufferait?

– Non, répliqua sentencieusement Victor. On risquerait de se trahir avec la fumée. On l'allumera quand il fera nuit.

Il fallut deux heures avant que l'obscurité envahisse les montagnes. Vassia était intelligent et docile. Victor, adossé au tuyau en train de chauffer, se félicitait d'avoir hérité d'un élève aussi doué. Plus vite il se débrouillerait seul, plus vite il pourrait se passer de son maître. La température du hangar devenait agréable. Victor s'était si bien habitué à la pénombre que même la faible lueur de la lampe qui lui servait à vérifier la pression sur les cadrans lui sembla trop vive.

– On va y être bientôt, au vendredi qui rapporte? s'inquiéta subitement Vassia.

Victor allait ouvrir la bouche, mais se rendit compte qu'il ignorait quel jour c'était. Il chercha un point de repère dans ses souvenirs, en vain. Cela faisait trop longtemps qu'il vivait au jour le jour. Un de ces jours, il serait libre, mais ce jour-là ne correspondait à aucune date précise. Peut-être que quelque part, et même tout près, là où les semaines se divisaient en jours de travail et week-ends, où le bien et le mal étaient clairement définis, où tout le monde respectait les règles de la vie courante, ce jour occupait une place intangible dans le calendrier, une position dans le mois et la semaine, un nom sous lequel il entrerait dans l'histoire, fixant la date exacte d'un événement. Mais là où se trouvait Victor, malgré toute « l'offshorité » de la zone, le temps et la vie obéissaient à d'autres lois. Et seuls ceux qui avaient une raison valable de pénétrer dans cette zone, qui apportaient leurs camarades morts pour faciliter leur destin posthume, connaissaient le jour et la date. Aza aussi devait être au courant.

– Quand Aza viendra, on lui demandera.

61

Le vendredi arriva deux jours plus tard. Au matin, Victor et Vassia firent bouillir de l'eau, y versèrent de mauvaises pâtes, et, quand elles furent prêtes, ajoutèrent une grosse boîte de porc.

Avant d'ouvrir la conserve, Vassia l'avait examinée sous toutes les coutures, incrédule :

– Dans notre unité, à Mozdok, on nous filait les mêmes !

Après ce petit-déjeuner, Victor alla se coucher, tandis que Vassia restait à admirer la montre que lui avait offerte, la nuit même, un militaire russe en souvenir de son camarade tué.

Vers midi, des chasseurs-bombardiers Sukhoï survolèrent le secteur à très basse altitude, ébranlant la baraque. Victor fut éjecté de son lit.

Il sortit et observa les alentours d'un œil vaseux. Aza était assis sur un tronc d'arbre, sous un jeune pin. Il alla s'installer à côté de lui.

– Khatchaïev ne t'a rien dit à mon sujet ?

– Non, pourquoi ?

– Il est censé me laisser partir. Il a donné sa parole.

– S'il l'a dit, il va le faire.

Ainsi réconforté, Victor aborda une autre de ses préoccupations :

– Et Siéva, vous l'avez mis où ?

– Dans le bidon, répondit Aza, soudain triste.

– Peut-être qu'on devrait le renvoyer chez lui ? On a sûrement son adresse quelque part ?

– L'adresse, on l'a, convint Aza en tournant son visage rond vers Victor, qu'il regarda fixement. Mais ici, on n'a pas de poste. Si ça te chante, tu n'as qu'à arranger ça avec des fédéraux et les payer.

– Pourquoi pas... Après tout, je pourrais aussi le prendre avec moi, et l'expédier par la poste une fois que je serais à Kiev. J'ai bien reçu les cendres d'un ami, comme ça. On me les a envoyées de Moscou...

– Très bien, je te copierai son adresse. Il est sur le dessus, dans le bidon. C'est le dernier qu'on y a versé.

– Il me faudra aussi un grand sac, ajouta Victor, prévoyant de transporter Micha.

– Je te donnerai un morceau de toile, une aiguille et du fil, tu n'auras qu'à te fabriquer le sac que tu voudras.

Victor rentra dans sa chambre et tira de sous son lit un sac Marlboro, qu'il plia avec soin et rangea dans une poche de sa veste.

Arrivé au hangar, il s'approcha du bidon. Il était presque plein. Il sortit son sac Marlboro et le remplit à moitié de cendres. Il en évalua le poids, qui lui parut trop modeste. Il replongea la pelle dans le bidon, et entendit un bruit métallique. Elle venait de heurter quelque chose. Il rajouta des cendres dans son sac, puis fourra la main dans le récipient, d'où il tira le fameux lingot d'or. C'était donc là que Siéva le cachait... Il avait raison : personne n'aurait eu l'idée d'y fouiller. Il était lourd, ce lingot, au moins sept kilos...

À quelques mètres du hangar, le sac dans une main, l'or dans l'autre, il s'arrêta, posa le sac dans la neige, et leva le lingot devant ses yeux. Il caressa sa surface irrégulière, ôtant la poussière noire qui le recouvrait. Il découvrit des inclusions de pierres précieuses ou semi-précieuses, une petite saillie qui ressemblait à de l'ivoire et qui lui rappela quelque chose. Il resta ainsi plusieurs minutes, avant de le glisser dans son sac, qu'il attrapa à deux mains par en dessous pour ne pas risquer de déchirer les poignées. Il regagna la baraque, en écoutant la neige gémir sous son poids.

62

Un autre vendredi passa et cette fois, l'ordinaire amélioré lui resta en travers de la gorge.

Ils formaient un bon tandem, avec Vassia, devenu aussi expérimenté et habile que lui. Tout se passait remarquablement bien, sans accrocs, rien ne l'irritait chez son jeune compagnon, qui ne proférait jamais de bêtises. Il se comportait comme un bleu envers un gradé, avec un sens tout militaire de l'obéissance et l'habitude d'exécuter n'importe quel ordre. Pour sa part, Victor faisait un bon commandant. D'ailleurs, Vassia lui-même avait déclaré qu'après tout ce qu'il venait de vivre, dans son unité à Mozdok et dans la fosse chez les Tchétchènes, ce travail au crématorium était un vrai bonheur.

Toutes les nuits, le hangar était chaud, mais c'était une chaleur trop sèche au goût déplaisant qui les obligeait à sortir de temps en temps dans le froid. Ils passaient les nuits en conversations tranquilles, parfois interrompues par la contemplation silencieuse du ciel tchétchène soudain débarrassé des nuages de neige. Les étoiles étaient tout aussi grosses que celles, méridionales, de l'Ukraine, ou celles, boréales, d'Arkhangelsk.

Quand les nuages revenaient masquer le firmament, montant en rangs serrés, les deux hommes reprenaient leur bavardage.

Des fédéraux, plus rarement des Tchétchènes, amenaient des cadavres, repartaient avec des cendres. La vareuse de Vassia était désormais gonflée de dollars en petites coupures et de roubles en gros billets. Il dormait avec, craignant, comme à l'armée, de sortir quoi que ce soit de ses poches, même pour un instant.

Victor ne cessait de penser à la promesse de Khatchaïev. Il poussait de lourds soupirs, se sentait de plus en plus délaissé, mais n'en parlait pas à Vassia, qui ne savait rien de lui et ne posait jamais de questions. Une autre de ses qualités.

Lorsque le soleil déclina sur la journée du lundi, que Victor arrêta d'alimenter le poêle du couloir, s'apprêtant à rejoindre Vassia qui fumait dehors, un ronflement de moteur se fit entendre. La jeep kaki se rangea près de la baraque, conduite par Aslan, Khatchaïev à ses côtés.

Victor sortit, attiré par le bruit, et se figea. Une joie craintive le submergea, accompagnée d'une incrédulité prudente. À quoi rimait la venue du patron ? Il voulait forcément mettre les choses au point, lui dire s'il allait le renvoyer chez lui avec Micha ou pas.

Khatchaïev expédia Vassia au hangar. Quand celui-ci disparut de leur champ de vision, Khatchaïev entra dans la baraque. Il portait une simple veste matelassée au col ouvert et un jean. On ne voyait sur lui ni grenade ni aucune espèce d'arme.

Ils s'installèrent dans la chambre, Victor s'assit sur son lit, Khatchaïev sur celui de Vassia. Il sortit une demi-bouteille de cognac de sa veste et la posa sur la table de nuit, puis attrapa une boîte d'allumettes et enflamma la mèche de la chandelle posée à côté.

– Tu as des verres ?

Victor gagna la cuisine et revint avec deux quarts émaillés. Il s'attribua le Winnie, par habitude, et offrit le Crocodile Guéna à Khatchaïev. Celui-ci eut un petit rire, fit tourner le quart entre ses doigts.

– Dommage qu'il n'y en ait pas avec des pingouins, plaisanta-t-il.

Méfiant, Victor le regarda néanmoins avec espoir servir le cognac et lever son quart.

– Écoute-moi bien, commença-t-il d'une voix plus sèche qu'à l'accoutumée. Pour l'instant, je te fais partir seul. Toi plus le pingouin, je n'y arriverais pas. Tu vas te retrouver à Taganrog, et de là, tu devras te débrouiller pour rentrer à Kiev. Une fois chez toi, tu attendras que je t'appelle. Je pense qu'il te faudra patienter une quinzaine de jours.

– Mais vous n'avez pas mon téléphone !

– Enfin, pour qui tu me prends ? J'ai enregistré ton numéro et celui de ton Sergueï Pavlovitch. Allez, bois un coup !

Victor, toujours rongé par le doute, avala son cognac et contempla Khatchaïev, qui n'avait pas bu. Celui-ci s'était contenté de renifler l'alcool, avant de poser son quart sur le chevet. Il resservit Victor.

– Allez, à la chance ! lança-t-il. Tu vas en avoir plus besoin que moi !

Victor but, et se sentit envahi par une totale indifférence. Ses pensées se dérobaient, ses désirs étaient annihilés. L'avenir s'embrumait. Encore un peu, et le passé lui-même disparaîtrait à jamais. Il allait oublier qui il était, d'où il venait, où il avait vu le jour. Il regarda la flamme de la bougie – elle était double. Il baissa la tête et sentit le lit osciller, tanguer comme un radeau sur une mer soudain agitée. Il se vit partir en avant, puis en arrière. Son dos heurta le mur, il se cogna la nuque, sans violence, mais cela suffit à réveiller sa blessure, qui ne se refermait pas.

– Aza ! appela Khatchaïev, considérant avec calme son corps désarticulé.

La porte s'ouvrit, Aza parut sur le seuil, Aslan regardant par-dessus son épaule.

– Embarquez-le dans la voiture, et n'oubliez pas ses affaires. Il doit les avoir mises sous son lit…

Les deux hommes transportèrent Victor, puis Aza revint à la baraque, tira de sous le lit le sac de toile que Victor s'était confectionné quelques jours plus tôt.

– C'est lourd ! dit-il à Khatchaïev, toujours assis sur l'autre lit.

– Ouvre !

Aza posa docilement le sac sur le matelas, dégrafa les trois boutons de manteau militaire qui le fermaient et voulut y plonger les mains, mais Khatchaïev interrompit son geste en lui tendant le quart Winnie.

– Ajoutes-y ça et referme ! Ce n'est pas bien de fouiller dans les affaires des autres, conclut-il en se redressant.

Aza déposa le sac sur le plancher de la voiture, derrière le chauffeur. Aslan reprit le volant, et ils partirent, suivant la piste qu'ils venaient de tracer dans la neige avec leurs roues.

Environ trois heures plus tard, ils s'arrêtèrent sur un sentier en pleine forêt et éteignirent leurs phares. Trois hélicoptères survolèrent les bois en direction des montagnes. Appuyé contre la voiture, Khatchaïev les suivit d'un regard mélancolique. Un quart d'heure après, un minibus peint d'une croix rouge sur fond vert se gara non loin. Deux Russes en treillis surgirent du véhicule et saluèrent Khatchaïev et Aslan comme de vieilles relations d'affaires. Ils transportèrent délicatement Victor et son sac dans leur minibus.

– Après-demain, on aura trois caisses de seringues jetables fabriquées en Espagne et des antibiotiques, très efficaces, avertit l'un des Russes. On vous les apporte ?

– Apportez, approuva Khatchaïev. Mais commencez par

me sortir celui-là de la région, ajouta-t-il en désignant de la tête la porte encore ouverte du véhicule. Je veux qu'il arrive sain et sauf, avec tout son saint-frusquin. J'ai donné ma parole d'honneur, c'est compris ?

Le Russe hocha la tête.

Quelques instants plus tard, ils repartirent chacun de leur côté.

63

Chaque pays est une sorte d'immense corps composé de milliers d'organes et de millions de petites cellules qui s'agitent en tous sens, les humains. Plus ce corps est grand, moins il est sain. Il faut en permanence le traiter, l'opérer, anesthésier certaines parties en espérant ne jamais avoir besoin de recourir à une anesthésie générale. Cette crainte contribue à multiplier les anesthésies locales. Tous les organes et toutes les cellules concernés adoptent alors un comportement étrange, en fonction de la puissance du produit. Pour entrer ou sortir de ces zones, il faut être soi-même anesthésié, totalement, afin de ne ressentir ni douleur ni émotion trop vive en passant la frontière, et rester indemne.

C'est ainsi que Victor était arrivé et reparti inconscient. Au guichet de la gare de Taganrog, où il demanda un billet pour Kiev, l'employée, croisant son regard encore brouillé, hocha sombrement la tête, pensant à son neveu de Nikolaïev, mort d'une overdose quinze jours auparavant.

Le train ne partait qu'une heure plus tard. Sur l'esplanade de la gare, en fait une toute petite place, un kiosque vendait de la bière, et un vieil homme famélique écoulait du poisson fumé en psalmodiant : « Regardez-les en plein soleil ! Ce sont des carpes ! Elles ont le dos transparent ! »

Victor s'approcha d'une table haute et laissa choir son sac à ses pieds, l'épaule moulue par les lanières tranchantes. Il leva les yeux, cherchant le soleil qu'invoquait le vieil homme, mais ne le vit point. La nuit tombait et les lampadaires répandaient une lumière jaune étrangement douce sur la placette. Deux bouteilles de bière vides posées non loin, sur une autre table, reflétaient un peu de cette lueur. Soudain, un sans-abri voûté s'en approcha à pas de loup et les fit disparaître sans un bruit[1].

Victor compta les roubles qui lui restaient et calcula qu'il pouvait encore s'offrir un petit gueuleton avant le départ du train. Il ne se sentait pas très solide sur ses jambes, mais avait espoir que la bière lui remettrait les idées en place. Abandonnant son sac sous la table, il s'approcha du kiosque d'un pas chancelant et acheta une bouteille de Baltika à une vendeuse qui arborait un œil au beurre noir. Il prit ensuite au vieil homme, pour quinze roubles, un poisson qui faisait une fois et demie la taille de sa main. Il tria les arêtes et attaqua son apéritif prolétarien, engloutissant sa bière en trois gorgées. Comme il lui restait encore du poisson, il acheta une seconde bouteille. Il se sentit alors si bien qu'il eut envie de rester dans cet état, et de demeurer là, sur la placette, près du kiosque. C'est alors que ses yeux se posèrent traîtreusement sur l'horloge de la gare. Son train partait dans dix minutes.

Il acheva sa bière, surveillant du coin de l'œil le sans-abri qui, quelques mètres plus loin, lorgnait ses deux nouvelles prises. Il vérifia encore l'heure et se rua sur le quai.

– Eh, l'ami ! le héla le vieil homme aux poissons. Tu oublies tes affaires !

Victor attrapa son sac, qui le cloua presque au sol. Il lui

1. La récupération du verre est une source traditionnelle de revenus des laissés pour compte.

était difficile de marcher vite avec ce poids, et il dut mobiliser toutes ses forces pour ne pas rater son train.

64

À Kiev, il gelait. Durant les seize heures de trajet – il en avait passé presque quinze à dormir –, son corps s'était libéré du mystérieux anesthésiant. Il avait retrouvé la forme. Sur le quai, son sac à bout de bras, il s'arrêta soudain, épouvanté au souvenir du contenu de son bagage. En outre, vu tout le temps où il était resté inconscient, celui-ci pouvait désormais abriter n'importe quoi, pas forcément ce qu'il y avait mis au départ. Il tenta de retrouver à quel moment il l'avait vérifié pour la dernière fois. Rien ne lui revint. Peut-être n'avait-il jamais regardé dedans?

Il s'accroupit, défit les boutons et avança la main. Ses doigts s'enfoncèrent dans l'enveloppe molle du sac Marlboro qui renfermait les cendres de Siéva. Il sentit ensuite la froideur d'un objet métallique. Surpris, il écarta les bords de son baluchon. Le lingot d'or reposait au fond, tel quel, à côté du quart émaillé Winnie, qu'il attrapa et fit tourner devant ses yeux avant de le reposer dans le sac, sans comprendre comment il avait bien pu atterrir là.

Était-il possible que personne n'ait fouillé ses affaires lorsqu'il avait été trimballé, endormi, au travers des postes de contrôle? Et à la douane? Se pouvait-il que personne n'ait eu la curiosité de regarder ce qu'il transportait?

Il s'efforça de se rappeler comment, la nuit précédente, il avait traversé la frontière entre la Russie et l'Ukraine. Trou noir. Ce moment-là n'avait pas existé. Personne ne l'avait réveillé, personne n'avait examiné ses papiers.

Il replongea la main dans son sac, trouva le sachet qui contenait ses passeports et sa carte de crédit, ainsi qu'une liasse de dollars fripés, en petites coupures. Dans cet état-là, les bureaux de change allaient les lui refuser !

Il eut envie de boire un café, mais plus encore d'aller aux toilettes. Pendant qu'il se lavait les mains, il put contempler son visage, qui lui retourna l'estomac. Cheveux et barbe hirsutes, la tête entourée d'un bout de tissu dégoûtant... À se demander comment la police ne l'avait pas arrêté dès qu'il avait posé le pied à Taganrog !

Il lui avait suffi de se voir pour que sa blessure lui fasse mal. Il lui ordonna mentalement de se calmer et se débarbouilla. Un nouveau coup d'œil dans la glace le persuada que le café attendrait. Il devait regagner son appartement d'urgence avant de se faire embarquer par les flics.

Alors qu'il s'éloignait des lavabos, il remarqua quelque chose d'étrange sur sa veste d'uniforme. Il se rapprocha du miroir et vit sur sa poitrine, côté gauche, trois barrettes de décorations.

Il crut à une blague et leva la main pour les dégrafer, les ranger ou les jeter, mais ses gestes et ses pensées étaient trop incertains; il réprima son élan et mit sa main dans sa poche. Là, nouvelle surprise : un livret. C'étaient les papiers militaires sales, froissés, d'un certain Sergueï Fiodorovitch Kovalev, sergent, portant la photo d'un type qui lui ressemblait de très loin.

Pris de panique, il vérifia que personne ne se tenait près de lui, comme s'il avait peur qu'on le surveille.

Il quitta les toilettes de la gare et tomba sur une patrouille militaire, deux élèves officiers accompagnés d'un gradé. L'un des élèves leva promptement la main pour le saluer, mais nota du coin de l'œil que son supérieur se désintéressait de ce combattant du ministère des Situations d'urgence. Trop d'amateurs de pêche à la ligne revêtaient cette tenue. Des uniformes, on en vendait partout, alors, s'il avait fallu saluer tous ceux qui en portaient...

La patrouille le dépassa. Devant la gare, un chauffeur se précipita pour lui proposer ses services.

– Je prends pas cher ! argumenta-t-il.

– Dix dollars, ça ira ? demanda Victor en donnant son adresse.

– Ça ira, concéda l'homme, qui voulut l'aider à porter son sac, mais se heurta à un refus.

Il se contenta donc de l'amener à sa voiture, garée non loin.

65

Laissant tomber son baluchon à ses pieds, sur le paillasson qui disait *Welcome*, Victor s'agenouilla et sortit son sachet d'objets précieux, qui ne contenait toutefois pas les clés de chez lui. Il chercha à quel moment il les avait vues pour la dernière fois, en vain. Peut-être ne les avait-il pas prises en partant ?

Il repensa à son sac de sport, avec son blouson et ses vieux vêtements, qu'il avait abandonné à son hôte tchétchène. Elles étaient sans doute restées dedans. Il se remit debout et sonna.

– Mon Dieu ! s'écria Nina en lui ouvrant. Entre !

Le chat passa en miaulant entre ses jambes. Il s'assit à même le sol du vestibule et ôta ses bottes boueuses, découvrant les anneaux olympiques ternis de ses bandes molletières, vestiges agonisants d'une serviette de toilette. Il jeta ces chiffons contre la porte.

– Mais d'où tu viens ? s'inquiéta Nina.

Il leva les yeux vers elle. Elle portait une petite robe mauve, ses pieds menus glissés dans des pantoufles fourrées. Coiffée avec soin, le regard souligné de noir, le visage uniformément enduit de fond de teint, elle avait pris dix ans d'un coup.

– De Taganrog, soupira finalement Victor. Et Sonia, elle est où ?

– Chez sa copine du second. Des gens pas recommandables, déplora-t-elle avec une intonation de mère soucieuse qu'il ne lui connaissait pas. Le frère de cette petite Tanka est connu de la police, son père est gardien de parking, il boit...

– Et toi, tu es quoi? rétorqua-t-il en lui décochant un regard las.

Elle resta pétrifiée.

– Comment ça, je suis quoi ?

– Tu dis qu'il est gardien de parking. Alors je te demande, toi, tu es quoi ?

– Je suis femme au foyer.

Elle hocha la tête, sidérée, et contempla son crâne bandé.

– Tu t'es cogné ?

– On m'a cogné, rectifia-t-il. Tu as de la gaze ?

– Oui ! s'écria-t-elle en filant à la cuisine.

Il en profita pour quitter sa veste, son gros pantalon, et passa dans la salle de bains. Évitant le miroir, il ouvrit le robinet d'eau chaude de la baignoire et resta figé, à se délecter de ce glouglou depuis longtemps oublié. C'était si plaisant !

« Qu'est-ce qui m'arrive ? Il faut que je me calme, tout va bien, je suis chez moi ! » se raisonna-t-il. Il leva les yeux vers le carreau de verre qui donnait sur la cuisine.

– Nina ! Fais-moi du thé ! Il y a de quoi manger ?

– Ça vient, je m'en occupe !

Sa voix était douce, conciliante.

Il se déshabilla entièrement et affronta enfin son reflet, son corps qu'il n'avait pas lavé depuis des lustres et son pansement souillé. Il voulut l'enlever comme le reste, mais quelque chose le retint. Il avisa un rasoir jetable, un blaireau, du savon. La baignoire n'était encore qu'à moitié pleine. Il résolut de se raser. Il badigeonna sa barbe et entreprit de l'éliminer doucement. Déshabituée, sa peau tirait, et le rasoir était usé. Quand il eut terminé, il se rinça à l'eau chaude et s'aperçut que ses joues étaient plus pâles que le reste de son visage. Pourtant, on était en hiver, il n'avait pas pu bronzer.

« Je suis peut-être noir de crasse ? » songea-t-il. Il se savonna le visage et le frotta avec application. Pendant ce temps, la baignoire s'était remplie. Il y plongea. Il eut envie de mettre la tête sous l'eau, mais ne le fit pas à cause du bandage. Bizarrement, ces dernières heures, il n'avait pas eu mal. Sa blessure avait-elle enfin décidé de cicatriser ? À moins que toutes les plaies causées au loin consentent à guérir lorsqu'on rentre chez soi ?

Les petits bruits domestiques dont il avait perdu l'habitude lui parvenaient à travers la vitre : assiettes posées sur la table, fourchettes entrechoquées, couvercle d'une casserole soulevé et remis en place…

« Qu'est-ce que je fais ici ? » finit-il par se demander, à sa grande frayeur. « Je suis chez moi, chez moi », se répéta-t-il intérieurement. « C'est bon, je suis chez moi ! » se réaffirma-t-il une dernière fois. Il prêtait toujours l'oreille aux bruits de la maison. La porte de la cuisine grinça : Nina passait dans le couloir. Quelque chose tinta. Il tourna vivement la tête.

– Nina ! Ne touche pas à mon sac !

– D'accord, d'accord, je le pousse juste sous le portemanteau.

Soudain, on frappa à la porte de l'appartement. Il se demanda, alarmé, pourquoi le visiteur ne sonnait pas.

– Nina, ouvre vite ! implora Sonia sur le palier. Tanka m'a mordu le doigt ! Il faut y passer du Mercurochrome !

L'agitation gagna aussitôt le couloir. Nina alla chercher quelque chose à la cuisine, revint, et la voix de Sonia reprit, apaisée :

– C'est à qui ces affaires ? On a du monde ?

– C'est papa qui vient de rentrer, lui expliqua Nina.

La porte de la salle de bains s'ouvrit. Victor avait oublié qu'il pouvait tirer le loquet. Sonia, pantalon rouge et pull vert, entra et le regarda, bouche bée.

– Alors, on t'a laissé partir, finalement! Et Micha? Il est où?

– Il arrivera bientôt.

– Tu es blessé?

Il hocha la tête.

– Moi aussi! confia-t-elle en exhibant l'index de sa main droite vivement coloré. On jouait au dentiste, je la soignais et elle m'a mordue!

– Sonia! appela Nina. Viens ici, viens m'aider. Laisse papa finir de se laver!

– Je vais lui frotter le dos!

– Ça va aller, lui dit Victor. On verra plus tard.

– Comme tu veux, concéda-t-elle en haussant les épaules.

Elle quitta la salle de bains.

Ils déjeunèrent en silence. La première chose que Victor chercha des yeux fut l'urne où reposaient les cendres de Sergueï. Elle n'avait pas bougé, toujours sur l'appui de la fenêtre, près de la gazinière. La présence de Sergueï, même dans cet état, le rassura. Il mangea son cervelas et ses pommes de terre bouillies en posant de temps à autre un regard sur l'urne. Il n'avait pas envie de voir Nina, assise face à lui.

Installée entre eux, Sonia arborait une mine fureteuse, mais gardait le silence.

Après le repas, Nina examina la plaie de Victor. Elle ôta le tissu innommable et le jeta à la poubelle, prit du coton et de l'eau oxygénée, nettoya la blessure, ce qui raviva la douleur. Victor grimaça.

– Il faudrait que tu ailles voir un médecin, conseilla Nina, réservée. Ça n'a pas une bonne tête...

Elle plaça un peu de coton sur la plaie et posa avec soin une bande de gaze propre.

– Un médecin? répéta-t-il, perplexe, avant de l'observer avec attention. On est quel jour aujourd'hui?

– Mardi.

66

Le trajet jusqu'à Féofania lui coûta vingt hrivnas et prit une demi-heure, car il neigeait.

Il dépassa l'hôpital pour scientifiques et gagna le parc de la clinique vétérinaire. Une belle jeune femme à lunettes, en grosse veste marron, y promenait un berger allemand. Il était terriblement maigre et avait peine à bouger les pattes arrière. Il s'allongeait sans arrêt dans la neige.

– César! Avance! Allez, avance! le supplia-t-elle.

Il se leva, regarda Victor, puis se tourna vers sa maîtresse.

Victor emprunta un chemin bien damé qui le mena tout droit à l'entrée de la clinique. Il monta au premier et frappa à la porte de la salle des internes.

– Entrez! dit une voix d'homme.

C'était Ilia Semionovitch, en blouse blanche, assis à son bureau. Il n'avait pas changé d'un iota, mais après tout, cela ne faisait que quelques mois que Victor ne l'avait pas vu.

Le médecin le regarda avec attention.

– Vous êtes déjà venu, n'est-ce pas? Ah oui, je me souviens, c'était pour un pingouin! Où est-il?

– Assez loin d'ici, pour l'instant…

– Dans ce cas, que puis-je faire pour vous?

Victor soupira.

– Vous ne pourriez pas m'examiner? demanda-t-il en portant la main à sa tête bandée.

– Vous? En quel honneur? Cela fait des années que j'ai changé de spécialité!

– Excusez-moi, mais vous êtes le seul médecin que je connaisse, expliqua Victor avec un geste d'impuissance.

– Bon. Installez-vous sur le lit.

Ilia Semionovitch défit le pansement, attrapa ses lunettes restées sur le bureau et se pencha sur la blessure.

– Eh bien! Vous êtes comme ça depuis longtemps?

– Plusieurs semaines.

Le médecin gagna l'armoire à pharmacie, y prit des pincettes, du coton et une bouteille d'alcool.

– Serrez les dents, je vais vous faire mal! le prévint-il en approchant de la plaie la pincette qu'il venait de désinfecter.

Une douleur vive, fulgurante, éclata soudain dans sa blessure et parcourut tout son corps. Il grinça des dents et ferma les yeux.

Ailleurs, loin de son être raidi de souffrance, retentit la voix étonnée du médecin:

– Vous m'en direz tant! C'était donc ça! Regardez, profitez-en!

L'élancement était passé; ne restait qu'une forte sensation de brûlure à la tempe. Allongé, Victor contemplait le plafond.

– Ça va? s'enquit Ilia Semionovitch, courbé vers lui. Vous survivrez? Allez, vous pouvez vous lever, monsieur le sauveteur! ironisa-t-il.

Il se remit debout, en se demandant ce qui lui valait cette apostrophe. Il finit par réaliser qu'il portait toujours l'uniforme du ministère des Situations d'urgence.

– Regardez un peu ce que je vous ai enlevé!

Il lui mit devant les yeux un éclat de verre de la taille d'une pièce de deux kopeks.

– Vous aurez forcément une petite cicatrice. L'os a été touché. Revenez dans quelques jours, je vous examinerai de nouveau.

– Merci. Je vous dois combien? demanda Victor en fouillant ses poches.

– Soigner les humains est désormais un hobby pour moi. Et les hobbies, on ne les fait pas payer. D'ailleurs, je n'accepterai aucune réclamation au sujet de ces soins! C'est vous qui avez voulu venir ici!

67

La nuit était tombée. Au salon, Nina et Sonia regardaient une série télé mexicaine. Victor s'était enfermé à la cuisine. Il avait pris sa machine à écrire reléguée sous la table, pleine de poussière, l'avait nettoyée et y avait engagé une feuille de papier. Il avait envie de s'occuper, d'échapper à l'embrouillamini de pensées confuses qui remuaient comme un nœud de serpents et lui malaxaient le cerveau. Elles sautaient de la Tchétchénie à un passé plus lointain, puis s'interrompaient brusquement pour lui demander: «Et maintenant, on fait quoi?»

Il regardait sa page blanche, sans parvenir à se concentrer. Finalement, il tapa la question qui l'obsédait: *Et maintenant, on fait quoi?* Cela le soulagea. Matérialisée en texte, elle se volatilisa.

Il alla dans la chambre, en passant devant Nina et Sonia. Il ferma la porte et se coucha dans le lit double, sous la couette.

La nuit, il sentit à travers son sommeil un corps allongé près de lui. Il s'en éloigna, roulant vers le bord du lit.

Il s'éveilla très tard: sa montre indiquait onze heures. Nina était partie, mais dès qu'il apparut au salon, en caleçon et maillot de corps, Sonia lui demanda d'autres nouvelles du pingouin.

– Il va arriver. Bientôt.

Cette promesse lui suffit. Elle reprit ses occupations, éducatives en l'occurrence. Assise sur le canapé au jeté vert style Gobelins, elle traçait des lettres dans un cahier, un livre rigide glissé en dessous.

Victor passa à la cuisine, mit de l'eau à bouillir. Attrapant sa machine à écrire pour la ranger sous la table, il découvrit que sa feuille de la veille s'était enrichie d'un petit paragraphe. Il la reposa sur la table et s'assit pour lire.

Et maintenant, on fait quoi ?

Vitia, tu demandes ce qu'on va faire. Je l'ignore. Je voudrais bien que toi, moi et Sonia restions une famille malgré tout. Si tu es d'accord, je te ferai un enfant et tout ira mieux. Je le sais. J'ai une amie qui avait aussi des problèmes avec son mari, jusqu'à ce qu'ils aient des enfants. Je te promets de t'obéir. Je te demande pardon pour Kolia.

Je t'embrasse,

Nina

Il sortit la feuille et relut ces quelques lignes. Il secoua la tête comme pour chasser une hallucination.

« Mais qu'est-ce qu'elle est allée se mettre dans le crâne ? Quelle folie ! Faire un enfant ! »

Il poussa un profond soupir et remit le papier en place afin de rédiger une réponse, mais décida finalement de ranger la machine. Il se tourna pour regarder dehors.

Le soleil brillait, faisant scintiller la neige dans la cour. Une femme d'âge mûr longeait l'immeuble d'en face, poussant un landau.

Il repéra la fenêtre de la mère Tonia et l'observa pendant plusieurs minutes, revoyant son enfance. Il avait besoin de racines, de liens entre son présent et son passé. Comme arraché à l'existence, il évoluait dans un monde virtuel. Trop peu de gens le voyaient, lui prêtaient attention, pour qu'il se trouve réel. Peut-être n'était-il effectivement qu'un fantôme, condamné à hanter à jamais ce deux-pièces?

«Il faut que je m'extirpe d'ici, que je me réapproprie la ville. Il me faut parler à quelqu'un! Mais à qui?»

Il pensa alors à Liocha. Lui, au moins, il ne risquait pas de disparaître et on était toujours sûr de le trouver à la même place!

Dans le vestibule, il examina sa veste de sauveteur pendue au portemanteau. Il n'avait aucune envie de la mettre, mais c'était son seul vêtement d'hiver.

68

Sa balade le long du Krechtchatik, quasi désert en cette après-midi hivernale, le ramena définitivement à Kiev. Après des semaines de bottes et de bandes molletières, ses pieds se sentaient légers dans le confort retrouvé de ses vieux bottillons. Il ne touchait pas le sol, avançait sans effort.

Il entra dans les Grandes Galeries pour se réchauffer, et découvrit avec stupéfaction les décorations de Noël. Il comprit alors que renouer avec ses sensations de citadin ne suffisait pas, il devait aussi se réinscrire dans le temps.

Il sortit du magasin, se planta face à la Maison des Syndicats et fixa la tour du bâtiment. La sempiternelle pub Adidas fut remplacée par l'affichage de la température, *- 12°*, puis par l'heure, *13:36*; vint enfin le principal, la date: *17 décembre.*

Il resta là à regarder le panneau jusqu'à ce que toutes ces informations aient défilé une nouvelle fois, puis se dirigea vers la place de l'Indépendance.

L'Afghan était ouvert, mais vide. Ses tables basses et l'absence de chaises lui étaient maintenant familières. Il fut en revanche surpris de découvrir l'amorce d'une seconde salle, aménagée depuis sa dernière visite. Après ce bref repérage, il retourna à la porte, frappa ses bottillons sur la grille du seuil afin d'en décoller la neige et entra pour de bon.

La seconde salle abritait le billard court sur pattes et, alignées contre le mur, trois vieilles machines à sous, des « bandits manchots » tout droit sortis de films américains des années soixante-dix. Ils étaient on ne peut plus à leur place. Victor prit une pièce de cinquante kopeks, l'inséra dans la fente verticale prévue à cet effet et tira le levier. Les trois rouleaux se mirent à tourner, des dessins de bananes, de citrons et de tomates défilèrent à toute vitesse, et l'appareil finit par afficher deux prunes et une banane. Victor eut un petit rire, se moquant de lui-même, et regagna la première salle. Il s'accouda au bar et frappa le percolateur avec une pièce de monnaie.

– J'arrive ! annonça une voix inconnue.

Quelques instants plus tard, un homme d'une quarantaine d'années faisait rouler son fauteuil jusqu'au comptoir. Il portait un jogging et avait ses quatre membres, mais ils ne devaient pas fonctionner normalement.

– C'est pour quoi ? demanda-t-il en fixant Victor droit dans les yeux.

– Liocha est là ?

– Qu'est-ce que tu lui veux ?

– Je veux le voir. C'est une vieille connaissance.

L'homme se tut, puis fit la moue.

– Ton Liocha, il a pété un plomb. Il a sombré dans l'alcoolisme, si tu préfères.

– Il est où ?

– Au foyer, à côté.

Victor se fit préciser le numéro de sa chambre, l'étage, et partit à sa recherche.

La porte de Liocha n'était pas fermée à clé. Victor la

poussa, libérant une vague d'effluves rances. La pièce était rebutante. Des cadavres de bouteilles de vodka s'accumulaient sous le radiateur en fonte. Le fauteuil roulant gisait dans le coin droit, tandis qu'à gauche, le nez dans son oreiller, Liocha dormait tout habillé. Une jambe de son pantalon, déroulée, pendait presque jusqu'au sol.

– Liocha? appela-t-il doucement.

Celui-ci grogna et tourna la tête vers le mur. Victor se pencha sur lui. Avec ses cheveux en bataille, sa barbe en friche et son visage rougeaud, il avait tout du clochard.

– Debout! lui intima Victor en lui touchant l'épaule. Tu m'entends?

Liocha ouvrit les yeux, s'appuya sur son coude et se mit sur le dos.

Sa main droite descendit vers le sol, palpant l'air avec précaution. Elle cherchait une bouteille entamée posée non loin. Liocha but une rasade et fixa Victor.

– Qu'est-ce que tu fous ici? maugréa-t-il d'une voix éraillée.

– Rien de spécial, je passais te voir.

– Tu veux boire un coup?

– Non.

– Alors va me chercher une bouteille. Avance-moi le fric, je te rembourserai. On m'a justement augmenté ma pension d'invalidité!

Victor secoua la tête.

– Non.

– Mais qu'est-ce que tu me veux à la fin?

Victor sentit monter en lui une grande tristesse: si un homme parvient à boire allongé, il est peu probable qu'il se redresse un jour, avec ou sans jambes.

– Je reviens, lui déclara-t-il d'un ton ferme en quittant la chambre.

Le conducteur de la vieille Moskvitch qu'il arrêta dans la rue était quelqu'un de vraiment serviable, à moins qu'il ait eu un impérieux besoin d'argent. Pour dix hrivnas, il accepta non seulement de prendre un passager handicapé, mais aussi d'aider Victor à le hisser au quatrième étage. Le fauteuil, même plié, tenait à peine dans le coffre.

– Où tu m'emmènes? demanda Liocha, regardant défiler par la fenêtre la ville plongée dans l'hiver.

– Chez moi. Tu vas t'arranger un peu.

– Pour quoi faire?

Il n'avait pas dessoûlé depuis relativement longtemps, mais posait des questions pertinentes.

– Pour retrouver un peu de dignité.

– L'ami, je te crois pas! déclara-t-il en tournant la tête vers lui. Qu'est-ce que tu attends de moi? C'est fini, les élections!

– Je n'attends rien de toi! s'énerva Victor. C'est moi qui te suis redevable! Tu comprends? C'est toi qui as trouvé du travail au pingouin!

– Qu'est-ce que tu racontes? s'effara Liocha. Quel travail? T'as pas autre chose à me ressortir? Si tu vas par là, j'ai aussi trouvé l'argent pour son opération!

– D'accord, excuse-moi, soupira Victor. Comment t'expliquer? Je veux juste t'aider, tu es un gars bien! Et moi, ajouta-t-il en écartant les bras, navré, je n'ai plus aucun ami ici...

– Moi non plus, constata Liocha en haussant les épaules. Alors quoi, on va être bons amis, on va passer nos journées à faire des parties d'échecs? proposa-t-il avec son sourire sarcastique.

– Ta gueule. Tu vas te laver, t'habiller correctement, et t'auras qu'à aller où tu veux. Je te ramènerai dans ton trou à rats, tiens!

Ils ne parlèrent plus jusqu'à la fin du trajet. Le chauffeur, un vieil homme chauve en trois-quarts usé à col de karakoul, jetait par moments, dans le rétroviseur, des coups d'œil intrigués à son passager sans jambes.

69

Quand ils entrèrent dans l'appartement, il n'y avait personne. Victor commença par faire couler un bain. Assis par terre dans le vestibule, Liocha regardait, hébété, la coupelle de lait.

– Tu as troqué ton pingouin contre un chat?

Ignorant sa question, Victor lui enjoignit de rester là:

– Je fais un saut en bas, j'arrive.

Il descendit chercher le fauteuil resté dans le hall. De retour, il aida Liocha à se déshabiller. Il était en train de le tenir pendant qu'il s'immergeait lorsque Sonia fit une apparition éclair pour annoncer:

– Je suis en dessous, chez Tania, on joue, t'inquiète pas!

Ils durent vider la baignoire à moitié, car Liocha avait du mal à rester assis, et il avait peur de se noyer. Victor lui fit passer une éponge et du savon.

– Pendant que tu te laves, je vais préparer à manger.

En sortant les macaronis du placard, il entendit des clapotis dans la baignoire, et cela lui rappela Micha batifolant dans l'eau froide, un an auparavant. Où pouvait-il bien être? Toujours avec les chiens? Quand donc Khatchaïev allait-il mettre sa promesse à exécution?

Il soupira. Avec Liocha, ils étaient tout aussi pingouins que Micha. Impuissants, dans l'attente. De nourriture, de chaleur? Non, pas de chaleur pour les pingouins… La saison était bien choisie, le cœur de l'hiver. Micha serait plus à l'aise.

Victor retourna auprès de son ami pour l'aider à s'essuyer, passer un de ses vieux survêtements, s'installer dans son fauteuil et gagner la cuisine, ce qui lui donna le plus de mal. Ils étaient en train de manger leurs macaronis lorsque Nina rentra. Il fit les présentations.

– Voici Liocha. Il va vivre ici quelque temps.

Nina acquiesça, hypnotisée par le nouveau venu.

– Il va dormir où ? s'inquiéta-t-elle après un long silence.

– On verra plus tard.

Quand elle eut quitté la cuisine, Liocha murmura :

– Elle va te faire une scène !

– L'appartement est à moi, chuchota Victor en retour. Tu veux du thé ?

– Tu me donnerais pas plutôt de la vodka ?

– Non.

– Va te faire foutre. Du thé, alors. Et plains pas le sucre !

Quand il fut l'heure de dormir, ils allongèrent Liocha au salon, dans deux fauteuils tournés face à face. Sonia avait refusé de lui céder « son » canapé, mais il ne s'en formalisa pas.

Au matin, une caresse sur le visage l'éveilla. Il entrouvrit les yeux et découvrit le chat, roulé en boule sur sa poitrine, sa queue sur le nez. Il lui souffla dessus, sans effet. Alors, il le retourna face à lui.

– Je vais te faire peur ! murmura-t-il avant de lui souffler à la gueule, cette fois de toutes ses forces.

Le chat se détourna paresseusement, puis sauta à terre. Déçu, Liocha se souleva sur un coude, contempla Sonia qui dormait, et se souvint de la journée de la veille, puis repensa à *L'Afghan.* Il réfléchit un moment. Prenant garde de ne pas faire de bruit, il se laissa glisser sur le sol, et, avec ses moignons et ses mains, comme un enfant qui ne sait pas encore marcher, rampa jusque dans le vestibule. La soucoupe. Il avait une soif terrible. Avec un soupir, il se pencha et avala le peu de lait qui restait. Ensuite, il se traîna jusqu'à la cuisine. Sous la table, la machine à écrire attira son attention. Intrigué, il lut le petit texte qui dépassait. Il eut aussitôt l'impression d'assister à un enterrement, et pas un de ceux qu'il surveillait, non, un vrai, l'enterrement d'un proche. La question «Et maintenant, on fait quoi?» resta gravée en lui. Ainsi, Victor était vraiment malheureux et seul... Il eut soudain envie de l'aider. Mais comment? La soif le reprit, une soif de vodka cette fois. Il parcourut la cuisine des yeux, bascula vers le frigo, qu'il explora. En vain.

70

Il fallut plusieurs jours à Liocha pour s'accoutumer à cette nouvelle vie. Ce n'était pas facile. Seule la spontanéité de Sonia le distrayait, l'amusait presque. Elle avait commencé par lui demander quel tramway lui avait coupé les jambes. Il lui avait raconté que c'était celui de la ligne 12, conduit par une aveugle qui n'avait pas remarqué sa présence sur les rails. Mais la curiosité de la fillette ne s'était pas satisfaite de cette explication. Elle avait aussi voulu savoir s'il souffrait beaucoup.

– En général, les membres sectionnés font mal assez longtemps, avait-il répondu avec bienveillance. Mais ça n'a pas été le cas pour moi.

– Tu sais, avait-elle déclaré après un silence lourd de sous-entendus, tu ferais un bon mari.

– Moi? Pourquoi?

– Parce que tu resterais tout le temps à la maison, tu n'irais pas voir ailleurs, tu ne partirais pas. Tu as des enfants?

– Non.

– Ah, tu vois! Tu dois te marier, avait-elle conclu sur un ton de reproche.

Nina et lui ne parlaient presque pas. Quand leurs regards se croisaient, elle se contentait de sourire et disparaissait à la cuisine ou dans la chambre. Impossible de savoir ce qu'elle pensait. Sa patience ne cessait d'étonner Victor. Elle était remontée dans son estime. Cela ne suffisait pourtant pas à le rapprocher d'elle la nuit. Ils partageaient le grand lit, mais il gardait ses distances.

Un matin, il l'avait envoyée à la poste, lui confiant un colis à expédier, sans préciser que c'étaient les cendres de Siéva qu'il adressait à ses parents. Elle n'avait posé aucune question.

Pendant ce temps, il s'était rendu à Féofania. Ilia Semionovitch avait défait son bandage, nettoyé la plaie et déclaré, satisfait, que d'ici quelques jours il n'aurait plus besoin de pansement.

Ainsi, la vie reprenait son cours. Sa seule inquiétude restait le sort du pingouin. Les jours passaient sans apporter le moindre coup de fil de Khatchaïev. Sonia avait déjà demandé cent fois si Micha serait là pour Noël et ce qu'il faudrait lui acheter comme cadeau.

C'est quand il vérifia si son lingot était toujours en place qu'il se mit à penser lui aussi aux cadeaux de Noël. Caressant sa surface râpeuse, il sentit sous ses doigts des particules de poussière, de cendres. Il alla le laver à l'eau chaude, comme pour effacer la provenance de cet or, le nettoyer de toute l'horreur et la peine dont il était le fruit.

Il le remit au fond de son sac, qu'il replaça dans l'armoire, non sans en retirer le quart Winnie, avec lequel il passa à la cuisine. Liocha, dans son fauteuil, y lisait les journaux de la veille que Nina lui avait achetés.

– Tu sais, commenta-t-il sans lever les yeux, la vie est devenue plus joyeuse, la vie est devenue plus gaie, comme disait le camarade Staline. Ça faisait bien trois mois que je n'avais plus lu la presse. Qu'est-ce que j'ai bu pendant ce temps ! Et dis donc, ils écrivent de ces trucs ! En Russie, la vodka frelatée tuerait dix mille personnes par an ! Tandis que chez nous, seulement quatre mille ! Super, non ?

– Raison de plus pour ne pas boire.

– La raison n'a rien à voir là-dedans ! ironisa Liocha. Tu nous offriras bien un peu de champagne pour les fêtes, quand même ?

– Mais oui.

– Oh, c'est quoi que tu tiens ? Un cadeau pour la petite ? demanda-t-il en désignant le quart.

– Non, c'est à moi.

71

Ses derniers dollars glanés en Tchétchénie étaient si pitoyables qu'il dut les changer au noir, à un prix inférieur au cours normal, car aucun bureau officiel n'en avait voulu. Son épaisse liasse de petits billets verts ne lui valut que deux cent trente hrivnas, ce qui l'obligea à réfléchir sérieusement. Certes, il y avait là de quoi acheter quelques cadeaux, mais pas garnir une table de fête. Il dut repasser chez lui prendre son sac et y pêcher la carte du défunt banquier.

Il ne tarda pas à trouver un distributeur et, sans plus se gêner, demanda carrément mille hrivnas.

Une quinzaine de secondes plus tard, l'appareil lui délivrait dix billets de cent tout neufs. Il regarda à droite et à gauche, redoutant que quelqu'un déboule, s'en empare et disparaisse, mais il était seul. Il neigeait faiblement. Une cinquantaine de mètres plus loin, un employé cassait à coups de barre à mine la couche de glace couvrant le trottoir devant l'entrée d'un restaurant de poissons, soucieux d'éviter de mauvaises chutes aux futurs clients.

Victor pouvait enfin se détendre et regarder sans inquiétude les prix des cadeaux potentiels. La liste des destinataires s'imposa d'elle-même : d'abord Sonia, puis Nina, ensuite

Liocha, et finalement Svetik, qui revint en douce à son esprit. Cela ralentit son pas. Il se remémora la nuit à la maternelle, la bouillie à la confiture, les petits lits rapprochés.

Il entra dans les Grandes Galeries et alla droit aux jouets, mais tous lui semblèrent trop rudimentaires pour sa Sonia. Elle avait déjà passé l'âge des Barbie, sans pour autant avoir grandi. Il tenta de visualiser les jouets qu'elle avait à la maison, et s'interrogea, car aucune poupée n'avait marqué sa mémoire. En revanche, il se souvint de l'index mordu par la petite voisine pendant qu'elles jouaient au dentiste. Il refit un tour des rayons, trouva un Docteur Aïbolit[1], mais il ne lui plut pas. Perché tout en haut des linéaires, un gros pingouin en peluche attira son regard. À quatre-vingt-dix-neuf hrivnas, il n'était pas donné. Victor longea encore les rayons, sans hâte, et finit par trouver une mallette blanche en plastique rigide, ornée d'une croix rouge et pourvue de nombreux accessoires, tels que seringue, pincettes, stéthoscope.

Il l'acheta, puis alla voir s'il n'y avait pas moyen de la faire tenir par le pingouin, pour que celui-ci ait l'air de jouer au docteur, mais ça ne marchait pas.

Il choisit pour Nina un coffret de maquillage importé de Turquie. Pas très cher, mais bien rempli. Près du rayon des cosmétiques, il aperçut un espace opportunément baptisé «Cadeaux». À l'entrée, debout devant une petite table, une jeune femme élancée déguisée en Fille des Neiges[2] faisait l'article.

– Messieurs, énonçait-elle d'une voix aussi forte que

1. Le Docteur Aïbolit («Aïejaimal»), personnage du célèbre écrivain et poète pour enfants Korneï Tchoukovski.

2. Jeune beauté qui accompagne le Père Noël, en fait appelé Grand-Père Gel; Noël ne fait pas partie de la tradition, il ne se célèbre que depuis quelques années, avec le retour de la religion, et la vraie fête avec cadeaux se déroule non le 24 décembre au soir, mais le 31.

douce, venez acheter le plus beau des cadeaux pour la femme que vous aimez !

Bien que n'ayant pas de femme aimée dans son entourage, Victor fut irrésistiblement attiré par ces paroles, et il se mit à contempler la table, où s'alignaient des tasses à café, petites et raffinées.

– Des tasses pour lire l'avenir dans le marc de café ! Le meilleur des cadeaux pour la dame de vos pensées ! Approchez, messieurs, n'ayez pas peur !

Victor avait les yeux fixés sur les tasses, et il fut bientôt imité par plusieurs autres hommes.

– Regardez bien, je vais vous faire une démonstration ! annonça alors la jeune fille d'un ton suave.

Elle prit une grande cuillerée de marc au fond d'une casserole et la déposa d'un geste théâtral dans une des tasses, qu'elle retourna dans la soucoupe, faisant durer le suspense, figée dans une attitude d'illusionniste. Elle finit par soulever la tasse et présenta l'intérieur à l'assistance : la délicate porcelaine de la paroi affichait une scène clairement érotique.

– Le service se compose de six tasses avec leurs soucoupes, continua la jeune fille. Une surprise différente dans chacune ! Pour prédire l'amour, l'argent ou le bonheur !

– Dites-moi, vous les vendez aussi à l'unité ? s'enquit Victor.

– Bien sûr ! C'est sept hrivnas la tasse et sa soucoupe, ou quarante-deux les six. Laquelle vous voulez ?

– Celle de l'amour.

La jeune femme avait des doigts extrêmement longs et fins, et pendant qu'elle enveloppait la tasse dans du papier de couleur vive, Victor les dévorait des yeux.

– Voilà, dit-elle en lui tendant un élégant paquet-cadeau. Passez de bonnes fêtes !

– Vous aussi !

Il se préoccupa ensuite de Liocha. Il avait d'abord pensé lui offrir une magnifique chope bavaroise, mais changea d'avis, pas à cause du prix, deux cents hrivnas, mais de l'incitation que représentait un tel objet. Non, il fallait quelque chose de neutre, sans rapport avec la boisson. Il finit par trouver, et même meilleur marché que la chope: un bel agenda avec sa calculette insérée dans la reliure en cuir fauve.

Svetik resurgit alors à son esprit, mais il décida de ne rien lui acheter. Il n'avait pas envie de la chercher, du moins pas pour l'instant.

À la maison, Sonia faisait du thé pour Liocha, dont l'incapacité manifeste la séduisait. En fait, il aurait très bien su se débrouiller, mais il n'avait pas envie de contrarier la fillette.

– Mets-y deux cuillerées de sucre, s'il te plaît, même trois!

– Ce n'est pas bon, asséna-t-elle en secouant la tête. Je t'en donne une et demie, et encore, ça devrait être une seule! Tu sais toutes les maladies que ça provoque, le sucre?

– À part le diabète, je ne sais pas...

– C'est dans le ventre?

– Non, dans le sang.

– Alors moi j'en connais une autre, c'est quand on a très mal au ventre. C'est le sucre qui fait ça, et le chocolat, aussi.

Sa tasse enfin en main, Liocha but une gorgée et regarda dehors. Il n'était pas très à l'aise, installé à la table de la cuisine, car il se retrouvait à la même hauteur que Sonia.

Il neigeait à nouveau. Liocha soupira et tourna la tête vers Sonia, assise près de la gazinière. Il découvrit alors, sur l'appui de la fenêtre, l'urne verte, patinée.

– C'est quoi ce pot?

– C'est un ami de tonton Vitia. Il est mort quelque part à Moscou, et maintenant il est là. Tata Nina l'avait mis sur le balcon, mais quand tonton Vitia est revenu, il l'a de nouveau posé dans la cuisine.

Liocha ne dit plus rien. Il était sombre. Son « travail » en marge des enterrements lui revenait en mémoire, avec les repas funéraires, les cercueils de luxe et le silence magique des cimetières. Calme et beauté sans joie.

– Bois ton thé, il va refroidir ! l'interpella Sonia. Tu veux grignoter quelque chose avec ? Du pain et du saucisson ? On en a du bon, diététique.

– Très bien, donne, approuva Liocha.

Après le dîner, alors que tous les quatre regardaient la télé, le téléphone sonna.

Victor sursauta. Il avait complètement perdu l'habitude de ce bruit. Nina alla décrocher, et se retourna.

– Vitia, c'est pour toi !

Il attrapa le combiné.

– Vous êtes Victor ? demanda une voix masculine qu'il ne connaissait pas.

– Oui, c'est moi.

– On a quelque chose pour vous. Préparez une brique pour l'échange.

– Une brique ? répéta-t-il. Ça fait dix mille, c'est ça ?

– C'est ça, une brique, en dollars. Je vous rappelle demain à midi et on conviendra d'un rendez-vous. Surtout pas de bêtises ! Salut.

Alors que l'inconnu avait raccroché depuis deux bonnes minutes, Victor était toujours là, le téléphone à la main.

– C'était qui ? s'inquiéta Nina.

– Micha, le pingouin, est à Kiev, soupira Victor.

– Ouaaaiiis ! s'écria Sonia, mais sa joie retomba dès qu'elle croisa le regard accablé de Victor.

Il poussa un nouveau soupir en pensant à la somme qu'il allait devoir se procurer pour le lendemain. Il y avait bien la carte de Bronikovski, mais elle ne permettait de retirer que des hrivnas. Certes, il pouvait ensuite les changer en dollars, mais cela représentait une quantité phénoménale ! Plus de trente mille hrivnas ! Il avait du mal à s'imaginer faire la tournée des bureaux de change avec un sac plein d'argent ukrainien.

– Qu'est-ce qui se passe ? demanda doucement Nina.

– J'ai besoin d'argent, expliqua-t-il, plus calme. Je croyais le récupérer gratuitement...

– Micha ? demanda Liocha.

Victor hocha la tête.

Soudain, un éclair de détermination brilla dans ses yeux.

– Je rentrerai tard, dans trois bonnes heures, lança-t-il, et il partit.

72

À la lueur des lampadaires, Golosseïevo semblait un village enchanté. Une couche de neige uniforme recouvrait les toits pentus. Dans certains jardins, les propriétaires avaient habillé leurs sapins de guirlandes lumineuses qui clignotaient gaiement.

C'était justement le cas chez Sergueï Pavlovitch : un arbre de trois mètres étincelait devant la maison. Le 4x4 était garé dans la cour, sur le gravier constellé de neige. Victor trouva la sonnette, abritée des intempéries par une petite avancée en métal, et c'est Pacha qui vint lui ouvrir le portillon.

– Pas possible, qui voilà ! se réjouit le garde du corps. C'est drôle, le patron parlait de toi l'autre jour !

Ils entrèrent et gagnèrent la cuisine.

– Tu veux un café ?

Victor acquiesça.

– Il va rentrer dans une demi-heure, c'est rare qu'il arrive avant minuit maintenant. Il est devenu député, alors...

– Député ? Mais il était attaché parlementaire !

– Il y a eu d'autres élections, et la population a voté pour lui, expliqua Pacha. Ça lui plaît beaucoup, tu sais. Il dit qu'il fréquente plein de gens bien, même s'il y en a aussi qu'il faudrait jeter du haut d'un pont la nuit. Mais ça, y en a partout.

Une voiture klaxonna devant le portail, et Pacha se précipita pour ouvrir, laissant entrer une Mercedes noire équipée de plaques minéralogiques officielles. Sergueï Pavlovitch en descendit, vêtu d'un élégant manteau noir, très long. La voiture repartit et Pacha referma le portail.

« Il aurait quand même pu se faire déposer sur le trottoir », pensa Victor.

– Ça alors ! s'exclama-t-il en entrant dans la cuisine. Et Pacha qui m'a juste dit que nous avions de la visite ! Bienvenue !

Sergueï Pavlovitch se débarrassa de son manteau, révélant un costume noir à reflets bleutés de très belle coupe.

– On va fêter ton retour comme de vrais hommes !

Il disparut un court instant, et, quand il revint, coupa le gaz sous la bouilloire.

– Du café, tu en boiras demain, pour ton petit-déjeuner. Ce soir, cognac. On reste ici ou on passe à côté ?

– Ici, ça fait plus démocratique, préféra Victor, qui avait l'impression que sa demande passerait mieux dans une simple cuisine que dans un salon cossu.

– Pacha ! Apporte le cognac ! s'écria le patron, avant de s'asseoir à la table d'angle. Tu ne crois pas si bien dire, moi aussi maintenant je suis démocrate ! Je m'étais d'abord mis avec les sociaux-démocrates, mais ils ne s'occupaient que de la défense de la langue ukrainienne, pour eux ça comptait plus que l'indépendance et l'économie réunies, alors je suis devenu démocrate tout court. Mais toi, qu'est-ce que tu as fabriqué à Moscou pendant tout ce temps ?

– À Moscou, pas grand-chose, je n'ai fait qu'y passer. C'est en Tchétchénie que j'ai le plus fabriqué, expliqua Victor, qui raconta brièvement ses aventures, concluant sur la promesse de Khatchaïev et le coup de fil du début de soirée.

– Dix mille dollars ! répéta Sergueï Pavlovitch. Il vaudrait peut-être mieux les buter, libérer ce pingouin retenu en otage et consacrer l'argent à une action caritative.

Victor ne répondit pas, et le patron se mordilla les lèvres, songeur.

À cet instant, Pacha arriva, avec des verres à cognac et une bouteille de Hennessy. Il les servit avec empressement et se retira.

– Comment tu vois la chose, toi ? Cet argent, tu me demandes de te le prêter ou de te le donner ?

– De me le prêter.

– Tu auras de quoi rembourser ? Tu détiens peut-être des actions, voire la majorité du capital d'une entreprise ? plaisanta Sergueï Pavlovitch.

– J'ai une carte de crédit et son code, mais je ne sais pas combien il reste sur le compte. J'ai de l'or, aussi, beaucoup d'or.

– Des pépites ?

– De l'amalgame, soupira Victor.

– Ce n'est pas le genre de choses qu'il faut proposer à un élu du peuple. Buvons un coup, ça nous donnera des idées !

Ils burent, et Victor crut voir le regard du patron devenir plus incisif.

– C'est quoi, cette cicatrice ? s'enquit le député en plissant les yeux et en inclinant la tête vers son épaule gauche.

– On m'a cassé une bouteille de vodka sur la tête, avoua Victor. Des fédéraux…

– Et là-bas, tu n'es pas tombé sur des prisonniers ukrainiens, par hasard ?

– Non, que des russes.

– Dommage, on aurait pu les racheter. Les prisonniers russes, Berezovski[1] n'a qu'à s'en occuper. En tout cas, ta cicatrice, elle a de l'allure. Pas du genre qui interdit une carrière politique. Bon, alors, pour ton pingouin, on fait quoi ?

– Ils vont rappeler demain, à midi, précisa Victor.

– Tu es un brave gars, sourit le maître de maison. Il serait temps que tu te trouves un vrai boulot, pour que ton cerveau te fasse enfin gagner ta vie. Tu respectes la Loi de l'Escargot, à présent ? Chez toi, ça se passe bien ?

– Ça va.

– Attends-moi deux minutes, lui ordonna-t-il.

Le patron ne tarda pas à revenir, pour déposer sur la table une liasse de billets de cent dollars étroitement enserrée par un élastique. Il se rassit et saisit la bouteille.

Victor pâlit d'effroi.

– Qu'est-ce qui t'arrive ?

– Il vaut mieux que ce soit toujours le même qui serve, articula-t-il doucement, revoyant en accéléré l'anniversaire de Siéva et ses suites tragiques.

– T'es devenu superstitieux ? Ma foi, c'est comme tu voudras !

Reposant la bouteille, il appela Pacha pour servir.

Lorsque celui-ci fut ressorti, Victor fixa les dollars.

– J'ai jusqu'à quand pour rembourser ?

– Le jour où je viendrai sonner chez toi, nu et affamé, et que je te demanderai l'asile, tu me cacheras. C'est à ce moment-là que tu me rembourseras. Je rigole ! Tu m'auras remboursé avant : ça représente un an de ton salaire, je t'accorde une avance.

---

1. Boris Berezovski, homme d'affaires milliardaire, magnat des médias, « éminence grise » du Kremlin au temps de Boris Eltsine, contraint ensuite à l'exil à Londres. Il avait de gros intérêts dans le Caucase.

Victor ouvrit la bouche, mais sa question lui resta dans la gorge. Toutefois, elle se lisait parfaitement dans ses yeux, et Sergueï Pavlovitch lui répondit, content de son effet :

– Je te prends comme assistant, spécialiste des questions humanitaires. Tu es notre expert en bonnes œuvres ! Le coup des prothèses, tu te souviens ? D'ailleurs, je te confie ta première mission : tu me trouves un orphelinat nécessiteux et tu sélectionnes deux douzaines de gosses qui aient une bonne tête. Tu les amènes ici le 30 décembre, à midi, on leur offre une fête autour du sapin et on leur distribue des cadeaux. N'oublie pas de convoquer les journalistes, tu n'auras qu'à demander leurs numéros de téléphone à Pacha. Ça ira ?

Victor hocha la tête.

– Oui, au fait, les gamins, cherche-les hors de Kiev, les grands partis ont déjà ratissé la capitale pour leurs propres fêtes. Pacha ! appela-t-il en se tournant vers la porte. Reconduis Victor chez lui, que les Tchétchènes ne nous l'enlèvent pas en cours de route !

Il considéra ensuite Victor, qui rangeait l'argent dans la poche intérieure de sa veste du MSU.

– Mon téléphone, tu l'as toujours ?

– Oui.

Il lui tendit alors trois billets de cent dollars supplémentaires.

– Ça, c'est pour que tu changes de tenue. Je ne veux plus jamais te voir en habits militaires !

73

Dès son réveil, Victor fut agacé par le remue-ménage qui agitait l'appartement. Par deux fois, il avait failli butter sur le chat, quand il était allé à la salle de bains, puis à la cuisine.

Liocha avait soupiré trop fort en quittant son lit improvisé pour s'installer dans son fauteuil roulant. Sonia avait mis la télé, et, allongée sur son canapé, zappait à la recherche de dessins animés. Nina était la seule à ne pas faire de bruit. Immobile dans le lit, elle fixait le plafond, désespérée parce qu'ils se marchaient déjà dessus depuis que Victor avait ramené Liocha, et que ce serait pire quand Micha serait là.

Attablé devant son petit-déjeuner, Victor était anxieux. Il vérifia une fois de plus que ses dollars étaient à leur place et consulta sa montre. Il était tôt, sept heures trente. Le jour n'était pas encore levé. Les fenêtres d'en face brillaient d'une lumière trop vive, trop jaune, trop rustique.

Il n'avait pas attendu les autres pour commencer à manger. Liocha n'était pas pressé, il s'était approché de la porte-fenêtre du balcon et regardait les ténèbres se dissiper lentement en ce matin d'hiver. Il attendait que Nina soit passée dans la salle de bains. Ce serait ensuite son tour. Sonia, comme d'habitude, se lèverait la dernière.

Ses œufs au plat engloutis, Victor se calma.

Le temps avançait peu à peu.

Le téléphone sonna à midi pile, comme promis. Son interlocuteur voulut d'abord savoir s'il avait l'argent, puis lui fixa rendez-vous à vingt heures au Parc des Îles.

– Traversez la passerelle qui est près du restaurant *Mlyn* et restez-y jusqu'à ce qu'une voiture vous fasse deux appels de phares de l'autre côté. C'est compris ?

– Compris.

L'homme raccrocha.

– Alors ? voulut savoir Liocha.

– Huit heures, au Parc des Îles.

– Je viens avec toi.

Victor le considéra avec un sourire triste.

– Il vaudrait mieux que tu m'attendes ici.

Liocha soupira.

– Faites quelques courses en rentrant, avec Micha, qu'on ait de quoi fêter son retour.

– Promis.

Il appela Sergueï Pavlovitch. C'est Pacha qui répondit, à la grande joie de Victor.

– Je suis bien content de t'entendre ! J'aurais besoin d'aide pour ce soir.

– Je sais, le patron m'en a parlé.

– Ah bon ?

– Oui, il m'a dit que tu appellerais juste après midi pour me dire où aller.

– Ah d'accord… Ben, je propose qu'on se retrouve à six heures au Parc des Îles, près du restaurant *Mlyn*.

– Parfait, j'y serai !

L'attente reprit, éprouvante. Victor réalisait que la perspective du coup de fil avait été moins pénible que celle de la rencontre du soir.

Son entourage recommença à lui taper sur les nerfs. Il conseilla à Sonia d'aller jouer chez sa copine, mais la fillette lui déclara qu'au contraire, Tania allait monter jouer avec elle. Il décida alors de partir, non sans avoir vérifié si le sac était bien en place dans l'armoire de la chambre, avec les cadeaux, cachés sous une pile de draps et de housses de couette.

Il déboucha sur le Krechtchatik et descendit les marches, à moitié verglacées, du *Kiev d'Antan*. Il prit un mini-sandwich au fromage et un café.

Il imagina son retour à la maison, le soir même, avec Micha. Il se vit porter le pingouin au quatrième, où Sonia se précipiterait sur lui. Le lyrisme de la scène lui fit oublier un instant ses inquiétudes. Heureusement, Pacha serait là, et ils pourraient échafauder des plans. Mais lesquels ? Prévoir les modalités d'échange de l'argent? Les éventuels problèmes? Pacha devait s'y connaître mieux que lui et lui expliquerait quoi faire. Victor n'en revenait toujours pas de la sagacité de Sergueï Pavlovitch.

74

À la station Parc des Îles, le métro se délesta d'un seul et unique passager. La rame continua son trajet, vers Rive gauche, pendant que Victor, planté sous l'horloge électronique, regardait autour de lui. Le quai était bien éclairé, mais au-delà, on n'y voyait goutte. Il était dix-sept heures quarante-cinq. Une autre horloge décomptait inlassablement les secondes, puis les minutes écoulées depuis le passage de la rame précédente.

Il tâta sa liasse de dollars, bien à l'abri dans sa poche intérieure, et se dirigea vers la sortie.

L'esplanade déserte et sombre, pleine de kiosques et de cafés fermés, l'attrista sans l'effrayer. C'était le genre de décor qui vous fait regretter l'été et oublier qu'il en viendra un autre.

Un bruit de verre, sourd et inattendu, le fit tressaillir. Il se retourna et découvrit un clochard en bottes de feutre et vieux manteau de femme à col de fourrure. Penché sur une poubelle, il en retirait les bouteilles de bière et de vodka. Près de lui, son sac paraissait déjà bien plein.

Arrivant à la passerelle qui franchissait un bras du Dniepr, Victor jeta un coup d'œil au *Mlyn*, dont les fenêtres étaient éclairées. Cela le réconforta. Même en hiver, cette oasis de loisirs estivaux abritait un semblant de vie. Il traversa et se dirigea vers l'établissement, où il aperçut le tout-terrain de Pacha.

Les deux hommes entrèrent dans le restaurant et mangèrent un morceau en buvant un café.

Pacha lui expliqua qu'il allait se poster du côté du métro et surveiller le déroulement des opérations. Si les Tchétchènes prenaient l'argent sans remettre le pingouin, il interviendrait. À l'appui de ses dires, il lui montra le silencieux qu'il avait dans sa poche.

– Je veille au grain, te fais pas de bile.

Victor se sentit rassuré que Pacha prenne ses problèmes tellement à cœur.

À vingt heures, il était, comme convenu, au bout de la passerelle. Derrière lui s'étendait une obscurité à peine éclaircie par la neige, et devant, les lueurs solitaires des lampadaires. Plus loin encore, on apercevait le quai illuminé du métro. Le bruit de la circulation lui parvenait aussi de là-bas, comme si les manifestations de vie contournaient cet endroit désolé et refusaient de prendre le Parc des Îles en considération.

De l'autre côté, une voiture fit deux appels de phares. Victor tâta encore une fois ses dollars et se dirigea vers le véhicule, désormais tous feux éteints. Il s'arrêta au milieu : il lui semblait plus logique que chacun fasse la moitié du chemin.

Une portière claqua, et il vit approcher deux silhouettes masculines. Il tenta, en vain, de distinguer la marque de leur voiture. En tout cas, ce n'était ni une Lada ni une Volga.

Vestes rembourrées, cols relevés, bonnets de ski, le bas du visage dissimulé par des écharpes, les individus furent directs :

– Le fric !

– Où est le pingouin ?

– Dans la voiture.

Victor leur tendit la liasse de billets. L'un des Tchétchènes la prit, ôta l'élastique et se mit à compter, pendant que le second observait Victor.

– C'est bon, conclut le comptable. Au fait, tu voudrais pas en regagner quelques milliers ?

Victor lui lança un regard étonné.

– On aurait besoin de l'adresse d'un businessman qui ferait dans le pétrole ou le gaz.

– Je ne connais personne dans ce milieu-là.

– T'as pas besoin de le connaître !

– Non, répéta Victor. Je ne vois pas…

– Comme tu voudras, coupa le comptable, qui adressa un signe de tête à son complice.

Ils firent demi-tour en direction de leur voiture.

Victor, tendu, avança de quelques pas, puis s'arrêta et se contenta de les suivre d'un regard inquiet.

Ils s'installèrent sur leurs sièges, pendant que Victor cherchait Pacha des yeux, mais une portière claqua de nouveau, la voiture démarra et gagna la chaussée en marche arrière. Dans la lumière des phares, Victor put distinguer, posée sur la neige, une petite silhouette.

Il plissa les yeux : c'était bien Micha, perdu, tournant doucement la tête pour se repérer dans ce lieu étrange où on venait de l'abandonner.

– Micha ! Micha ! Je suis là ! s'écria Victor en se précipitant vers lui.

Le pingouin le vit et se dirigea également vers lui, sans se presser, à petits pas de vieillard.

Ils se rejoignirent à l'extrémité de la passerelle, tout près de là où, quelques instants auparavant, était garée la voiture des Tchétchènes. Victor s'agenouilla, enlaça Micha et se mit à pleurer. Les larmes roulaient le long de ses joues. Des flocons tombaient sur son visage, y demeuraient à peine et se diluaient dans la chaleur des larmes.

Il se prit soudain en pitié, comme s'il avait été lui aussi un pingouin égaré, puis, au milieu de ses réflexions et de ses larmes, il se rendit finalement compte que Micha le regardait. Il le regardait attentivement, dans les yeux, avec une grande amitié, une grande chaleur.

– Tu m'as reconnu, pas vrai ? lui demanda Victor en tentant de capter une confirmation. Tu es content que l'on se retrouve ?

Le pingouin ne le quittait pas des yeux, ce qui suffit à l'empêcher de poser d'autres questions rhétoriques.

– Bon ! soupira-t-il, soulagé. Tout va bien maintenant ! Viens, rentrons, Sonia t'attend.

En chemin, ils s'arrêtèrent dans un supermarché. Il acheta cinq cents grammes de saumon frais et un sachet de crevettes tigrées surgelées.

Dans la voiture, Pacha ne cessait de se retourner pour contempler le pingouin.

– Pourquoi il est si maigre ? À la télé, ils sont toujours ronds…

– Micha est resté longtemps prisonnier des Tchétchènes, répliqua Victor pour défendre son protégé. Ils ne lui ont donné que de la bouillie. Et il a vécu avec des bergers allemands dans un enclos pour chiens.

– Les salauds ! Faudrait les fusiller ! Qu'ils aiment pas les Russes, je veux bien, mais les pingouins, ils leur ont rien fait !

75

Pacha ne monta pas à l'appartement, il avait encore du travail. Il rappela à Victor la mission dont Sergueï Pavlovitch l'avait chargé et lui laissa sa propre carte de visite, avec son numéro de portable. Elle indiquait : *Assistant parlementaire chargé des questions de sécurité.*

Victor prit le pingouin dans ses bras, comme un bébé, et ils montèrent au dernier étage. C'est Sonia qui leur ouvrit.

– Youpi ! s'écria-t-elle en frappant dans ses mains. On va pouvoir virer le chat !

Victor posa Micha, s'accroupit devant Sonia en la menaçant du doigt :

– Ça ne se fait pas ! On ne chasse jamais un animal domestique de sa maison, même s'il griffe. Et par ailleurs, Micha n'est que de passage, un jour ou l'autre il va partir, il faut qu'il rentre chez lui.

Sonia ne l'écoutait pas. Les yeux dans les yeux, elle regardait le pingouin, qui la regardait aussi, comme s'il se souvenait du passé.

– Avec tata Nina, on a fait des courses, on lui a acheté des boîtes de foie de morue.

– Mais tu sais bien qu'il ne mange pas de conserves, objecta Victor, qui s'interrompit, dubitatif : peut-être qu'après tout, il en mangeait, maintenant.

– S'il n'en veut pas, moi je le mangerai. J'aime ça, moi ! déclara-t-elle. Bon, venez à la cuisine, ça fait déjà une demi-heure qu'on vous attend !

Une table de fête était dressée, autour d'une bouteille de champagne cernée de jolis verres et de coupelles contenant divers hors-d'œuvre. Il flottait un parfum de viande rôtie ; quelque chose grésillait dans la poêle.

Avant de s'installer, Victor adressa un signe de tête à Nina et Liocha. Il surveilla avec attention les premiers pas de Micha, qui clopinait, hésitant, vers la gazinière, là où le tabouret supportant sa gamelle était placé, comme autrefois.

– Il n'a pas oublié ! se réjouit Sonia.

Liocha entreprit d'ouvrir la bouteille. Il ne parvint pas à retenir le bouchon, qui sauta bruyamment, alla frapper le plafond et atterrit derrière la cuisinière. Le champagne jaillit, il le versa dans les verres.

– J'en veux ! réclama Sonia.

– Tu es trop petite, protesta Victor.

– C'est pas vrai ! J'en ai déjà bu ! Tata Nina, dis-lui !

Nina glissa un regard coupable vers Victor, qui se contenta de hocher la tête, réprobateur. Il approcha le verre de Sonia pour que Liocha y verse quelques gouttes.

– À Micha ! dit-il.

Sur le tabouret, l'écuelle du héros du jour était déjà pleine de lamelles de saumon agrémentées de quelques crevettes encore gelées. Il se retourna et fixa longuement Victor.

76

Le 29 décembre, avant-veille du réveillon, était arrivé. Victor appela Pacha en début de matinée, car il ignorait comment s'y prendre pour inviter des orphelins. Le garde du corps lui suggéra de téléphoner au Centre régional d'action sociale, lui rappelant de mentionner sa fonction d'assistant parlementaire. Un quart d'heure plus tard, il avait les coordonnées de plusieurs orphelinats.

Il en contacta un, dont le directeur lui déclara sans ambages que la location des enfants coûterait cinq cents dollars en sus des frais de transport. Victor lui raccrocha au nez, mais dès la seconde tentative, la chance lui sourit. Il tomba sur une directrice adjointe chargée de l'éducation, une femme à la voix claire, pleine d'entrain. Elle le remercia chaleureusement, lui confia que ce serait une vraie fête pour les petits et lui détailla le trajet jusqu'à leur établissement, le prévenant que les vingt derniers kilomètres n'étaient pas goudronnés. Mieux vaudrait prévoir un bus solide. Ils convinrent que Victor passerait les prendre le lendemain vers neuf heures.

Ravi de ce premier succès professionnel, il décida d'aller faire un tour dehors avec Sonia et Micha. Liocha lui demanda s'il ne pourrait pas les accompagner. Ils descendirent donc en deux fois, aidés de Nina qui portait le fauteuil roulant.

Sur le terrain vague, une vieille dame foulait un tapis étalé à l'envers sur la neige pour le nettoyer. Apercevant le pingouin, elle se figea, stupéfaite. Elle tourna ensuite les yeux vers l'homme au fauteuil, en vêtements de sport, poussé par une jeune femme en long manteau bleu. Quant à l'homme en veste de camouflage, elle le connaissait bien, il avait grandi dans cette cour. Elle imagina que Sonia était sa fille.

– Allons au pigeonnier ! demanda la petite.

Un homme à l'imposante carrure y promenait son chien-loup. Dès que Micha le vit, il hâta le pas et se dandina de façon vraiment comique. Le chien s'immobilisa, oreilles dressées. Lorsque le pingouin s'arrêta devant lui, il fit un bond de côté, en le regardant sans comprendre.

– Eh, éloignez votre bête de là ! s'écria son maître. Vous devriez la tenir en laisse !

Sonia se précipita, enlaça Micha et précisa :

– Ça risque rien, il mord pas !

Après le déjeuner, Victor se rendit à Golosseïevo. Il avait besoin que Pacha lui communique des numéros de téléphone de journalistes. Il voulait en outre réserver un bus et rendre des comptes au patron.

Celui-ci s'était absenté, mais Pacha était là. Il lui dit qu'il se chargerait de convoquer les médias, mais surtout lui remit, de la part de Sergueï Pavlovitch, un portable et un lot de cartes de visite où on lisait en lettres élégantes : *Victor Alexeïevitch Zolotarev, assistant parlementaire,* avec au-dessous le numéro de son tout nouveau portable.

– C'est tout pour aujourd'hui, tu es libre, mais demain, reviens à sept heures. Je vais commander le bus, il partira d'ici.

77

Arriver jusqu'à l'orphelinat prit un bout de temps. La route était dans un état lamentable. Le bon vieux bus LAZ, qui en avait vu d'autres, avançait lentement, contournant les ornières et les nids-de-poule d'un bitume étalé à l'époque soviétique sur un simple chemin de terre. Ils roulaient en direction de Tchernobyl, mais à une quinzaine de kilomètres de la zone interdite, ils tournèrent à gauche.

– Quel tape-cul ! râla le chauffeur.

Il désigna du menton un panneau limitant la vitesse à trente kilomètres à l'heure.

– Même avec un char d'assaut on les atteindrait pas, les trente à l'heure ! Les secousses arracheraient la tourelle !

Ils entrèrent dans le hameau de Kalinovka par l'unique rue, et stoppèrent devant une maisonnette que son enseigne désignait comme étant la poste. Victor entra et demanda où se trouvait l'orphelinat.

– Suivez Lénine jusqu'au bout, puis virez à gauche ! C'est la bâtisse avec un étage, lui expliqua l'employée, la tête couverte d'un fichu, en s'arrachant aux quittances de retraite étalées sous ses yeux.

Cinq minutes plus tard, il détaillait d'un œil perplexe un petit édifice cubique de briques rouges, un peu à l'écart du village, manifestement la seule construction qui ait été réalisée durant les vingt dernières années. Un passage creusé dans la neige menait à l'entrée. Devant, un dallage de béton entouré de bancs en bois avait été dégagé avec soin.

– Vous avez réussi à nous trouver ! s'exclama, ravie, la responsable de l'éducation en sortant à leur rencontre.

Elle s'appelait Galina Mikhaïlovna.

– Les enfants vous attendent, ils ont vu arriver le bus par les fenêtres, ils sont tout de suite venus me prévenir !

Il y en avait de tous âges, entre six et treize ou quatorze ans. Ils sortirent en courant admirer le bus, pour se geler joyeusement devant la porte.

Ils devaient être une trentaine. Victor ne se souvenait plus combien Sergueï Pavlovitch en voulait, vingt maximum, lui semblait-il.

– Vous nous ramenez, après? s'enquit Galina Mikhaïlovna. J'ai donné congé à la cuisinière, je lui ai dit que personne ne déjeunerait au réfectoire aujourd'hui, mais elle apportera le dîner avec sa charrette. Elle a un cheval.

Victor se tourna vers la responsable, debout près de lui. Ses cheveux étaient enveloppés d'un foulard blanc de laine fine, et son jean rentrait dans ses bottes à talons plats. Elle portait une doudoune bleu foncé.

– Bien sûr qu'on vous ramènera!

Il prit son portable et appela Pacha.

– Dis-moi, j'en ai plus de vingt, je les prends tous.

– Mais on n'a des cadeaux que pour vingt gosses!

– Attends une seconde, lui demanda-t-il avant de s'adresser à Galina Mikhaïlovna: ça fait combien d'enfants, en tout?

– Quarante-deux. Plus moi.

– Quarante-deux gamins, répéta Victor à Pacha. Va acheter d'autres cadeaux, Pavlovitch te les remboursera.

– OK, et sinon, c'est toi qui me les paies!

– Pas de problème.

Sur le visage rasé de près de Sergueï Pavlovitch, le rictus interrogatif à l'intention de Victor se transforma avec un art consommé en sourire accueillant destiné aux enfants qui franchissaient le portail. Les guirlandes scintillaient sur le sapin de la cour, au pied duquel un sac rouge plein à craquer attendait, posé à même la neige. Non loin, le Père Noël et la Fille des Neiges grillaient une cigarette. Apercevant les enfants, ils écrasèrent leurs mégots de la pointe de leurs bottines rouges et se précipitèrent vers le sapin.

– Ah, bravo ! chuchota le patron à l'oreille de Victor. Allez, prends Pacha, filez chez toi et ramenez ta mouflette et ton pingouin. Un de plus, un de moins, au point où on en est...

Sonia fut enchantée de cette invitation surprise. Elle eut tôt fait de se préparer, et ils dévalèrent l'escalier, Victor portant Micha dans ses bras.

Chez Sergueï Pavlovitch, la fête battait son plein. Entraînés par le Père Noël et la Fille des Neiges, les enfants faisaient la ronde autour du sapin, au rythme d'une musique de fête que dispensait la chaîne hi-fi.

Le patron entretenait une conversation animée avec Galina Mikhaïlovna, qui s'interrompit à l'arrivée de Victor. Il frappa dans ses mains et fit signe à un de ses hommes, posté près de la chaîne. La musique cessa.

– Chers enfants ! commença-t-il en avançant d'un pas. Vous allez pouvoir applaudir, car nous accueillons aujourd'hui parmi nous un pingouin, un pingouin véritable ! Il est venu tout exprès pour vous voir !

Les enfants tapèrent dans leurs mains, la farandole se disloqua et tous s'attroupèrent autour de Micha.

– Faut pas le toucher, prévint Sonia, impérieuse.

Elle se tenait à ses côtés, prête à le défendre.

Sergueï Pavlovitch adressa un nouveau signe au DJ improvisé, et la joyeuse musique traditionnelle reprit.

Une voiture portant le sigle de la Première Chaîne vint se garer près du bus. Une jeune femme et deux cameramen en descendirent. Victor alla se réfugier à l'intérieur, dans la mansarde qu'il avait occupée avant les élections. Il s'assit sur le lit, toujours couvert du même plaid. Visiblement, l'endroit n'avait hébergé aucun nouvel hôte.

Il se remémora son précédent Nouvel An, avec Sergueï.

Il ignorait alors l'existence de Nina, et Liocha le barbu marchait encore sur ses deux jambes. Comment croire qu'il ne s'était écoulé que douze mois depuis ?

Un chœur d'enfants montait du jardin : *Dans la forêt naît un sapin, dans la forêt pousse un sapin...*

Il s'approcha du Velux, qui se couvrait de flocons. La Tchétchénie lui revint en mémoire. Il se laissa engloutir par ses pensées, songeant qu'il aurait fort bien pu passer le réveillon là-bas, dans le hangar ou dans le bidon de cendres.

Il soupira et redescendit. Les enfants faisaient la queue : le Père Noël distribuait les cadeaux. Victor regarda sa montre. Il était un peu plus de treize heures. Et rien n'avait été prévu pour le déjeuner. Il s'approcha de Sergueï Pavlovitch pour le lui dire.

– Vitia, s'exclama-t-il, feignant l'indignation, tu veux vraiment me transformer en petit saint !

Il se tut quelques instants, puis sortit deux cents hrivnas de sa poche.

– Tiens, emmène-les au McDo', et qu'ils s'en mettent plein la lampe. Après, tu les fous dans le bus et tu les renvoies chez eux, compris ?

Victor hocha la tête.

– Oui, au fait, pour le réveillon et le premier de l'An, tu es libre, bien sûr. Reviens le 2 janvier. Mais si tu t'ennuies, tu peux te pointer avant !

La musique s'arrêta. Tout le monde avait eu son cadeau. Le chauffeur du bus mit son moteur en marche, les enfants se massèrent devant les deux portes et montèrent.

– Merci, merci infiniment ! lança Galina Mikhaïlovna en s'approchant de Victor. Vous n'imaginez pas tout ce que cela représente pour eux ! C'était la première fois qu'ils venaient à Kiev !

– Et ce n'est pas fini, précisa Victor en regardant les deux billets de cent dans sa main. On part manger chez McDo' !

Les yeux de la responsable s'emplirent de larmes. Elle voulut parler mais en fut incapable.

– Venez, venez, la pressa-t-il.

– Tonton Vitia ! On y va aussi ? demanda Sonia.

Il prit le pingouin dans ses bras, indiqua la porte avant à la fillette et grimpa le dernier. Il n'y avait plus un siège libre, et sur certaines banquettes, les enfants se serraient à trois.

– Qui veut tenir Micha dans ses bras ? demanda Victor.

– Moi ! Moi ! Moi ! piaillèrent tous les enfants.

Son regard se porta sur une petite fille dont les boucles blondes dépassaient d'un bonnet bleu tricoté. Il posa délicatement Micha sur ses genoux. Le bus démarra.

78

Cette nuit-là, il ne parvint pas à trouver le sommeil. L'appartement était pourtant merveilleusement calme, chaud et douillet. Des rafales de neige frappaient les vitres par instants. Ce n'était pas une tempête, juste de gros flocons poussés par un vent qui soufflait depuis la veille.

Nina dormait, il n'entendait même pas sa respiration. Elle était tout au bord du lit, comme si elle avait voulu lui laisser le plus de place possible, au cas où il aurait eu envie d'étendre le bras sans la toucher. Par chance, elle n'était pas envahissante.

Il arracha son regard de la fenêtre et se retourna pour la contempler. Il se leva, et resta quelques minutes debout à côté d'elle, obnubilé par un mot qui ne le lâchait plus, « orpheline ». Cela durait depuis que Sonia l'avait prononcé, lorsqu'ils montaient dans une voiture qu'il avait arrêtée devant le McDo', pour rentrer chez eux après le déjeuner de Noël.

– C'est vrai qu'ils sont tous orphelins ? C'est une des petites filles qui me l'a dit...

– Oui, c'est vrai.

– Alors, moi aussi je suis orpheline !

– En effet. Toi aussi. Et moi aussi, et lui également, avait-il constaté en désignant Micha, qui se tenait sur le siège, près de la portière, et regardait par la fenêtre.

À ces mots, le conducteur, surpris, s'était retourné vers Victor. Celui-ci avait alors expliqué à Sonia qu'elle l'avait lui, tonton Vitia, qu'elle avait tata Nina et Micha, et que donc, tous ensemble, ils n'étaient pas complètement orphelins. Elle avait approuvé, avant de demander ce qu'il en était de tonton Liocha. Il n'avait pas su répondre.

Devant le fast-food, alors que le bus allait l'emmener avec les enfants, Galina Mikhaïlovna lui avait longuement serré la main.

– Revenez nous voir ! Il y a une petite rivière, au printemps, c'est un paradis ! On y voit des castors, des ragondins ! Vous pourrez passer la nuit chez nous si vous voulez.

Il avait promis de venir un jour. À présent, debout dans la chambre, il pensait que s'il avait été Khatchaïev, il n'aurait rien dit du tout, puisqu'il savait qu'il ne le ferait pas. Mais lui, Victor, pouvait promettre à la légère. Il avait juste voulu faire plaisir à cette femme, ne pas altérer sa bonne humeur. Il souhaitait que les enfants et elle passent encore quelques jours dans ce joyeux état d'esprit.

Il eut une pensée reconnaissante pour son patron. Généreux et loyal. Le travail qu'il lui demandait était simple, honnête. C'était autre chose que de rédiger des nécrologies de gens encore en vie.

Il enfila une robe de chambre et traversa le salon sur la pointe des pieds pour s'enfermer dans la cuisine. Il alluma et cligna des yeux jusqu'à ce qu'ils s'habituent à la lumière.

Il était venu taper à la machine, mais, craignant de faire trop de bruit, il changea d'avis. Il ne voulait pas briser le silence. Alors, il prit un papier et un crayon, puis s'assit, surplombant, immobile, la blancheur de la feuille.

Soudain, la porte grinça et s'ouvrit. Il tressaillit et découvrit Micha, figé sur place, qui le regardait dans les yeux.

– Tu as faim, c'est ça? murmura Victor.

Le pingouin ne bougeait pas, son regard restait fixe comme s'il était l'incarnation de quelque force supérieure chargée de veiller sur ses actes et ses pensées, une nécessité immanente.

Sur la feuille, il traça: *Micha.* Il jeta un nouveau coup d'œil sur son protégé, puis revint à son texte et nota: *Le renvoyer chez lui.* Plusieurs minutes s'écoulèrent encore avant que sa main ne rajoute un grand point d'interrogation.

79

En s'éveillant, Sonia commença par inspecter l'appartement de fond en comble. Ensuite, elle fit la moue. Elle salua Liocha d'un bonjour sec. Encore au chaud sous sa couverture, il ne comprit pas ce qui se passait.

– Qu'est-ce que t'as? demanda-t-il, ensommeillé.

– Tu sais quel jour on est? récrimina-t-elle d'une voix mi-caustique, mi-fâchée, qui lui écorcha les oreilles.

– On est le 31 décembre.

– Justement. Le Père Noël va venir cette nuit. Et où c'est qu'il va poser ses cadeaux? Y a pas de sapin! La maison est toute en désordre!

Liocha lui lança un regard en biais. Il avait reconnu, dans la dernière phrase, les inflexions de Nina.

– Parles-en à ton papa, lui conseilla-t-il. Il est encore temps d'acheter un sapin.

– Tonton Vitia! cria-t-elle. Où tu es? Il nous faut un sapin!

Ils trouvèrent leur arbre devant le magasin d'alimentation du quartier : un vagabond en guenilles le leur vendit trois hrivnas. Son visage terreux ne permettait pas de dire son âge, mais il avait tout de même tenté de se donner un petit air de fête, en enroulant autour de son cou, par-dessus son écharpe vert anis, un bout de ruban argenté.

Le sapin ne mesurait pas plus d'un mètre cinquante, et Sonia voulut aider Victor à le porter. C'est ainsi qu'ils regagnèrent l'appartement, le poids des réjouissances réparti entre eux deux. Victor marchait derrière, serrant le tronc dans sa main, pendant que Sonia, avec ses moufles, tenait la cime.

Ils s'attelèrent tous à la décoration, ce qui ne laissa pas beaucoup d'espace à chacun. Coincé dans son fauteuil, Liocha déballait les décorations, rangés dans des cartons à chaussures et enveloppés dans de vieux journaux. Ils n'arrêtèrent que lorsque tout fut accroché, et virent alors que le sapin, tel un pommier couvert de fruits, ployait sous la charge.

– On n'a jamais eu d'aussi beau sapin ! s'exclama Sonia avant de regarder autour d'elle, inquiète : Et Micha, il est où ?

Victor le chercha des yeux, en vain.

– Il était à la cuisine tout à l'heure, se souvint-il.

Elle courut le trouver et le ramena. Il avançait doucement, pendant que, postée derrière lui, elle l'encourageait.

– Allez, plus vite, c'est pour toi qu'on fait tout ça !

Victor remarqua alors qu'elle était plus grande que lui. D'au moins une demi-tête… Pourtant, un an auparavant, ils étaient de la même taille. Il se rappela alors combien Micha lui avait paru petit en Tchétchénie, quand il l'avait revu pour la première fois, de nuit, dans l'enclos des chiens.

Le pingouin s'était arrêté près de l'arbre. Il l'examina, puis fit un pas en avant et regarda sous les branches basses.

– Il n'y a rien pour l'instant, lui expliqua Sonia. Il faut attendre minuit. Tonton Vitia ira acheter des choses et les donnera au Père Noël, et pendant qu'on fera la fête, il viendra sans qu'on le voie déposer tous les cadeaux ici.

Victor la regarda, songeur. Elle ne croyait plus qu'à moitié aux contes de fées, et il se prit à souhaiter qu'elle conserve cette semi-illusion le plus longtemps possible.

En ce dernier jour de l'année, le temps fila à une vitesse surprenante. En fait, la nuit arriva vite, il n'était pas encore seize heures que déjà, le ciel s'obscurcissait. De gros flocons en profitèrent pour se mettre à tomber.

Ils illuminèrent toutes les pièces, Nina alluma la télé, qui diffusait une vieille comédie soviétique sur des conducteurs de moissonneuses-batteuses. Les kolkhoziens en noir et blanc chantaient un refrain vif et gai qui envahit la cuisine où Nina préparait la viande, pendant que Liocha pelait les pommes de terre. Le chat miaulait sous la table, dans l'espoir d'un cadeau qu'on lui lâcherait immédiatement, sans attendre minuit.

Victor se trouva soudain désœuvré. Sonia avait rejoint la petite voisine d'en bas, et au salon, seul Micha lui tenait compagnie, debout en silence sur son coussin, un morceau de couverture en poil de chameau posé contre le bas calfeutré de la porte-fenêtre du balcon, où sifflait malgré tout un air glacé. Il s'accroupit à ses côtés.

– Alors, qu'est-ce que tu nous racontes?

Le pingouin le regarda attentivement, puis tourna la tête vers le balcon, comme pour exprimer quelque chose.

– Compris! Laisse-moi juste te pousser un peu.

Il tira la couverture, Micha chancela, sauta sur le sol.

– Parfait, on va pouvoir prendre le frais tous les deux. Attends une seconde!

Il fit un saut à la cuisine, félicita Nina et Liocha pour leur travail, attrapa son quart Winnie et dénicha dans le placard une petite bouteille de cognac Koktebel, puis sortit en catimini. Les cuisiniers du jour ne lui avaient prêté aucune attention.

Quand il ouvrit la porte-fenêtre, un fracas de papier déchiré retentit, il venait d'arracher les bandes de mousse qui assuraient une vague étanchéité à l'encadrement. Une rafale glacée s'engouffra dans le salon, y apportant une tornade de flocons qui tombèrent au sol où ils fondirent aussitôt.

– Allez, dit Victor en regardant son pingouin. File dehors, dans le froid !

Comme s'il avait compris l'injonction, Micha se hâta de sortir. Il se jeta dans la neige, la piétina pour se dégager un espace. Ses mouvements laissaient paraître une vraie joie. Il se tourna vers son maître, attendant qu'il le rejoigne.

Victor considéra ses pantoufles. Elles ne résisteraient pas, il aurait les pieds trempés. Mais il n'avait pas envie de montrer ses réticences à son pingouin. Négligeant ses mesquines hésitations humaines, il sortit et referma derrière lui. L'air piquant le transperça, il regretta de n'avoir pas mis sa grosse veste et son chaud pantalon d'uniforme.

La lumière dorée du salon, douillette, éclairait la neige. Victor se baissa, se versa du cognac et leva son quart vers Micha.

– Alors? dit-il, en quête d'une approbation à son courage. Bon, allez, à ta santé, à ton salut, à ton avenir, qu'il soit le plus heureux possible !

Micha écoutait, concentré. Victor goûta son cognac, observa le quart, et songea qu'il lui faudrait trouver un moment pour disposer les cadeaux sous le sapin.

Soudain des aboiements montèrent de l'obscurité. Le pingouin frémit, s'approcha de la rambarde et regarda en bas. D'instinct, Victor fit de même. Il était impossible de distinguer quoi que ce soit, mais des chiens continuaient à aboyer.

Ses deux pieds étaient maintenant trempés, mais seul le gauche le gênait vraiment. Il pensa alors que tout cela, les aboiements dans la nuit, la neige, et même ce pied gauche qui lui reprochait encore les épreuves endurées, était une succession de cicatrices venues lui rappeler la guerre. Une guerre dans laquelle il n'avait pas joué de vrai rôle, mais qui était partie prenante dans son destin et celui de Micha. Ils étaient désormais deux anciens combattants, revenus dans une société qui ignorait cette guerre si proche et si lointaine.

Dans son dos, on tapa à la vitre. C'était Nina.

– Tu vas te geler !

Il rentra, secoua la neige de ses pantoufles dégoulinantes. Micha était toujours collé à la balustrade et regardait en bas. Les aboiements avaient cessé.

– Il manque de la mayonnaise pour les hors-d'œuvre, déplora Nina.

Il comprit le message, et, ravi d'avoir à s'occuper, mit ses chaussures, sa veste et sortit en acheter.

Le magasin d'alimentation était encore ouvert. La foule, unanime, s'agglutinait devant le rayon des alcools.

À son retour, Nina lui dit qu'il avait eu un coup de fil en son absence. Un homme, qui rappellerait dans une dizaine de minutes.

Il imagina qu'il s'agissait de Sergueï Pavlovitch qui voulait lui souhaiter un bon réveillon.

Vers vingt et une heures, Sonia remonta de chez sa copine. À tout hasard, elle regarda sous le sapin ; elle ne fut pas chagrinée outre mesure de ne rien y voir. Elle gagna la cuisine, proposa son aide, mais tout était déjà prêt.

La télé diffusait un jeu. Deux équipes d'étudiants, une de Kharkov, l'autre de Moscou, plaisantaient sur le chaos ambiant et les règlements de comptes mafieux. Victor zappa et tomba sur un Walt Disney. Il appela Sonia, qui s'installa, enchantée, sur le divan, pendant que Victor défaisait le « lit » de Liocha.

Avec Nina, ils commencèrent à tout disposer pour le repas vers vingt-deux heures, et s'attablèrent une demi-heure plus tard. Ils avaient apporté le tabouret de Micha, qui ne semblait toutefois pas vouloir quitter le balcon. Sonia bâillait, mais elle tenait le coup. Elle se versa un grand verre de Fanta, l'avala d'un trait et regarda fièrement les autres. Victor apprécia son exploit et lui sourit. Elle sourit aussi, très contente d'elle. Un agréable fumet de rôti venait de la cuisine. Nina se leva, et revint en disant :

– Encore vingt minutes et c'est bon !

– Mets ORT[1], on va trinquer avec Moscou ! suggéra Liocha, qui lorgnait la bouteille de champagne rosé Artemovskoïé.

Victor changea de chaîne. Boris Eltsine exprimait en bégayant ses vœux de Nouvel An à ses « chers Russes ».

– Coupe le son ! pria Liocha.

Ils trinquèrent au minuit de Moscou ; Victor avait remis le son à temps pour les derniers coups de l'horloge du Kremlin.

Le réveillon se poursuivit on ne peut mieux. Juste avant qu'il soit minuit à Kiev, Victor fit rentrer Micha et le percha sur le tabouret. Il avait une assiette sur la table, comme tout le monde, sans couverts ni coupe, mais avec du filet de merlu coupé en morceaux. Nina avait même déposé, en bordure de l'assiette, deux rondelles de citron.

Victor zappa encore. Cette fois, c'était l'allocution du président Koutchma. Il coupa immédiatement le son et regarda sa montre.

– À vos marques ! ordonna-t-il en posant une seconde bouteille de champagne sur la table.

Sonia piquait du nez mais resta quand même à table jusqu'à minuit. Elle leva péniblement son verre plein à ras bord de Fanta et trinqua avec les autres au son des douze coups de

---

1. La première chaîne nationale russe. Moscou a une heure de décalage horaire avec Kiev où, malgré l'indépendance, la référence à l'ancienne capitale soviétique demeure un réflexe.

carillon ukrainiens retransmis par la télé. Elle but, croisa le regard de Micha, face à elle. Il la fixa de manière si intense qu'elle ne put s'arracher à ses petits yeux noirs.

– Pourquoi il boit pas? réagit-elle enfin.

Victor fit un geste d'ignorance. Il se leva, alla chercher une coupelle dans la cuisine, avant d'opter pour une tasse. Il la mit sous le robinet et la remplit d'eau froide.

Micha sembla apprécier, il se pencha, mais Victor se ravisa et repartit à la cuisine avec la tasse.

– Deux secondes, j'arrive!

Des glaçons flottaient maintenant dans l'eau.

– Voilà, tu peux boire, conclut Victor, satisfait, en se rasseyant.

– Moi, je vais me coucher, je vais dormir dans votre chambre, articula Sonia d'une voix pâteuse, en se frottant les yeux. Mais vous me réveillez quand le Père Noël arrive!

Sonia partie, Victor remit ORT pour regarder *Réveillon-paillettes*. Ils étaient passés au cognac et à la vodka, et Victor avait délaissé son verre pour le quart Winnie.

– Tu devrais l'offrir à Sonia, lui souffla Nina. Elle l'aime tellement!

– Non, fit-il en secouant la tête, déjà un peu éméché. Je peux pas...

Du coin de l'œil, il surveillait si Liocha était ivre, mais celui-ci, appuyé contre le dossier souple de son fauteuil roulant, semblait plutôt en forme. Un sourire pensif errait sur ses lèvres, et ses yeux, en écho, clignaient malicieusement. Il tenait un verre où clapotait encore un fond de vodka. Seule sa barbe, ni courte ni longue, déplut à Victor. Ce qui lui allait, c'était une petite barbe bien taillée. S'il l'avait portée « à la Tolstoï », il aurait eu l'air d'un ancêtre.

Le téléphone sonna. Il vérifia que la porte de la chambre était bien fermée, de peur que le bruit réveille Sonia.

– Alors, vieille branche! l'apostropha une voix qu'il connaissait, sans pouvoir l'identifier. Bonne année! J'ai essayé de t'avoir hier soir, mais tu étais sorti! Je te souhaite un bonheur bien stable, à toi et à tous les tiens! À bientôt.

– Merci, articula Victor, désemparé. Mais qui êtes-vous?

Son interlocuteur avait déjà raccroché.

Il tenta de retrouver à qui appartenait cette voix. Il était sûr de l'avoir déjà entendue, et même à plusieurs reprises. Sur l'écran de télé, Kirkorov, éternel adolescent, chantait à plein tube, entouré de beautés semi-dévêtues qui dansaient, pendant que dehors, la tempête se déchaînait. Nina leur servit une seconde tranche de rôti. Debout sur le tabouret, face à son assiette vide, le pingouin avait la tête tournée vers le balcon. Les pensées de Victor se délitaient. Le sapin décoré lui rappela qu'il avait oublié quelque chose. Il alla chercher les cadeaux dans l'armoire et les posa au pied de l'arbre. Le vent hurlait, et la porte-fenêtre du balcon, «descellée», laissait passer un courant d'air violent. Il approcha la main de l'encadrement. Un souffle tranchant comme un couteau vint heurter sa paume.

80

Au cours de la nuit, il s'éveilla en sueur et se rendit compte que, sous le duvet, il avait enlacé Nina et la serrait contre lui. Il libéra doucement son bras et s'écarta de ce corps brûlant, mais se cogna au rebord du lit. Il se leva avec des gestes lents, comme pour éviter de secouer ses pensées imbibées d'alcool. Il contempla Nina, avant de s'apercevoir qu'il était nu comme un ver. Comment la soirée de la veille avait-elle bien pu se terminer? Sa mémoire n'en avait gardé aucun souvenir. Il fut pris d'un léger vertige, à cause de tout ce qu'il avait ingurgité.

Les deux mains en avant, il alla s'appuyer au rebord de la

fenêtre et plongea son regard dans les ténèbres. La tempête s'était apaisée. Nina et Liocha avaient-ils finalement défait leurs paquets?

Il décida d'aller se rendre compte par lui-même. Sur le divan, Liocha, en survêtement, dormait en ronflotant. La télé était éteinte, la table croulait sous la vaisselle sale, assiettes, coupelles, verres grands et petits. Les bouteilles vides étaient alignées devant le radiateur. Sur la couverture en poil de chameau, point de Micha. Surpris, Victor gagna la cuisine à pas de loup. Il alluma la lumière et aperçut son protégé sous la table, à côté de la machine à écrire. Il semblait désemparé. Il leva la tête, et ne quitta plus Victor des yeux.

– Alors, toi aussi t'as la gueule de bois? lui demanda-t-il en se mettant à genoux. Tu voudrais pas aller te baigner? Comme une fois, tu te souviens? Avec Serioga! Ça te dirait?

Le pingouin le regardait sans bouger. Au bout d'un moment, il soupira et détourna ses petits yeux noirs. Il fixait maintenant la machine à écrire.

– Quoi? s'inquiéta Victor. Tu me crois pas, c'est ça? Attends, tu vas voir!

Il retourna à la chambre prendre ses vêtements, mit ses chaussures et sa veste militaire, dans la poche de laquelle il fourra la bouteille de cognac entamée la veille. Puis, Micha dans les bras, il quitta l'appartement.

Dans la rue, il faisait sombre et il n'y avait personne. La ville dormait d'un sommeil si profond et communicatif que cela le fit bâiller. Il lui sembla que le pingouin bâillait aussi.

Deux petits points jaunes surgirent au loin. Ils grossirent doucement, devinrent de plus en plus nets. Quand ils furent tout près, Victor se mit au milieu de la rue et agita le bras.

C'était une vieille Lada, qui avançait avec précaution sur la neige fraîche. Elle s'arrêta et le conducteur baissa la vitre pour lui demander d'une voix claire où il souhaitait aller.

– Sur les quais, au bord du Dniepr, expliqua-t-il en se penchant dans l'espoir de distinguer l'intérieur de la voiture et le visage du chauffeur.

– Ce sera trente hrivnas. On est le premier de l'An…

Victor accepta. Il s'installa avec Micha et la voiture démarra. Durant le trajet, son regard caressa paresseusement la ville endormie.

Il se fit déposer après le pont du métro. L'obscurité ne se dissipait pas. Il regarda son poignet, pour rien, car il avait oublié de prendre sa montre.

– Viens, mon grand, on va te trouver un trou où plonger !

Ils descendirent vers le fleuve gelé. C'était assez effrayant, car la rive d'en face était invisible, fondue dans la pénombre, ou peut-être dans la grisaille des brumes matinales.

Il souffla et regarda l'air chaud se condenser en un nuage semblable à un jet de locomotive à vapeur. Il faisait froid, peut-être moins dix degrés. Il n'avait pas pensé à mettre sa chapka, et le gel lui enserrait le crâne, mais la vodka et le champagne du réveillon le réchauffaient de l'intérieur. Ça irait, d'autant qu'il lui restait un fond de cognac dans la poche.

Ils avancèrent sur la glace, sans hâte, non par peur, mais simplement parce que Victor se sentait vaseux. Et Micha n'était pas pressé. Il ne cessait de lever la tête pour contempler son maître, qu'il suivait ou précédait d'un pas. Quand il le doublait, il ne manquait pas de le regarder de bas en haut.

– On y est presque, on va trouver !

Mais tout n'était que glace épaisse et ténèbres persistantes. Victor s'arrêta, scruta les alentours.

– Bizarre, dit-il à voix haute. On devrait être du côté du Parc des Îles…

Il se pencha, tendit la main vers Micha.

– On s'est perdus ! lui avoua-t-il avec calme et conviction. Mais ce n'est pas grave, il va bientôt faire jour.

Il tira la bouteille de sa poche, l'ouvrit et but une rasade. Une chaleur douce-amère l'envahit aussitôt, qui engourdit ses gestes et ses pensées.

Il rangea la bouteille. Elle heurta quelque chose. En fouillant, il découvrit son portable tout neuf. Il appuya sur une touche. Le petit écran et le clavier s'éclairèrent en jaune vif. Il composa le 06, l'horloge parlante, qui l'informa qu'il était « six-heures-zéro-huit-minutes » d'une voix féminine de synthèse.

– Dommage qu'ils ne disent pas à quelle heure le soleil se lève, déplora-t-il en s'adressant au pingouin.

Il remit le portable au fond de sa poche, et ils continuèrent leur chemin. Brusquement, la silhouette d'un pêcheur, de dos, assis sur une caisse, se découpa dans l'air glacé et sombre. Craignant qu'il s'agisse d'une hallucination, Victor ferma les yeux plusieurs fois. Le pêcheur était toujours là. Il s'approcha de lui.

– Ça mord ?

L'homme, dans sa veste matelassée au col de fourrure relevé, ne réagit ni d'un mot, ni d'un geste.

Victor le contourna et vint se camper face à lui. Ce qu'il vit le cloua sur place : l'homme était blanc comme un linge, et sa canne reposait sur la glace, au-dessus d'un trou gelé. À ses pieds gisait une bouteille de vodka vide.

– Bonne année, murmura Victor, horrifié, avant de se tourner vers Micha : Tu vois, ce qui est bon pour les pingouins peut être fatal aux Ukrainiens.

Il posa de nouveau les yeux sur le pêcheur mort de froid et la terreur le submergea. Sa vision se brouilla, l'obscurité lui sembla plus dense. Micha, serré contre lui, regardait aussi le pêcheur glacé, mais ses yeux noirs ne trahissaient pas ce qu'il ressentait à côtoyer ainsi la mort froide d'un autre.

Ils restèrent longtemps abasourdis. Peu à peu, Victor s'accoutuma à cette peur qui l'avait envahi, là, sur le Dniepr.

Que redoutait-il, en fait? Pas cet homme, ni sa mort, qui n'était que la version ukrainienne de la sélection naturelle. Rien de plus banal que les accidents de la vie, et d'ailleurs, pour beaucoup, la vie elle-même était un accident. Non, la peur qui l'habitait avait un rapport direct avec lui. Ce qui le terrifiait, c'était l'avenir, le passage d'un temps à un autre. Et, moins que l'inconnu qui le guettait à chaque mouvement d'horloge, il redoutait surtout une possible redite du passé.

81

Quand ils rentrèrent, le soleil se levait enfin, mais les rues étaient toujours aussi désertes.

Victor donna quarante-cinq hrivnas au conducteur. C'était beaucoup, certes, mais à cette heure, les gens normaux ronflaient après un réveillon bien arrosé. Et les gens anormaux, ou plutôt ceux qui n'avaient pas de quoi vivre, tentaient de se faire un peu d'argent. Pour eux, c'était le moment où jamais. Les auto-stoppeurs enivrés payaient volontiers plus que d'habitude ce jour-là.

Chez lui, tout le monde dormait. Il était dix heures moins le quart, et dans le vestibule, le chat miaulait devant sa soucoupe vide. Il lui versa du lait, puis sortit un filet de merlu du congélateur. Il le posa dans l'évier et fit couler de l'eau chaude pour le dégeler. Ensuite, il s'attaqua à son propre petit-déjeuner, car la promenade sur le Dniepr l'avait creusé. Il trouva de quoi se sustenter sur la table du salon, parmi les restes du repas. Il attrapa la casserole qui contenait le rôti et se servit une collation à la cuisine.

Sonia fut la première à se lever. Elle pointa le nez avec son cadeau, dépitée.

– C'est des nouveaux rollers que je voulais…

– Tu aurais dû le dire au Père Noël…
– Il aurait pu deviner ! Tu manges ? J'ai faim moi aussi.
– Je te prépare un peu de bouillie ?
– Ah non, alors ! Je vais me servir sur la table !

Peu après, elle revint avec une assiette chargée de tranches racornies de fromage de Hollande, de quelques morceaux de saucisson fumé et de deux gros cornichons marinés.

Micha mangeait, son écuelle de poisson posée sur un tabouret ; elle s'assit sur l'autre.

Vers onze heures, l'appartement s'anima. Nina lava la vaisselle, et, après seulement, elle ouvrit ses paquets. Elle enlaça Victor d'un geste ferme, presque comme un homme, et l'embrassa sur la bouche et sur la joue pour le remercier.

À peu près remis de son escapade matinale, il lui fit du café, en la prévenant qu'ensuite, elle devrait lire l'avenir dans le marc. Elle se dépêcha tellement de vider sa tasse qu'elle se brûla les lèvres, mais le dessin qu'elle découvrit sur les parois la ravit à tel point qu'elle en oublia la douleur. Elle éclata de rire. Lorsque Sonia voulut regarder à son tour, elle s'empressa d'effacer du doigt les indécentes silhouettes.

Liocha accueillit son cadeau sans émotion particulière. Il effectua quelques opérations pour tester la calculette, puis consulta l'agenda.

– Ça te convient ? s'enquit Victor.

Liocha haussa les épaules.

– Si tu me trouves quelque chose à faire, oui, l'agenda me sera utile.

Victor hocha la tête. Il pensa alors que personne ne lui avait rien offert, et que nul, hors de l'appartement, ne lui avait souhaité la bonne année. Ah si, il avait eu ce coup de fil… mais de qui ?

Il replongea une fois de plus dans le passé, sans résultat. Le son de la voix mystérieuse s'était déjà évanoui.

Il avait envie d'être seul. Le lendemain, il devrait aller au travail, chez Sergueï Pavlovitch, mais pour l'heure il était libre. Sa première journée de l'année nouvelle…

Un adage lui revint en mémoire : *Comme on fête le Nouvel An on le passe.* L'avait-il bien fêté ? Que dire… Son réveillon avait été des plus classiques, et s'il devait tenir compte de sa rencontre sur le Dniepr gelé, l'année à venir ne promettait rien de bon.

Il revit le pêcheur, figé en penseur de Rodin. En fait, il ne ressemblait guère à un penseur, sauf qu'il était voûté, assis sur sa caisse, comme écrasé par le poids de la vie. À présent, on l'avait sans doute trouvé et emporté vers une morgue.

Il décida d'aller se changer les idées en ville.

82

Le Krechtchatik s'éveillait. Deux chasse-neige orange passèrent à la hauteur de Victor. Les rares badauds s'arrêtaient devant les boutiques de luxe et contemplaient avec philosophie ce qu'ils ne pouvaient s'offrir.

Machinalement, il se dirigea vers le *Kiev d'Antan*, qui était fermé, comme le reste. Il se retourna, longea sans se presser la librairie *Savoirs*, les Grandes Galeries et l'ancienne librairie *Droujba*. À l'angle de la rue Proreznaïa, il s'arrêta. Quel était donc le dernier ouvrage qu'il avait lu, et quand ? Impossible de retrouver un titre ou une date. Gamin, il avait aimé Jack London, puis, adolescent, Maxime Gorki, que Khatchaïev, tout récemment encore, dans ses montagnes, avait évoqué avec déférence. Puis le temps des livres était passé, cédant la place à celui des journaux. Il avait bien essayé d'écrire, mais ses tentatives avaient pris fin un an auparavant, lorsqu'il avait été embauché par les *Stolitchnyé vesti.* Ce travail l'avait dégoûté de la littérature. En revanche, il lui avait appris à rédiger et à songer avec facilité et respect à la mort des autres.

Le pêcheur du Dniepr revint le hanter. Il ne le connaissait pas et ne pouvait donc éprouver de respect véritable à son égard, mais il respectait sa mort. Elle était certainement plus digne que sa vie sans relief. Et ses amis n'allaient sans doute pas se souvenir de lui vivant, banal, ivrogne, gueulant sur sa femme et claquant la porte, mais mort d'une belle mort. Ils allaient même peut-être l'envier.

Sur la tour de la Maison des Syndicats, au lieu de l'heure, il aperçut la pub Adidas, qui devenait lassante. Il soupira et tourna à gauche pour remonter la rue Proreznaïa, dans l'espoir de tomber sur un café ouvert.

Le seul qu'il vit s'appelait le *Cyber.* Il entra. Quelques jeunes jouaient à la guerre en ligne. Le gérant, assis à une table, feuilletait distraitement un numéro de l'année précédente du mensuel *Top secret.* Il leva sur Victor un œil las et interrogateur.

– Vous auriez du café ?

– Ça peut se faire.

Victor considéra les ordinateurs, songeur.

– Vous souhaitez jouer ? Ou vous avez bobo à la tê-tête ? demanda le gérant.

– Votre Internet, il marche ?

– Évidemment.

– Dans ce cas, je vais prendre un café et une connexion.

– Asseyez-vous au six, lui indiqua le jeune homme en désignant la place de la main. Je vous apporte votre café.

Victor s'installa. L'écran prit vie. Il fut parcouru de stries colorées, puis des bandeaux de moteurs de recherche apparurent. Il opta pour *rambler.ru* et tapa son mot-clé fétiche, « pingouin ». Trois cent quatre-vingts réponses. Il regarda le début de la liste mais en eut vite assez. Il chercha ensuite « Antarctique » et tomba sur de superbes images, couchers de soleil sur la banquise, manchots, chercheurs. Il aperçut un bâtiment familier. La base Vernadski !

Il s'anima et regarda toute la série de photos, avant de revenir à la liste des sites. L'un d'eux, à l'étrange intitulé, « SOS Antarctique », retint son attention.

Une photo s'afficha sur l'écran : deux hommes d'une cinquantaine d'années, grands, bronzés, larges d'épaules, posaient devant un beau voilier. Entre eux, une jeune femme, fine et bronzée elle aussi, une blonde au visage résolu, tanné par le vent.

Sous la photo, un texte en trois langues, russe, anglais et croate, disait : *Équipage croate cherche compagnon désireux de se joindre à un voyage en Antarctique et prêt à assumer une partie des frais de l'expédition.*

Suivait l'adresse électronique : mladen@yahoo.com.

Victor se concentra sur les visages des hommes, tentant de deviner lequel des deux était Mladen. Ce prénom s'était ancré dans son esprit, mais ses yeux revenaient toujours au visage buriné et valeureux de la jeune fille, d'une symétrie parfaite. Il se demanda comment elle pouvait bien s'appeler.

On lui apporta son café. Il leva la tête. Le gérant lui souriait poliment.

– On peut imprimer ?

Curieux, le jeune homme regarda l'écran et acquiesça.

– T'as qu'à cliquer sur l'icône de l'imprimante, lui expliqua-t-il en la lui montrant du doigt, en haut à droite de l'écran.

Du côté de l'entrée monta le bourdonnement régulier d'une imprimante.

Le jeune homme lui apporta la page. C'était du noir et blanc, mais le beau visage de la jeune fille n'y perdait rien de son pouvoir d'attraction.

Victor s'enquit de la manière d'expédier un e-mail. Le gérant prit une chaise et lui dispensa un cours rapide, à l'issue duquel Victor se trouva muni d'une adresse, gratuite qui plus est.

Il adressa alors un message à Mladen, l'informant qu'il souhaitait prendre part à leur expédition et qu'il était prêt à apporter sa contribution financière. Il décida de ne pas parler de Micha dans un premier temps. Son e-mail parti, il soupira, soulagé. L'adage du Nouvel An lui traversa à nouveau l'esprit. Si on considérait que cette après-midi en faisait encore partie, puisqu'on était toujours le 1er janvier, l'année allait être riche en bonnes surprises. Et la première de ces surprises serait la réponse de ce Mladen. Elle viendrait, il en était sûr. Personne ne refuse de l'argent, surtout quand on se donne tant de mal pour en trouver, en lançant des appels trilingues sur la Toile !

83

La fatigue du réveillon avait d'abord semblé mettre tout le monde K.-O. Puis ils s'étaient tous retrouvés à la cuisine pour boire un verre de vodka.

Ils y restèrent une petite demi-heure. Micha vint les rejoindre et se posta près de son tabouret, attendant que Victor lui offre du merlu. Sonia demanda du pétillant de pomme, pendant que les adultes grignotaient quelques cornichons marinés. Ils parlaient à peine, encore assommés par le réveillon, simplement heureux de boire ensemble à la nouvelle année. Seul le chat n'avait pas été admis, relégué dans son domaine officiel, le vestibule.

À vingt et une heure, ce fut le couvre-feu, chez eux comme dans l'ensemble de la ville. Victor avait éteint et, sans regarder Nina se dévêtir, il s'était lui-même déshabillé en vitesse pour se glisser dans le lit.Il s'endormait déjà quand il sentit les doigts de Nina effleurer son épaule afin d'attirer son attention. Il s'en écarta et plongea dans le sommeil.

Au cours de la nuit, il perçut un bruit étrange, une sorte de plainte, qui venait du salon. Surpris, il ouvrit les yeux et tendit l'oreille, comme pour recueillir l'écho de ce bruit. Il ne parvint pas à se rendormir et finit par se lever. Le séjour était calme, Liocha et Sonia dormaient, mais le coussin de Micha était vide et la porte donnant sur le vestibule était ouverte.

Victor gagna la cuisine, alluma. Le pingouin était là, le bec enfoui dans un coin entre la gazinière et la cloison. Il semblait vouloir s'y enfoncer entièrement. Victor crut même voir trembler ses petites épaules baissées, comme s'il sanglotait. Il se pencha sur lui.

– Qu'est-ce qui t'arrive ? murmura-t-il.

Il lui toucha l'épaule. Micha se retourna, et il découvrit une estafilade sur sa joue droite. Stupéfait, il posa un doigt sur le plumage ras, imprégné de sang.

– Eh ! Comment tu t'es fait ça ?

Micha inclina la tête vers la main tendue de Victor, qui sentit du sang couler sur sa paume.

À cet instant précis, il se retourna et aperçut sous la table les yeux verts du chat qui le fixaient. Quand leurs regards se croisèrent, l'animal souffla. Victor comprit ce qui s'était passé et fut pris d'un accès de rage. Il avança la main, attrapa le chat par la peau du cou, et, insensible aux griffes qui lui lacéraient le poignet, alla le jeter sur le palier.

Il se mit ensuite en quête du Mercurochrome, se badigeonna la main et s'agenouilla auprès de Micha. Il commença par dégager la blessure puis tamponna la plaie avec un coton imprégné d'antiseptique. Le pingouin se montra docile.

Un miaulement plaintif mais décidé leur parvint de la cage d'escalier.

Sonia, en pyjama de flanelle blanc, arriva à la cuisine, toute endormie, et découvrit Victor en train de soigner Micha.

– Le chat l'a griffé, lui expliqua-t-il.

– Vire-le !

– On ne peut pas, soupira-t-il. Il est juste jaloux, il te veut pour lui seul.

– Je voudrais du jus de pomme, demanda-t-elle en s'asseyant.

Il lui servit sa boisson gazeuse et en prit aussi.

– Tu sais, commença la fillette, tata Nina, elle plaît à tonton Liocha !

Il la regarda, étonné.

– Si, c'est vrai. Il lui pose toujours des questions. Elle lui a déjà parlé de la datcha qu'elle a achetée à Ossokorki, et de tonton Serioga, précisa-t-elle en désignant du menton l'urne posée sur l'appui de la fenêtre.

Feignant l'indifférence, il haussa les épaules.

– Tu devrais retourner te coucher. Je vais rester encore un petit moment à la cuisine avec Micha.

Il regarda le pingouin, qui tournait à présent le dos à la gazinière et levait les yeux, perplexe, vers son maître. Il semblait offensé, mais c'était sans doute son nouveau maquillage qui lui conférait cet air-là.

84

Le lendemain, il arriva à Golosseïevo vers onze heures, foulant la neige encore intacte. En ce matin du 2 janvier qui démarrait au ralenti, Victor était le premier piéton à s'aventurer dans le coin.

C'est Pacha qui vint lui ouvrir le portillon, frais et dispos, les joues roses, en vêtements de ski.

– Le patron dort encore, lui annonça tranquillement le garde du corps. Viens, on va prendre un café.

Victor décolla la neige de ses bottillons avec une balayette en bouleau, entra et se déchaussa.

– Il est rentré à trois heures du matin, ajouta Pacha pour excuser son chef. C'est de la folie ! Vassia, un de ses assistants, lui a dressé une liste de soixante-treize personnes à qui souhaiter la bonne année ! Un tas de parlementaires, de fonctionnaires… Dans le lot, y en a qu'il peut pas blairer, mais faut quand même boire un coup avec, parler de la pluie et du beau temps, de l'adhésion à l'Europe… C'est ça, la politique. Du coup, même avec moi, il parle beaucoup plus !

– Je ferais peut-être aussi bien de repasser plus tard ? demanda Victor, qui ne voyait pas l'utilité de sa présence.

– Non, non ! Il t'a dit de venir, n'est-ce pas ?

– Oui.

– Alors, c'est comme si tu étais au travail, tu dois attendre, expliqua Pacha, convaincu. Moi aussi ça m'arrive de rester des heures sans rien faire. Mais je suis de service. Il faut que tu t'habitues.

En sirotant son café, il se demanda s'il voulait vraiment s'habituer. Exécuter une tâche, soit, cela pouvait même être intéressant. Mais se contenter d'attendre des ordres ?

– Vous avez passé un bon réveillon ? s'enquit-il, histoire de dire quelque chose.

– Correct, répondit Pacha avec un haussement d'épaules. Des tas de gens sont venus souhaiter la bonne année, porter des cadeaux. Cinq minutes, le temps de trinquer, et au revoir. Ils devaient tous suivre le même genre de listes, avec cent visites dans la soirée. Vers quatre heures, ça s'est calmé. On a bu un gin tonic et regardé une cassette porno. Un réveillon correct, quoi.

Son portable sonna. Il le tira de sa poche et regarda le nom affiché sur l'écran. Il prit aussitôt un air empressé.

– Oui ! répondit-il. J'y vais tout de suite, un petit instant… Sergueï Pavlovitch se repose, mais je… je vais le réveiller !

S'excusant du regard auprès de Victor, il s'éclipsa.

– Qui était-ce? lui demanda celui-ci à son retour.

– Potapytch.

Ce patronyme lui disait quelque chose. Il plissa les yeux, tentant de se rappeler où et quand il l'avait déjà entendu, avant de jeter un coup d'œil interrogateur à Pacha.

– C'est un de ces escargots à deux têtes, soupira-t-il. Il est devenu conseiller du président, alors qu'il était...

Il ne termina pas et secoua la tête, dépité.

Victor acquiesça.

– Le patron est en train de lui parler, ça va le faire lever tout de suite, tu vas voir, annonça Pacha en finissant son café. Discuter avec des types comme ça, ça lui file la pêche.

Et en effet, quelques instants plus tard, Sergueï Pavlovitch fit son apparition, en long peignoir tigré. Il rendit son portable à Pacha et se tourna vers Victor.

– Ah, tu es ici! Parfait! Bonjour au membre de l'équipe! Attends-moi, le temps que je me rafraîchisse, je reviens.

Il lui fallut une demi-heure avant de revenir, en survêtement, les cheveux encore humides, embaumant l'eau de toilette de grande marque.

– On y va! fit-il en incitant Victor à le suivre. Fais-nous un autre café, demanda-t-il à Pacha dans la foulée.

Ils s'installèrent dans les fauteuils du salon.

– Avant que j'oublie, commença le patron, on s'est à nouveau intéressé à toi par ici. Sans doute par ma faute... Je t'ai fait faire des papiers officiels d'assistant parlementaire, et ce genre de choses, ça circule... Enfin bref, un gars en civil m'a posé des questions sur toi. Il voulait savoir si j'étais au courant de ce que tu faisais avant. En plus, il m'a pris pour un imbécile, ricana-t-il en l'imitant: Vous avez vérifié ses antécédents? Il n'est jamais allé en prison? Bref, il m'a parlé comme à un crétin. Mais je l'ai endormi. Alors, ne t'inquiète pas, mais il vaut mieux que tu sois au courant, reste sur tes gardes. Et maintenant, revenons à nos moutons ! Tu n'as pas oublié la mission qui t'incombe au sein de mon équipe ?

– Je suis chargé des questions humanitaires.

– Exactement ! Et tu fais ça très bien ! Rien que les prothèses, elles valaient leur pesant d'or ! rappela-t-il avec un petit rire. Bon, maintenant, je vais te donner un tas de lettres, de requêtes. Tu vas les emporter chez toi et les étudier. Les conneries, tu les fous direct à la poubelle et tu m'en parles surtout pas, mais si tu trouves des demandes pertinentes, et si possible qui coûtent pas trop cher, tu les mets de côté et on voit ce qu'on peut faire. Compris ?

– C'est des demandes d'aide ? se fit préciser Victor, encore plongé dans un abîme de réflexions.

– D'après toi, c'est quoi, une requête ? ironisa Sergueï Pavlovitch. T'es pas encore remis de tes agapes avec ton pingouin, toi !

Il hérita de trois bons kilos de lettres, fax et autres papiers, que Pacha l'aida à comprimer dans une épaisse chemise en carton qu'ils glissèrent dans un sac Marlboro. Avant de partir, Victor contempla longuement le paysage de Far-West ornant le sac. Il se prit à imaginer un équivalent russe, un sac Biélomorcanal[1], avec le décor correspondant.

– Excuse-moi, vieux, je peux pas te ramener chez toi, il a besoin de moi toute la journée, lui dit Pacha sur le pas de la porte, avec un signe de tête côté couloir. On va encore distribuer des cadeaux. La dernière tournée...

– Pas grave ! le rassura Victor. Je vais me débrouiller.

---

1. Le plus souvent abrégé en Biélomor : marque historique de *papirossy*, cigarettes russes à embout de carton garnies de mauvais tabac. Ce terme signifie « Canal Mer Blanche - Baltique », un ouvrage que Staline fit réaliser par des détenus dans les années 1930 au prix de dizaines de milliers de morts. Il est devenu le symbole du travail forcé. Son tracé, sur fond bleu, illustre les paquets de cigarettes de la marque.

85

Kiev s'éveillait doucement. Des passants se baladaient sur le Krechtchatik, chassant de leurs poitrines les vapeurs d'alcool. Le marathon des fêtes ne faisait que commencer, ils allaient encore boire pendant des jours et des jours, avec le Noël orthodoxe, puis l'ancien Nouvel An[1].

Avant de descendre les quelques marches du *Kiev d'Antan*, Victor regarda une dernière fois les flâneurs. Il enviait leur endurance. Il n'avait, pour sa part, plus aucune envie de soirées arrosées. Et l'idée d'entrer dans un café pour travailler le réjouissait. Il se sentait tout ragaillardi.

Il sortit le paquet de feuilles du sac, le déposa sur la table et commença à examiner les sollicitations, une à une, plein d'entrain. Du moins pour la première douzaine… Ensuite, il les feuilleta distraitement, soupçonneux. Deux féministes de Kiev voulaient de l'argent afin d'éditer leur magazine et d'acheter deux billets d'avion aller-retour pour les États-Unis où elles devaient participer à une conférence sur les droits de la femme. Le Conseil des anciens combattants du quartier du vieux Kiev était plus raisonnable: il ne demandait qu'une remise à neuf de son local, et joignait un devis de six mille hrivnas. La Fondation «Les enfants sont notre lendemain» se contentait d'espérer un don de vingt-cinq mille dollars à verser sur son compte, dont elle mentionnait le numéro. Une école de musique souhaitait qu'on lui paie l'accord de ses instruments.

1. La reconnaissance officielle de la religion a marqué le retour en force des fêtes orthodoxes, qui s'ajoutent aux autres. En décembre et janvier, on célèbre ainsi deux fois Noël et deux fois le Nouvel An, une fois aux dates actuelles, une fois aux dates de l'ancien calendrier russe, julien, en vigueur avant la révolution, qui retardait de 13 jours par rapport au nôtre.

Victor s'offrit une pause. Malgré la qualité du café, il avait un goût amer dans sa bouche. Il commanda une nouvelle tasse, accompagnée de cinquante grammes de cognac Zacarpatski.

Il lui fallut encore trois quarts d'heure pour venir à bout de cette prose quémandeuse.

Il lissa de la main la montagne de papiers et fixa le fond de sa tasse vide.

« Peut-être que je devrais quand même en sélectionner une ou deux, songea-t-il. Puisque le patron veut soutenir une cause… Sincère ou pas, tant pis, c'est le geste qui compte… »

Il tira une feuille au hasard, au milieu de la pile, comme un billet de loterie. L'heureux gagnant fut un ancien combattant qui voulait publier ses mémoires.

Désespéré, il posa la feuille au sommet de la liasse.

En sortant, il jeta le tout dans la première poubelle venue, et se dirigea vers la Maison des Syndicats. À l'angle de la rue Proreznaïa, il s'arrêta, se souvenant de l'e-mail envoyé en Croatie. Il décida de monter au *Cyber*.

Il eut alors la bizarre impression d'être suivi. Il se retourna et aperçut effectivement un homme qui marchait presque à sa hauteur, sur le trottoir d'en face. Leurs regards se croisèrent un bref instant, avant que l'homme s'arrête et se baisse pour faire semblant de renouer son lacet.

Victor pressa le pas, non sans se retourner encore, mais l'inconnu en long manteau noir et chapka grise, sans doute en fourrure de loup, avait repris son chemin sans plus lui prêter attention.

Il franchit précipitamment le seuil du *Cyber*, en regardant par la porte vitrée l'homme au manteau noir, qui stoppa devant le magasin Adidas, sortit un portable de sa poche et entra après avoir jeté un coup d'œil à la ronde.

Victor mit plusieurs minutes à se calmer. Assis devant son écran, il se connecta à sa boîte à lettres virtuelle, mais la circulation des données était lente, comme si le réseau avait lui aussi fêté le Nouvel An et avait du mal à s'en remettre.

Enfin, l'ordinateur lui annonça qu'il avait un message. Il cliqua pour l'ouvrir, et, une poignée de secondes plus tard, aperçut un petit texte qui l'emporta loin de Kiev, de l'hiver et du mystérieux suiveur en chapka de loup :

Bonjour,

Nous sommes ravis de votre intérêt à prendre part à l'expédition. La contribution est fixée à dix mille dollars. Le départ du bateau est prévu le 8 mars. Le port d'ancrage est Split. Nous attendons votre confirmation.

Salutations,

Mladen Pavlic

Victor s'empressa de cliquer sur « Répondre », écrivit qu'il était d'accord et demanda le nom du bateau, ainsi qu'une liste détaillée des affaires à emporter.

Son e-mail expédié, il choisit un moteur de recherche et tapa « Split ». Plusieurs noms de sites surgirent, dont un qui présentait le calendrier des animations à venir. Il le consulta, et eut le sentiment que la ville ne vivait que par le sport, à moins que ce ne soit la spécialité de ce site : dès le 6 janvier s'ouvrait le Championnat national de basket, suivi d'un grand tournoi d'échecs en février, et, du 3 au 9 mars, du Championnat d'Europe d'*armrestling*.

Perplexe, il relut ce mot et leva la tête en direction du gérant, installé près de l'entrée, concentré sur son propre ordinateur. Il l'interpella :

– Hé, ça veut dire quoi, *armrestling* ?

Le jeune homme posa un coude sur la table et saisit la main d'un adversaire imaginaire, qu'il força à ployer. Victor hocha la tête. Il avait compris.

Il passa encore quelques minutes à regarder d'autres sites consacrés à la ville, mais n'y trouva rien d'intéressant.

Une fois dehors, il scruta les alentours. L'homme au manteau noir avait disparu. Apaisé, il décida de regagner le Krechtchatik, mais à l'angle des rues Proreznaïa et Pouchkine, une Mercedes 600 stoppa à son niveau, et la porte arrière s'ouvrit.

– Vitia, viens par là ! lui intima une voix d'homme qui lui était familière.

Il se pencha pour regarder à l'intérieur de la voiture, et se figea, stupéfait : c'était Igor Lvovitch, son défunt rédacteur en chef.

– Monte, assieds-toi ! insista le trépassé. On va boire un coup de champagne ! Je t'ai déjà souhaité une bonne année au téléphone, mais on n'a pas encore pu trinquer !

Victor s'installa sur la banquette arrière. Igor Lvovitch toucha l'épaule du chauffeur, et la Mercedes démarra.

– Tu sais, commença son ancien chef, avant que je périsse dans cet accident, on m'a dit que tu t'étais tiré une balle dans la tête. Ensuite, il s'est avéré que ce n'était pas toi, mais un autre gars, qui s'est servi de ton Stetchkine. Lui aussi rédigeait des « petites croix ». Moins bonnes que les tiennes, bien sûr, il débutait... Tu vois, tout s'arrange, finalement...

Victor le regardait, incrédule. Son chef s'en aperçut et se tut, avant de partir d'un petit rire.

– En fait, dans l'accident, route de Borispol, le mort, ce n'était pas moi non plus. C'était un sans-abri, récuré et habillé comme il faut. Avec mes papiers dans la poche. On a eu beau m'enterrer, ça ne veut pas dire que je sois mort !

Victor retrouvait peu à peu son sang-froid. Cette dernière phrase était bien dans l'esprit d'Igor Lvovitch.

– Et voilà que j'apprends que le camarade Zolotarev, surnommé Le Pingouin, serait sain et sauf, et de nouveau avec son pingouin… Alors, je me suis dit que j'allais reprendre contact! Tu es un grand professionnel, tu comprends. Oui, je sais, tu es devenu assistant d'un député. Et c'est très bien, comme disait Gorbatchev. Notre pays est immense, et les gens capables de penser et d'agir, ou simplement de penser, y sont bien trop rares. Un vrai désert intellectuel! La quantité de problèmes dépasse largement la quantité d'hommes capables de les résoudre… Tu le vois bien, d'ailleurs. Regarde ton député! Personne ne se préoccupe du passé des gens. Tout est pardonné, tout est oublié, pourvu qu'on arrive à aligner trois mots!

Igor Lvovitch marqua une pause, comme pour laisser Victor réagir, mais celui-ci ne dit rien. Il continuait à dévisager son ancien chef en silence. C'était bien le même homme, malgré ses joues plus rondes et ses poches sous les yeux, signe d'un foie malade ou de trop de nuits sans sommeil. Mais ses vêtements étaient bien plus chics que par le passé, et la Rolex à son poignet semblait authentique.

– J'ai fondé un nouveau journal, le premier numéro sort dans dix jours. Il s'appelle *Kourier Oukraïny.* Achète-le quand tu le verras en kiosque! Lis-le, ça te donnera peut-être des idées! Je me ferai un plaisir d'en discuter avec toi. Ton opinion m'est précieuse! Et peut-être bien qu'un jour, je te nommerai rédacteur en chef…

Il consulta soudain sa Rolex et demanda au chauffeur d'allumer le poste et de chercher la station N° 1, la radio nationale. Quelques secondes plus tard retentit le carillon traditionnel. Le visage d'Igor Lvovitch s'illumina:

– J'adore quand ils donnent l'heure!

Il ouvrit alors le mini-bar encastré entre les sièges avant, en sortit une bouteille de champagne et deux coupes. Il appuya sur un bouton de son accoudoir pour baisser la vitre, expulsa le bouchon et referma.

– Eh bien, dit-il en regardant Victor, une petite flamme joyeuse au fond des yeux, à l'année nouvelle, aux rencontres à venir !

Il avança sa coupe, qui tinta contre celle de Victor.

– Bois, bois vite avant que les bulles s'échappent ! Bon, c'est pas tout ça, j'ai encore à faire aujourd'hui, expliqua-t-il en finissant son champagne. Treize personnes à qui présenter mes vœux ! Un chiffre porte-malheur ! Et toi, tu ne m'as même pas donné de tes nouvelles ! Enfin, ça ne fait rien, ce sera pour la prochaine fois ! À bientôt !

La Mercedes débarqua Victor à Petchersk, entre la station Arsenal et la place de la Gloire, pour continuer en direction de la Laure. Machinalement, il suivit le même chemin, toujours muet de stupeur, sous le coup de cet incroyable tête-à-tête. Il n'arrivait même pas à l'analyser, comme si son cerveau refusait ces informations afin de préserver sa santé mentale.

Une phrase ne cessait de le hanter : « On a eu beau m'enterrer, ça ne veut pas dire que je sois mort ! »

86

Dans la soirée, Sonia lui réitéra, sous le sceau du secret, ses soupçons au sujet des sentiments de Liocha envers Nina. Celle-ci était justement en train de l'aider à entrer avec son fauteuil dans la salle de bains.

– Qu'est-ce que ça peut faire ? laissa tomber Victor.

– Comment ça, qu'est-ce que ça peut faire ? C'est qu'un invité, dans cette maison !

– Tu sais quoi ? lui dit-il en la regardant sévèrement. Tu peux continuer à surveiller que les choses se passent bien, mais ne te mêle pas de la vie des adultes. C'est d'accord ?

Elle soupira et, sans répondre, quitta la cuisine.

Alors qu'il dormait déjà, Victor sentit dans son dos la caresse de Nina. Il s'écarta un peu, mais elle allongea le bras. Quelque chose lui brûla l'épaule. Il ne sentait plus la main de Nina, mais l'irritation sur l'épaule persistait. Il finit par toucher l'endroit qui lui faisait mal et sentit une longue égratignure. Il se souleva sur un coude, fixa Nina qui lui tournait le dos et, manifestement, dormait.

Il se leva, mit une robe de chambre et gagna la cuisine.

Là, à sa grande surprise, il retrouva Micha, à nouveau enfoncé dans le coin entre la gazinière et le mur. Il était immobile, son aile droite tachée de sang. Victor se pencha, attrapa le chat planqué sous la table, ses yeux luisants braqués sur le pingouin.

Le tenant par la peau du cou, il le déposa dans le vestibule, puis revint à la cuisine, en fermant bien la porte.

Il dénicha de nouvelles éraflures sur le corps de Micha. Il y passa du Mercurochrome, puis imbiba un nouveau coton et désinfecta son épaule, qu'il montra à Micha:

– Moi aussi j'y ai eu droit, regarde... On veut nous mettre dehors à coup de griffes, conclut-il avec un hochement de tête éloquent. Ce chat, c'est une chatte, tu sais... Ces dames ne nous trouvent pas à leur goût. Moi, à la limite, je comprends, mais toi, qu'est-ce que tu leur as fait? Aussi, si tu restais tranquille sur son coussin, la nuit... Pourquoi tu viens à la cuisine?

Micha baissa la tête et fixa le plancher, l'air contrit.

– Allez, viens, je te raccompagne jusqu'à ta couverture, lui murmura tendrement Victor. Et on va laisser le chat à la porte.

87

Au matin, il alla enfin dépenser l'argent que Sergueï Pavlovitch lui avait donné pour qu'il change de tenue. La chose se révéla simple et rapide. Les étrennes du patron lui permirent d'acheter un anorak finlandais à capuche, des boots, un jean et un pull vert bouteille. Rentré chez lui, il passa ses nouveaux vêtements.

– Pas mal, jugea Liocha, approbateur.

Nina sortit un instant de la cuisine pour constater la transformation, mais ne fit aucun commentaire.

– Dis-moi, poursuivit Liocha, tu ne m'as toujours rien trouvé à faire ? Parce que j'ai de nouveau des envies de vodka… Je m'ennuie !

– Prends patience, l'implora Victor. On est encore en plein dans les fêtes…

La sonnerie de son portable retentit dans le vestibule. Il l'avait laissé dans la poche de sa grosse veste d'uniforme, suspendue au portemanteau.

C'était Pacha. Le patron voulait le voir séance tenante.

Une heure plus tard, il était à Golosseïevo. Sergueï Pavlovitch l'attendait au salon.

– Alors, résultat ? Tu as choisi quoi ?

– Rien, avoua-t-il.

– Comment ça, rien ?

– Consternantes, ces requêtes, expliqua-t-il d'un ton qu'il s'efforça de rendre persuasif. Au pire, des escrocs, au mieux, des dingues…

– Alors, qu'est-ce que tu proposes ? s'irrita Sergueï Pavlovitch. Après-demain, j'ai une interview télé en direct sur la Première Chaîne. Je leur dis quoi, sur ma bonté ?

– Sergueï Pavlovitch, le mieux serait peut-être d'aider l'orphelinat de l'arbre de Noël… Vous vous souvenez ?

– Qu'est-ce qu'ils veulent, ceux-là?

– Rien.

– Alors, pourquoi veux-tu les aider, puisqu'ils ne le demandent pas?

– Justement, parce qu'ils ne le demandent pas!

– Ouais... Peut-être bien, au fond... Débrouille-toi pour les contacter d'urgence, fais une liste de leurs besoins. Tu n'as qu'à téléphoner d'ici.

– Allô, Galina Mikhaïlovna? s'enquit-il en entendant une voix de femme à l'autre bout du fil.

– Oui, c'est moi. C'est de la part?

Victor se présenta et lui rappela la journée des cadeaux de Noël.

– Ça alors, vous pensez encore à nous! parvint-elle à dire, aussi abasourdie qu'enchantée.

– Galina Mikhaïlovna, dites-moi ce dont l'orphelinat aurait besoin... Nous pourrions vous aider...

– Oh là là! je ne sais pas, moi... Nous aider... qu'est-ce qu'il nous faudrait... de la vaisselle, par exemple... nous sommes obligés de faire deux services, parce qu'il n'y a pas assez d'assiettes pour les enfants... de la vaisselle incassable, ce serait bien...

– Et comme fournitures scolaires?

Il entendit alors un lourd soupir.

– Vous me prenez de court... Nos livres de classe sont très vieux, nous n'avons plus de télé, nous en avions une mais elle est en panne depuis un an... Il ne faut pas m'en vouloir, vous savez, j'ai honte, j'ai l'air de mendier... Nous devrions vous adresser une demande officielle, visée par les instances régionales...

– Pas la peine! l'interrompit Victor. Vous serez au travail, demain matin?

– Bien sûr ! De toute façon j'habite à côté, la maisonnette avec la clôture verte.

– Alors, à demain, je tâcherai d'être chez vous à midi.

Sergueï Pavlovitch accorda aussitôt son feu vert à l'achat de la vaisselle et d'un téléviseur, tout en demandant à Victor de bien noter ce qu'il leur manquait d'autre.

Pacha le conduisit dans le quartier de Darnitsa, au magasin *Le monde des enfants.* À sa grande joie, il y trouva de la vaisselle émaillée et des quarts décorés de personnages de dessins animés. Il prit cinquante lots Winnie l'Ourson, et garda longtemps en main un quart en tous points identique à celui qu'il avait ramené de Tchétchénie.

La vaisselle remplissait deux gros cartons, qui allèrent à l'arrière du 4x4. Boulevard Lessia Oukraïnka, devant *La maison de l'électronique,* ils en chargèrent un troisième, contenant un téléviseur Samsung, et Pacha ramena Victor chez lui.

88

Lorsque le 4x4 quitta la route goudronnée pour prendre le chemin de terre, Victor eut l'impression de se retrouver en plein champ. Ils étaient les premiers à imprimer leurs traces sur la neige fraîche, et Sonia, assise avec un Micha barbouillé de Mercurochrome sur la banquette arrière, dévorait des yeux les splendeurs hivernales.

Lorsque Victor avait annoncé qu'il retournait à l'orphelinat, elle avait à tout prix voulu l'accompagner, et avait insisté pour prendre Micha : « On les connaît tous, les enfants ! On a mangé ensemble au McDo', tu sais bien ! »

Victor n'avait rien trouvé à lui répondre, et c'est à quatre qu'ils roulaient maintenant vers l'orphelinat, afin de livrer les cadeaux du député. Victor, sur le siège passager, ne cessait de se retourner, imaginant à quel point les petits allaient être heureux de revoir le pingouin.

Ils furent accueillis comme de vieux amis. Les enfants voulurent aussitôt étrenner la vaisselle. Vingt minutes plus tard, ils étaient tous attablés devant une bouillie de sarrasin au beurre. Pacha leur jetait des regards intéressés, tirant de temps à autre de sa poche un petit appareil photo. Seul Micha s'ennuyait. Il n'avait pas touché à la bouillie et se tenait près de la fenêtre, les yeux fixés sur Victor.

Une solide matrone portant un tablier fit le tour des tablées de bois, tenant une grosse bouilloire et versant du sirop de fruits dans les quarts émaillés flambant neufs. Victor tendit son Winnie, pensif. À ce moment, il entendit Sonia, assise face à lui, déclarer à une de ses nouvelles copines:

– Mon tonton Vitia, il a le même à la maison. Mais il veut pas me le donner!

– Je te l'offrirai, c'est promis.

– Pour de vrai? s'enthousiasma-t-elle.

– Je te donne ma parole d'honneur tchétchène, dit-il en essayant de plaisanter, mais la fillette ne pouvait comprendre l'allusion.

Le repas terminé, ils installèrent la télé sur une table basse, au fond d'une pièce assez spacieuse, carrée, aux murs ornés des portraits de Chevtchenko et du président Koutchma. Un cadre enlevé récemment avait laissé une trace. Lénine, sans doute.

Un des garçons parmi les plus âgés brancha une antenne intérieure et passa un bon moment à l'orienter. Enfin, l'image fut nette. C'était une publicité pour McDonald's: une adolescente en sweat vert et pantalon baggy's se pourléchait à la vue d'un énorme Big Mac qui remplissait tout l'écran.

– En vrai, il est beaucoup plus petit, lui lança Victor.

89

Lorsqu'ils prirent le chemin du retour, la nuit tombait. Ils suivirent leurs traces du matin jusqu'à la grand-route. Ce jour-là, le hameau perdu n'avait attiré qu'eux.

Quand ils furent sur le goudron, le portable de Victor sonna. C'était Sergueï Pavlovitch.

– Alors, comment ça s'est passé ?

– Très bien ! Les cadeaux les ont presque fait pleurer de joie !

– C'est ce qu'il faut. Ce sont les pots-de-vin qu'on prend avec le sourire, ou les lèvres pincées, mais les cadeaux, on les reçoit en pleurant, ironisa le patron. Bon, maintenant écoute : ta journée n'est pas finie. Une fois chez toi, tu m'écris un article sur cette action de bienfaisance, et tu me l'apportes demain matin. On verra dans quel journal le faire paraître. Compris ?

À la maison, ils trouvèrent Nina et Liocha installés à la cuisine devant un jeu d'échecs. Victor comprit vite qu'ils ne disputaient pas une partie, mais que Liocha donnait un cours à Nina.

Il n'en revenait pas. La seule chose qu'il trouvait naturelle dans l'histoire était que Nina ne sache pas jouer – il n'avait jamais envisagé le contraire.

– Tu as un bon niveau ? demanda-t-il à Liocha.

– Pas mauvais… Avant, quand je jouais pour de l'argent, je pouvais me faire cent dollars dans la soirée. Sauf qu'on jouait pas pour des dollars, parce que ceux qui ont des dollars, ils jouent pas aux échecs.

– Eh bien bravo, le félicita Victor du bout des lèvres.

Sans prêter attention à Nina, qui, nerveuse, s'empressait de ramasser les pièces et de les ranger dans leur coffret, il mit une bouilloire d'eau à chauffer.

– On a dîné sans vous, s'excusa-t-elle. Vous avez du cervelas au frais. Je vous prépare un peu de gruau pour aller avec !

Victor alla se rafraîchir le visage, aussitôt rejoint par Sonia, qui accourut en murmurant, préoccupée :

– Tu vois, je t'avais prévenu ! Tata Nina lui plaît.

– Et alors ?

Sonia hocha la tête et soupira.

– Tu l'auras cherché ! asséna-t-elle en tournant les talons.

Il haussa les épaules et soupira à son tour. L'inquiétude de la fillette l'embarrassait.

Le dîner fut calme, détendu. Le chat renonça même à entrer en voyant le pingouin, et regagna son panier dans le vestibule.

Une fois tout le monde couché, Victor prit ses aises à la cuisine. Il posa sa machine à écrire sur la table, y inséra une feuille blanche et la contempla.

Peu après, Micha vint le rejoindre, en poussant la porte de sa poitrine, comme toujours. Il attendit que le battant s'immobilise pour entrer, vacillant d'une patte sur l'autre comme un marin ivre, jusqu'à ce qu'il s'appuie au genou de Victor. Celui-ci le caressa et considéra encore sa feuille blanche. Il trouvait bizarre d'écrire à nouveau pour un journal. Heureusement, cette fois, il s'agissait d'un reportage et il avait encore dans l'oreille les rires des enfants.

Il commença son article sans le moindre effort. Les touches crépitaient, et en moins d'une demi-heure il avait terminé, sur quatre pages. Même les allusions à Sergueï Pavlovitch lui étaient venues naturellement. Il avait en outre réussi à glisser quelques mots sur les prothèses et le billard offerts avant les élections.

Il se relut, rangea la machine sous la table, et vit arriver Sonia. Sans le quitter des yeux, elle grimpa sur un tabouret.

– Tu as soif, c'est ça ?

Elle fit non de la tête.

– Qu'est-ce que tu as écrit ? lui demanda-t-elle en désignant l'article.

– Un reportage sur la journée d'aujourd'hui.

– Tu es redevenu journaliste ?

– Non.

– Moi, quand je serai grande, je serai peut-être journaliste… Je passerai mes nuits à la cuisine… Pendant que tout le monde dort…

– Ce n'est pas une bonne idée. Tu ne veux quand même pas devenir soldat et aller à la guerre ?

– Non, soldat je veux pas !

– Eh bien, tu sais, un journaliste, c'est comme un soldat. Quand tu fais partie d'un journal, on te désigne un ennemi, et on te donne un stylo au lieu d'une arme, pour que tu écrives des tas de saletés sur lui, jusqu'à ce que tu sois tué ou blessé.

– C'est des saletés, ce que tu viens d'écrire ? s'anima-t-elle en essayant de voir la première page.

– Non, là-dedans je parle des orphelins auxquels nous avons rendu visite.

– Et pour écrire ça, c'est pas obligé d'être journaliste ?

– Non.

– Alors ça va. Je retourne me coucher.

90

De bon matin, sans même prendre de petit-déjeuner, Victor quitta l'appartement.

Il neigeait encore. Dans l'obscurité qui précédait l'aube, les lampadaires ressemblaient à des fleurs de pissenlits. Des gens sortaient des immeubles et se hâtaient d'aller au travail. Cela avait quelque chose de décalé, un relent de passé soviétique, avec sa discipline, ses punitions pour les retards, ses distinctions de Héros du Travail socialiste.

Il regarda les ombres qui filaient dans la rue, l'arrêt du bus. La vie avait repris son rythme. Des usines fonctionnaient à nouveau, la Terre tournait encore et tout poussait, s'agitait à sa surface. Mais c'était une vie parallèle, qui ne le concernait pas. Ces gens qui se dissimulaient derrière leur routine ne remarquaient pas ou ne voulaient pas voir ce qui ne leur plaisait pas. Pourtant ils lisaient les journaux, ils regardaient la télé ! Ou plutôt, ils lisaient, regardaient, et se félicitaient que cela ne les touche pas, qu'ils n'aient personne à tuer et aucune raison de tuer qui que ce soit. Ils n'avaient pas emprunté dix mille dollars, eux, ils ne faisaient pas de business, ils n'étaient pas devenus une proie facile et toute désignée de la nouvelle réalité. Maintenant, ils se levaient et allaient au travail à l'heure où le monde parallèle s'endormait.

Cette rencontre subite avec la vie courante l'emplit de nostalgie. Ce n'était pas l'URSS qu'il regrettait, mais la cohésion de ce monde enfui, et la possibilité qu'il offrait d'être soi-même cohérent.

Arrivé dans le centre-ville, il entra au McDo'de la place de l'Indépendance. Il prit un café, un chausson fourré, tiède, et alla s'asseoir dans un coin, contre la vitre. Une neige duveteuse tombait, et derrière ce rideau blanc, des trolleys tournaient, déversant sans cesse de nouvelles fournées de travailleurs. La quantité de gens qui passaient en interminables cohortes devant le fast-food continuait à plonger Victor, maintenant bien réveillé, dans une profonde perplexité. Il finit par regarder ailleurs.

Il arriva à Golosseïevo à neuf heures trente. Sergueï Pavlovitch arpentait déjà la maison, dans son peignoir tigré. Pacha n'était pas là. C'est le patron en personne qui prépara le café. Ils s'assirent à la table de la cuisine, et Victor lui tendit son article.

Le patron se plongea dans la lecture. À son expression, Victor comprit qu'il était content. Il ne doutait pas de la qualité de son texte, mais n'était jamais tout à fait certain des attentes de Sergueï Pavlovitch.

À la fin de la quatrième page, celui-ci butta sur une ligne. Son sourire se figea, s'étira, s'affina, comme s'il se mordait les lèvres. Victor s'inquiéta. Il ne savait pas ce qu'il avait pu écrire à cet endroit-là, rien de spécial a priori. Le patron leva les yeux sur lui.

– Tu as un drôle de sens de l'humour, lança-t-il d'un ton froid.

– Pourquoi ? Qu'est-ce que j'ai fait ?

Sergueï Pavlovitch lui redonna la feuille. Victor la parcourut sans rien y voir d'extraordinaire, jusqu'à ce qu'il tombe sur la signature : « Un Groupe de Camarades ». Un frisson le traversa.

– Je ne l'ai pas fait exprès, s'excusa-t-il. C'est l'habitude… un vieux réflexe…

Le patron lui adressa un sourire, à sa grande surprise.

– Dommage, je pensais que tu pratiquais l'humour noir. Bon, peu importe, conclut-il en lui tendant un stylo, raye-moi ces « camarades » et signe, qu'on puisse l'envoyer.

– Que je signe, moi ?

– Bien sûr ! C'est ce que font tous les journalistes, non ?

Victor devint pensif. Il n'avait pas envie d'inscrire son nom, pas envie de se faire remarquer, pas envie que quelqu'un voie cet article et comprenne qu'il était encore en vie.

– Et si je prenais un pseudonyme ?

– Tu n'as qu'à mettre le nom de Pacha ! Signe donc « Pavel Kornienko » !

Victor fit la moue. Quelque chose lui soufflait que Pacha n'aimerait pas apprendre qu'il écrivait pour les journaux, surtout des articles sur la bonté de son patron.

Sergueï Pavlovitch agita la main, de guerre lasse.

– Eh bien, trouve-toi un pseudonyme, n'importe quoi, qu'on en finisse !

Il barra consciencieusement « Un Groupe de Camarades » et traça au dessous « Sergueï Fischbehn-Stepanenko ».

– Tu pouvais pas faire plus simple ? grogna le patron. Raye-moi ce « Fischbehn », sinon on va m'accuser de m'entourer de Juifs !

Il obtempéra, ne laissant que « Sergueï Stepanenko ». C'était précisément le nom de son défunt ami avant que celui-ci décide d'en changer pour émigrer en Israël. Étrange de voir comment, même *post mortem*, les choses reprennent leur place, songea Victor.

Avant de lui donner congé, le patron lui montra les photos prises par Pacha à l'orphelinat.

– Tu te rends compte comme c'est agréable de faire le bien ! s'extasia-t-il en désignant les visages radieux des petits. Ce serait encore mieux si les besoins ne dépassaient pas l'offre...

91

Une semaine plus tard, l'armée des journalistes virtuels de Kiev comptait une recrue supplémentaire, en la personne de feu Sergueï Stepanenko.

Victor, qui avait attendu la nuit pour être tranquille, s'enferma à la cuisine et ouvrit une bouteille de Smirnoff achetée le matin même pour s'offrir une petite fête mélancolique. Un gros bocal de cornichons et un saucisson cuit coupé en tranches complétaient cette nature morte du parfait célibataire. Devant les victuailles, il avait étalé le journal qui contenait l'article décrivant les actions caritatives menées par le député Sergueï Pavlovitch Loza, illustré par sa photo.

Il relut son texte, et n'y décela aucune modification. Il replia le journal, qui s'appelait *Kourier Oukraïny*, avec le premier mot imprimé en bleu et le second en jaune. Les visées nationalistes de cette publication étaient manifestes. Désemparé, il se versa un verre d'alcool et trinqua avec l'urne funéraire.

– À ton premier article publié ! lui murmura-t-il avant d'avaler sa vodka cul sec.

Il mordit dans un cornichon et se versa un autre verre. Il regardait la porte, attendant qu'elle s'ouvre, poussée par Micha, mais celui-ci ne venait pas, comme s'il avait répugné à distraire Victor de ses amères pensées.

Car il avait largement de quoi penser. Le premier numéro du journal, son article… L'un des propriétaires n'était autre qu'Igor Lvovitch, son ancien chef, mort *de jure*, et ce texte était signé d'un mort *de facto*… Un bon sujet, ça… Le début d'un délire d'ivrogne, ou la trame d'un futur récit…

Il but. Les choses lui échappaient de plus en plus. Il était en train de perdre sa liberté, ou ce qu'il en restait, le peu d'espace dont il disposait chez lui, et pour finir il se perdait lui-même, si ce n'était déjà fait. Ses seules joies étaient la présence de Micha et de Sonia, et le fait qu'il était en vie, à la fois *de jure* et *de facto*. Cela signifiait qu'en un certain sens, il était malgré tout plus vivant qu'Igor Lvovitch.

La vodka ne l'enivrait pas, elle accentuait sa solitude désespérée. Au bout d'un moment, sa main cessa de se tendre vers la bouteille. Le silence s'était fait inquiétant, comme un prélude à une embuscade. Il fixa la porte, et eut envie de l'ouvrir, de vérifier si elle ne dissimulait pas un danger.

Il se leva, gagna le vestibule, tendit l'oreille, jeta un coup d'œil dans le salon. Liocha ronflait doucement. Il s'approcha et lui souffla à l'oreille :

– Tu dors ?

Il avait pourtant conscience que c'était une question idiote. Il la lui répéta néanmoins deux fois encore, au creux de l'oreille, jusqu'à ce que Liocha bouge, tourne la tête et ouvre les yeux.

– Qu'est-ce qu'y a ? marmonna-t-il.

– Viens boire un coup avec moi…

Liocha le regarda, interloqué, mais Victor ne s'en aperçut pas. La pièce était trop sombre.

– Qu'est-ce qui t'arrive ? s'inquiéta son ami en se soulevant sur ses coudes.

– Rien… mon article est paru… faut fêter ça…

Sans recourir au fauteuil roulant pour ne pas réveiller Sonia, Victor porta Liocha à la cuisine et l'installa à table. Micha les rejoignit aussitôt et se dirigea vers sa gamelle.

– Ah, voilà qui est mieux, constata Victor. Maintenant, c'est bon, on est trois, on peut boire…

Il donna un verre à Liocha et le servit.

– Toi, t'es pas dans ton état normal, objecta celui-ci.

– Normal, pas normal, j'en sais rien… Je suis pas en état du tout. Je suis triste.

– Ouais… D'accord. Moi aussi, quand ça allait pas, je me soignais à la vodka. Dis, m'en veux pas, mais t'aurais pas autre chose à boire ? J'ai pas envie de vodka.

Victor émergea subitement de son apathie et lui lança un regard plein de considération. Il ouvrit le frigo, puis le placard, où il dénicha une bouteille de cognac.

– Ça ira ?

Ça allait. Il récupéra la vodka et lui servit un cognac en échange.

Ils burent et grignotèrent.

– T'en aurais pas marre de me voir ici, des fois? demanda brusquement Liocha.

Victor fit une grimace. Il le regarda fixement, mais ne répondit rien.

– Excuse-moi, amorça Liocha. Tu m'as quand même sorti de la dèche, tu m'as installé chez toi... Et moi... Comment dire? Je drague ta Nina. Mais ne crains rien, je contrôle... Je suis pas un salaud, crois pas ça.

– Arrête! l'interrompit Victor. Ça me regarde pas! Tu peux la draguer tant que tu veux!

Liocha haussa les sourcils, surpris:

– Tu dors avec elle, quand même!

– Non, je dors dans le lit qu'elle s'est acheté, tout au bord. Écoute, parlons d'autre chose!

Il se versa une nouvelle vodka et offrit un autre cognac à son ami.

– Tu sais ce que c'est, l'*armrestling*?

Liocha acquiesça.

Victor poussa les verres et posa son coude droit sur la table. Liocha fit de même en rigolant.

– C'est parti, décida Victor en bandant tous ses muscles.

Il sentit Liocha se raidir, et ne put résister à la pression que celui-ci exerça soudain. Son bras se coucha sur la table.

– Je croyais que t'étais bon qu'aux échecs...

Il frottait son bras vaincu, pas le moins du monde navré de sa défaite, au contraire. Il se sentait maintenant plus fort et de meilleure humeur.

– À ta victoire, dit-il en levant son verre.

Liocha but son cognac en trois petites gorgées, considérant Victor avec beaucoup d'attention.

– Tu avais promis de me trouver du travail.

– C'est presque fait. Demain ou après-demain je saurai où ça en est.

92

Tôt dans la matinée, il reçut un coup de téléphone. C'était Igor Lvovitch qui le félicitait pour son article. Il lui demanda son avis sur le journal dans son ensemble, et fut quelque peu déçu d'apprendre que Victor n'y avait lu que son propre texte.

– Jette un coup d'œil à ce premier numéro, ton avis m'intéresse ! Tu vois, nos routes se croisent à nouveau…

Il se prépara deux œufs au plat et coupa une tranche de pain. Il allait s'asseoir quand il découvrit Micha, debout devant son écuelle vide et qui le regardait, intrigué. En réponse, il lui offrit le dernier morceau de merlu qui restait.

Il finissait ses œufs lorsque Sonia arriva. Elle regarda autour d'elle, écouta le bruit de la douche, puis demanda à Victor de se pencher afin de lui confier un secret à l'oreille.

– Tout va bien ! Hier, ils se sont engueulés si fort que c'était une horreur ! Ils ont crié !

– Mais qui ça, « ils » ?

– Tata Nina et tonton Liocha, pardi. Maintenant, tu peux être tranquille.

Victor partit d'un fou rire, sous le regard vexé de Sonia, qui ne saisissait pas ce que la nouvelle avait de drôle.

– Tu ne peux pas comprendre, lui déclara Victor en cessant de rire. Lequel criait le plus ?

La fillette se mit à réfléchir.

– D'abord tata Nina, puis tonton Liocha, puis de nouveau tata Nina, puis les deux…

– Bon ! Donc, ils ne sont pas fâchés.

Sonia prit à nouveau son air offensé. Elle gonfla les joues et le regarda avec une colère contenue.

– Tu sais, entreprit-il de lui expliquer, quand un monsieur et une dame se crient dessus, c'est qu'ils sont amis ou amoureux. C'est quand ils ne se parlent pas qu'ils sont fâchés.

– Alors eux, ils se plaisent encore ? déplora-t-elle.

Il eut un geste fataliste.

– Ben et toi, alors ? s'enquit-elle.

– Alors moi, tu m'aimes ?

– Oui, bien sûr ! T'es mon tonton-papa !

Il caressa ses boucles soyeuses et continua à la rassurer :

– Tout va bien, tout va très bien... Un de ces jours, on peut aller dans un café, et discuter de tout ça comme des adultes, si tu veux.

– Oui, je veux bien.

Un bruit de pantoufles la fit se retourner. C'était Nina, enveloppée dans le peignoir de Victor, ses cheveux mouillés enroulés dans une serviette.

– Tu sors ? demanda-t-elle à Victor en voyant son assiette déjà vide.

– Oui, je dois aller travailler.

– Il faudrait appeler un plombier, il y a une fuite sous la baignoire.

– Donne le téléphone du syndic à Liocha, il n'aura qu'à appeler, ils enverront quelqu'un.

Apercevant Micha, elle pensa soudain à quelque chose :

– T'aurais pas vu le chat, au fait ?

Il fit signe que non.

– Il a voulu sortir, hier soir, expliqua-t-elle, et il n'est pas revenu depuis, c'est bizarre.

Avant d'aller à Golosseïevo, Victor passa au *Cyber* consulter ses e-mails. À sa grande joie, il trouva un message de Mladen, lui apprenant que leur voilier s'appelait *Vesna*[1], qu'il devrait prendre des vêtements légers mais très chauds et suffisamment d'argent de poche, en dollars. Tout ce dont il aurait éventuellement besoin, il pourrait l'acheter à Split.

Il répondit et alla faire un tour sur le site de la ville. L'agenda des manifestations sportives donnait de nouveaux détails sur les compétitions à venir, et il lut avec intérêt que le championnat d'Europe de bras de fer verrait s'affronter des équipes de Grande-Bretagne, de Roumanie, de Pologne, de Hollande et de plusieurs autres pays occidentaux. Aucune délégation d'ex-URSS n'était mentionnée.

Il imprima la page et la rangea avec soin dans sa poche. Il se rendit ensuite au *Kiev d'Antan*, commanda un café et se plongea dans ses réflexions. Malgré sa beuverie nocturne, il avait les idées claires; elles s'agençaient facilement, comme en apesanteur.

Il se concentra sur la page qu'il venait d'imprimer. Un projet était en train de germer dans son esprit, un projet à mettre en œuvre absolument, un projet susceptible de résoudre plusieurs problèmes à la fois. Sur un petit nuage, il partit sans même finir son café. Sur le Krechtchatik, il héla une voiture, et moins de vingt minutes plus tard, il entrait chez Sergueï Pavlovitch.

93

Le patron avait du mal à le suivre. Il le regardait, perplexe, buvait une gorgée de café, se détournait. Victor ne savait plus quoi dire pour éveiller son intérêt.

– Écoute, tant qu'à parrainer quelque chose, je veux que ça ait de la gueule ! Trouve-moi un club de foot, de basket…

---

1. Ce nom signifie « Printemps », en russe.

– Mais tout ça, c'est déjà pris, et ça coûte monstrueusement cher. Tandis que ce que je vous propose, c'est sympathique et bon marché ! En même temps, c'est une bonne action, aider des sportifs handicapés...

– Bon, c'est des équipes de combien ?

– Cinq ou six, capitaine compris. Plus un entraîneur.

– Ah parce qu'en plus, il faut s'entraîner, pour ça ?

– Évidemment. Et puis, un entraîneur, ça sert aussi à surveiller que les athlètes ne boivent pas, à les garder en forme.

– Compris. Fais-moi voir ce papier encore un coup !

Victor lui tendit la feuille annonçant les compétitions de Split.

– Je vais réfléchir.

Il posa la page sur la table basse, quitta son fauteuil et libéra Victor :

– Tu peux vaquer à tes affaires. Tu as toujours ton portable sur toi ?

– Oui.

– Ne l'éteins pas, je t'appellerai tout à l'heure.

Et en effet, deux heures et demie plus tard, alors que Victor, après avoir déambulé dans le Podol, entrait dans un café de la rue Sagaïdatchny, la sonnerie du portable retentit.

– T'es où ?

– Dans le Podol.

– Et plus précisément ?

Le patron lui ordonna de ne pas quitter le café, où il le rejoignit au bout d'une demi-heure, vêtu d'un manteau fourré si long qu'il traînait presque par terre et coiffé d'une chapka en bébé renne.

– Tu avais raison ! lui annonça-t-il, d'excellente humeur, en cherchant le garçon des yeux.

Apercevant une serveuse, il lui fit signe et commanda cinquante grammes de cognac et un café.

– Je viens de discuter avec un ami, poursuivit-il. Il m'a dit que ton cerveau valait de l'or ! C'est vrai que j'ai payé d'avance, plaisanta-t-il en lui donnant une tape sur l'épaule. Donc, on va monter une équipe, mais c'est toi qui en seras responsable, compris ? On va fonder un club, puis créer la Fédération ukrainienne de bras de fer, dont je serai président. Mais d'abord, il me faut le nom de l'équipe, et une brève définition de ses objectifs.

Victor hocha la tête.

– Pourquoi tu fais « oui » ? J'attends tes propositions !

– On pourrait l'appeler… Club Handisport Afghan…

– Mmm… pas assez moderne. Plutôt Club des mutilés des combats en Tchétchénie, non ?

– Mais ça ne correspond pas à la réalité… Et puis la Tchétchénie, c'est en Russie, ça ne concerne pas l'Ukraine.

– Et « Afghan », ça correspond à la réalité ? Tu as un ancien combattant de l'Afghanistan, là-dedans ?

– Euh… non, je ne crois pas… mais on a plus l'habitude, ça sonne mieux. Tchétchénie, ça va pas du tout…

Sergueï Pavlovitch soupira. Il acheva son cognac, puis son café.

– Et ton équipe, elle est prête, au moins ?

– J'ai déjà le capitaine. L'équipe, elle sera facile à composer. Il suffit de fixer le salaire des athlètes, pour les motiver un peu.

– Eh bien, fixe !

– Je dirais une centaine de dollars mensuels, et cent cinquante pour le capitaine…

– Pourquoi si peu ? Il faut leur donner au moins deux cents, et trois cents au capitaine. Quant à l'entraîneur… dit-il en regardant Victor fixement, l'entraîneur, il me doit déjà tellement… pour l'entraîneur on verra plus tard ! Bon, débrouille-toi pour me fournir une liste complète demain. À partir de là, je donnerai mes ordres, on remplira les papiers, le club sera officiellement créé, on sera en règle. Y aura plus qu'à participer aux tournois !

94

Le soir même, Victor présentait la chose à Liocha, qui, s'entendant proposer de devenir capitaine d'une équipe, s'épanouit. Ils passèrent en revue tout un tas de détails, puis se rendirent à *L'Afghan*.

Victor laissa son ami entrer seul. Il devait venir le rejoindre au bout d'une demi-heure, le temps que Liocha discute avec les « soldats à roulettes », qui étaient assez nombreux pour constituer une honorable délégation, et tous vigoureux du biceps.

Ce début de nuit hivernale était calme et silencieux. Il ne neigeait plus. La poudreuse crissait sous les pas de Victor, qui dut monter et descendre quatre fois la rue Nagornaïa, sans se presser. Finalement, il franchit le plan incliné qui donnait accès au café. Il aperçut aussitôt Liocha en compagnie de six autres handicapés, avec une bouteille de cognac, autour de deux tables rondes.

– Viens voir par ici ! l'interpella son ami.

Sa voix disait que tout allait bien. Il alla chercher un fauteuil, le déplia et s'assit avec les autres.

– Je vous présente Vitia, c'est le gars dont je vous ai parlé, commença Liocha en le désignant du regard.

Six paires d'yeux le fixèrent aussitôt, semblant attendre un miracle. Il les salua.

– Les copains sont d'accord, déclara Liocha. Y a plus que des petites choses à régler.

Ils versèrent un verre à Victor, qui était prêt à répondre à leurs questions. Tous les frais seraient-ils pris en charge ?

Auraient-ils le droit de conserver leur chambre au foyer? Toucheraient-ils quand même leur pension d'invalidité? Il ignorait parfois quoi dire, mais cela ne l'empêchait pas de répondre affirmativement à tout et d'écarter les doutes éventuels.

– On aura des tenues officielles? demanda un unijambiste coiffé en brosse.

– Bien sûr.

– Quelle marque?

– Ce n'est pas encore choisi, mais ce sera une bonne marque, assura-t-il.

La récurrente publicité Adidas de la Maison des Syndicats lui revint alors en mémoire.

Liocha dressa finalement la liste des sportifs. Elle comptait sept noms, dont le sien, ce qui n'inquiéta pas Victor. Un homme de plus n'allait pas ruiner le patron, et l'équipe n'en paraîtrait que plus sérieuse.

Arrêter une voiture pour rentrer s'avéra malcommode, car la rue Nagornaïa n'était pas une voie de passage. Victor finit par sortir son portable et appela un taxi, qui les ramena confortablement chez lui.

Il hissa d'abord Liocha à l'appartement, puis redescendit chercher le fauteuil. Quand il remonta, il comprit que son ami avait déjà fait part des dernières nouvelles à Sonia et Nina. La joie manifeste qui se peignait sur le visage de celle-ci le laissa dubitatif.

Sonia, en revanche, ne semblait pas bouleversée d'apprendre que tonton Liocha était désormais capitaine d'une équipe sportive.

– Alors maintenant, tu vas descendre faire des compétitions tous les jours? lui demanda-t-elle en faisant la moue.

– Non, pas tous les jours, et il ne va pas descendre, répondit Victor à sa place. Parfois il montera dans des voitures, parfois dans des avions…

– Des avions ? Je pourrai venir aussi ?

Victor prit un air désolé et secoua la tête.

– Non, Sonietchka, ça ne sera pas possible.

– Et Micha, il pourra y aller ?

Sans le faire exprès, elle venait de toucher au projet secret de Victor, celui qu'il avait caché même à son patron. Il n'avait pas encore réfléchi à la manière dont il emmènerait Micha avec l'équipe en Croatie, mais la question de la fillette lui fit prendre conscience qu'il était temps de penser concrètement à ce pour quoi il avait monté toute cette combine.

Il se rendit compte que Micha n'avait pas mangé avec eux. Il était resté sur sa couverture, devant la porte du balcon. Il alla le chercher et le pingouin le suivit sans enthousiasme. Il posa son bec sur le bout de poisson tiré du réfrigérateur.

– Le chat n'est toujours pas revenu, constata Sonia. Peut-être que les chiens l'ont mangé…

Le mot « chiens » fit tressaillir Micha. Il se retourna, regarda la fillette, un éclair d'intérêt dans les yeux, mais personne n'ajouta rien, et il attaqua son repas.

95

Deux jours plus tard, Sergueï Pavlovitch, tout exalté de voir se réaliser le projet de club sportif, invita Victor à dîner, lui demandant d'arriver assez à l'avance pour qu'ils aient le temps de discuter avant de se mettre à table.

La nuit tombait encore tôt, mais ce soir-là sentait le dégel. La neige ne craquait plus sous les pieds, elle se laissait écraser mollement, et les traces de pas s'assombrissaient, s'emplissaient d'eau. En traversant le quartier de Golosseïevo, Victor contempla ses chaussures, encore imperméables, chaudes et confortables. Il songea que bientôt, elles laisseraient passer l'humidité, et il soupira, souhaitant que ce dégel précoce ne dure pas. Ce n'était de toute façon pas un temps de fin janvier.

Au salon, la table était déjà dressée, avec grand soin, comme si une femme s'en était chargée. Habitué à ne voir que des hommes dans la maison, Victor s'en étonna. L'explication vint au moment où il prit place avec Sergueï Pavlovitch autour de la table basse. Une domestique, la cinquantaine, un foulard dans les cheveux, un tablier noué sur ses vêtements simples, aux couleurs passées, apparut dans l'encadrement de la porte.

– Sergueï Pavlovitch, j'ai beau taper dessus, j'y arrive pas, se plaignit-elle.

– Allons bon !

Le patron se leva en s'excusant auprès de Victor d'un signe de tête.

Quelques instants plus tard, un choc sourd et violent ébranla la cuisine, accompagné d'un cri de femme. Le patron vint se rasseoir.

– Tout est pour le mieux, commenta-t-il. On a un sponsor, celui dont tu m'avais parlé, justement, Adidas. Les tenues seront prêtes dans quelques jours. Tous les papiers sont remplis. On peut considérer qu'on est en règle. La demande d'inscription, je l'enverrai aux Yougoslaves depuis le parlement, par la Commission des sports.

– C'est des Croates, pas des Yougoslaves, précisa Victor.

– Tout ça c'est pareil ! Il faudra faire des passeports pour tes gars. Et déléguer un journaliste pour vous accompagner, couvrir la compétition. Au fait, tu as trouvé un emblème pour l'équipe ? Un symbole, une image, quelque chose, comme pour le Dynamo[1] ?

Victor secoua la tête.

---

1. Le célèbre club de foot de Kiev.

– Trouves-en un ! Il nous reste peu de temps, et il faut encore fabriquer un tas d'objets-souvenirs !

– En fait… lança soudain Victor, qui venait d'avoir une idée qui demandait à être habilement présentée, en fait, on pourrait prendre Micha, mon pingouin, comme emblème…

Sergueï Pavlovitch enregistra la suggestion.

L'instant d'après, la servante arrivait avec un grand saladier en cristal qu'elle posa au centre de la table. Elle s'adressa au maître de maison :

– J'apporte les entrées froides maintenant ?

– Oui, faites.

Il reprit son dialogue avec Victor :

– Ma foi… articula-t-il lentement, comme s'il continuait à réfléchir. Un pingouin, avec une lettre sur le ventre, un logo… un A majuscule, rouge. CS Afghan.

– CS ? interrogea Victor.

– Club sportif, lui expliqua le patron. C'est bon, mets-y ton pingouin. Au fait, tu m'en voudras pas, j'ai dû inviter une personne de plus à dîner, ça s'est goupillé comme ça…

Victor tourna la tête vers la table et s'aperçut qu'en effet, il y avait trois couverts.

L'invité surprise n'était autre que l'ancien rédacteur en chef des *Stolitchnyé vesti*, Igor Lvovitch.

Le clou du dîner fut une soupe à la tortue. Levant son verre de Hennessy, le maître de maison annonça fièrement :

– On m'a recommandé cette femme pour s'occuper de la maison. Une cuisinière hors pair ! Et tout ça pour deux cents dollars par mois ! Le jour où je l'ai engagée, je lui ai demandé de faire le tri dans le frigo, et une demi-heure plus tard, elle m'apportait une tortue congelée ! J'étais sidéré. J'ai mis un temps fou à me rappeler que c'était le responsable de la police fiscale du quartier qui me l'avait offerte. Du coup, elle m'a proposé d'en faire une soupe.

Igor Lvovitch, qui venait d'en avaler une cuillerée, hocha la tête en connaisseur.

– Elle a eu tout à fait raison ! confirma-t-il en s'essuyant les lèvres du plat de la main. Un jour, j'ai mangé de la soupe de tortue au Mexique, elle n'était pas aussi savoureuse. Leurs tortues doivent être mal nourries ! plaisanta-t-il.

Le patron sourit.

Seul Victor n'avait pas le cœur à rire. La présence de son ancien chef le contrariait. Quelque chose lui disait qu'il allait intervenir dans sa vie, or il en avait plus qu'assez qu'on se mêle de ses affaires. Il avait maintenant envie de prendre lui-même les choses en main.

– Tu vas bien envoyer un de tes journalistes avec notre équipe ?

À la manière dont Igor Lvovitch hocha la tête, Victor eut l'impression que les deux hommes avaient déjà évoqué la question.

– C'est prévu, ajouta-t-il en ingurgitant une nouvelle cuillerée de soupe.

Son regard s'arrêta sur la bouteille de cognac, et Sergueï Pavlovitch réagit aussitôt en lui versant un verre. Victor le sentait empressé. Il se remémora le « tu m'en voudras pas » au sujet du convive imposé. Son patron était donc tributaire d'Igor Lvovitch... Celui-ci avait quelque chose de plus que lui... Tout à ses réflexions, il fit claquer sa langue et s'aperçut que le rédacteur en chef le regardait, étonné de cette expression irrespectueuse saisie par hasard.

Victor exhiba alors une mine courtoise, et Igor Lvovitch, satisfait, se tourna vers Sergueï Pavlovitch.

Sous l'effet du cognac de grande marque, la conversation ralentissait, devenait plus musicale. Victor n'y prenait aucune part. Il semblait avoir été placé là pour écouter et observer ces deux hommes qui avaient quasiment tout pouvoir. Peut-être était-il censé en prendre de la graine. Il buvait en silence, dégustait son plat sucré-salé, une côtelette de porc finement tranchée nappée de purée de pommes, et absorbait un tas d'informations qui ne l'intéressaient pas.

– Dans deux ans, c'est la présidentielle, énonça Igor Lvovitch comme si c'était lui qui avait fixé la date. Il faut se rassembler, commencer à constituer une alliance puissante. L'intransigeance n'est plus de mise…

Il poursuivit en suggérant à Sergueï Pavlovitch d'intégrer le comité éditorial de son nouveau journal, d'autant que son assistant – et il gratifia Victor d'un sourire – y avait déjà publié un article, auquel on n'avait pas changé une seule virgule.

Quand il entendit: « Ton assistant, on pourrait le nommer rédacteur en chef, c'est un gars plein de bon sens », phrase accompagnée d'un autre sourire, Victor comprit soudain que toute cette mise en scène, ce dîner de gala, avait été organisée pour lui, pour qu'insensiblement, entre le cognac et les mets recherchés, il se sente devenir une pièce importante d'un nouveau jeu dont on ne lui expliquerait pas les règles, pour qu'il exprime son accord d'un simple signe de tête, avec une confiance absolue.

Soudain, ils l'entraînèrent dans la conversation, comme sur une mince couche de glace, lui demandant comment il voyait l'avenir du club Afghan, quelles étaient ses perspectives, dans quelle mesure il pouvait servir la patrie et de quelle façon le rendre populaire. Victor s'avança sur la glace, semblant accepter au passage la proposition implicite de devenir rédacteur en chef du *Kourier*. Il parla du championnat d'Europe qui se profilait, affirma qu'il suffisait de se lancer et qu'une fois sur place, les contacts nécessaires seraient noués, projetant l'équipe sur la scène internationale, où elle ne manquerait pas de faire des étincelles. Carrément. Il n'oublia pas de conclure sur l'emblème choisi, le pingouin, talisman vivant destiné à accompagner toujours et partout cette toute nouvelle équipe.

– Bien trouvé, très médiatique ! approuva Igor Lvovitch.

Vers minuit, sa Mercedes 600 passa le prendre. Il proposa à Victor de le déposer, mais celui-ci refusa, prétextant qu'il souhaitait discuter encore un peu avec son patron. En fait, ils ne se dirent rien, il dut appeler un taxi et débourser trente hrivnas pour subir la compagnie d'un chauffeur taciturne qui grillait les feux et lâchait des bordées d'injures aux voitures de marques étrangères qui parvenaient à le doubler sur la chaussée couverte de neige fondue, inondant son pare-brise d'une fange opaque.

96

Parvenu chez lui, Victor savoura quelques instants le calme nocturne, sans toutefois y trouver la sérénité voulue. Il s'enferma dans la cuisine. Il aurait bien aimé boire encore, mais l'énervement qui le gagnait coupa court à ce désir. Il avait envie de faire quelque chose de brutal, de fracasser un objet, de frapper du poing sur la table.

Il se reprit et chercha, dans les recoins de sa conscience imprégnée d'alcool, la cause de sa rage. Il la trouva sans peine : c'était le dîner, cette soirée initiatique. On l'avait embrigadé, une fois de plus. Il allait se retrouver rédacteur en chef d'un torchon politique fait pour mener bataille en vue des élections. Et même si les chefs étaient moins souvent tués que les simples journalistes, plus le journal était engagé, plus la vie de son responsable était brève. Igor Lvovitch en était un bon exemple.

Il regarda sa machine à écrire sous la table, elle qui l'avait fidèlement servi durant toutes ces années, qui avait tenté de l'aider à devenir écrivain, ou du moins essayiste. Finalement, elle n'avait rien pu faire pour lui. Elle n'était qu'un outil, un malheureux outil, comme une hache pour un bûcheron ou une clé à molette pour un plombier. Que deviendrait le bûcheron sans sa hache ou le plombier sans sa clé à molette? Il attrapa sa machine et la posa sur la table. Il effleura le clavier, la poussière sur les touches. Il pensa qu'elle était tout de même petite et commode. Il leva les yeux vers le vasistas.

Il lui sembla qu'elle pourrait passer. Il monta sur un tabouret, la prit et la glissa dans l'ouverture. Elle passait sans problème. Dehors, il n'y avait pas un bruit, la nuit était noire. Il se figea, écouta le silence, avant de pousser sa machine à écrire dans le vide. Il retint son souffle. Quelques secondes plus tard, il perçut le bruit de son atterrissage sur le goudron, un bruit faible, un petit «clounk», et l'écho du mécanisme éclatant sous le choc.

La porte grinça dans son dos. Il pensa que c'était Sonia, mais c'est Micha qu'il découvrit en se retournant. Il s'approcha du tabouret sur lequel était perché son maître, et qui servait en temps normal de support à son écuelle.

Victor sauta par terre et s'accroupit pour le caresser.

– Pardon de t'avoir réveillé, lui murmura-t-il. Tu sais ce que je viens de faire?

Le pingouin pencha la tête vers la gauche, comme pour échapper aux effluves de cognac.

– Je viens de balancer mon passé! Il ne reviendra plus!

Il lui sembla que Micha hochait la tête. Cela lui fit tellement plaisir qu'il le couvrit de caresses.

– On va bientôt embarquer! lui promit-il. D'abord on prendra un avion, puis un bateau!

97

À *L'Afghan*, l'essayage des tenues Adidas déchaîna l'enthousiasme. Désormais, les hommes étaient convaincus que l'avenir sportif promis par Victor n'était pas un leurre. Cela acheva de les souder en une véritable équipe.

Les tables rondes du café ne convenaient pas aux entraînements. Victor n'eut aucun mal à obtenir cinq cents dollars auprès de Sergueï Pavlovitch afin d'acheter trois tables rectangulaires en chêne.

Il n'était pas aisé pour lui d'emmener tous les jours Liocha rejoindre ses équipiers, mais il ne regrettait rien. Il avait appris qu'avant qu'il rentre de Tchétchénie, son ami avait eu un différend financier avec eux, ils lui avaient prêté une petite somme qu'il n'avait jamais remboursée, ou quelque chose de ce genre, il ignorait les détails. C'était cela qui l'avait précipité dans l'alcoolisme. À présent qu'il était capitaine, ils lui avaient tout pardonné, y compris ses quelques dettes, lui proposant même de reprendre sa chambre au foyer. Elle était restée vacante, dans l'état où il l'avait laissée. Victor avait retenu son souffle en entendant cette offre. Si Liocha avait accepté, cela lui aurait évité tous ces allers-retours et les va-et-vient sur quatre étages avec lui et son fauteuil. Mais Liocha avait décliné la proposition, demandant seulement qu'on lui garde cette pièce. Victor avait alors repensé aux propos de Sonia: « Tu sais, tata Nina, elle plaît à tonton Liocha. »

Sergueï Pavlovitch l'appelait régulièrement sur son portable, demandant des nouvelles de l'équipe. Les passeports étaient prêts, les visas aussi. Il conservait tous les papiers dans son coffre. Les organisateurs du championnat avaient envoyé un fax pour annoncer qu'ils inscrivaient gratuitement les « Afghans », mais ils demandaient de payer l'hébergement d'avance, ce qui avait été fait.

Igor Lvovitch avait disparu de la circulation, au grand soulagement de Victor.

Chez Victor, personne n'avait remarqué l'absence de la machine à écrire. Il se plaisait à croire que les deux étaient liés, que l'on pouvait, en se débarrassant d'un objet, se débarrasser en même temps d'une personne, un peu comme dans les contes. Facile. Il suffisait d'être un héros de contes de fées.

Il avait réussi à repasser au *Cyber*, échangeant quelques messages avec Mladen, qui s'inquiétait de savoir si on ne lui confisquerait pas l'argent de sa quote-part à la douane. Victor aussi se faisait du souci au sujet de sa participation financière, mais pour d'autres raisons. Il n'avait pas d'argent en tant que tel. Il n'avait qu'un lingot d'or auquel il devrait faire passer les frontières, et une carte de crédit pour retirer du liquide, mais il ignorait toujours combien il restait sur le compte du défunt banquier.

Par chance, Sergueï Pavlovitch put l'aider. Il avait des amis dans le milieu bancaire. Victor lui confia la carte et son code. Le lendemain, son patron lui apportait un relevé de compte : il disposait encore de vingt-sept mille dollars et des poussières.

– Tu n'es pas à plaindre, dis donc ! Quand je pense que c'est moi qui ai payé la rançon de ton pingouin !

– Je peux vous rembourser tout de suite, s'empressa de proposer Victor, ébahi par le montant du solde.

– Pas la peine, va. Tu me paies en travaillant ! le rassura son patron, grand seigneur.

En effet, Victor travaillait. Il passait des journées entières avec l'équipe à surveiller les entraînements.

Quelques jours plus tard, Sergueï Pavlovitch lui annonça au téléphone que la Première Chaîne nationale allait venir tourner un reportage sur le club. Victor réalisa alors à quel point ses athlètes avaient l'air négligé. Tous étaient barbus, ou omettaient simplement de se raser, voire de se coiffer, à l'exception du gars à la brosse. Il dénicha alors les coordonnées d'un coiffeur à domicile, et retira cinq cents hrivnas avec sa carte pour le payer. Le coiffeur en eut pour une demi-journée et fit des merveilles. Il était arrivé au café dans sa Mazda, ce qui avait aussitôt éveillé le respect de l'équipe.

Seul Liocha s'était montré rétif, refusant catégoriquement de se laisser raser. Victor dut lui poser un ultimatum : s'il gardait sa barbe, il perdrait son poste de capitaine. Dix minutes plus tard, il ressemblait à un superman américain aux pommettes saillantes.

C'est Nina qui, le soir même, fut la plus impressionnée par le résultat. Le sourire aux lèvres, elle passa tendrement la main sur ses joues, comme pour vérifier la qualité du rasage. Victor observa ce sourire, fugace, rêveur, qui lui donnait un air rayonnant.

Tard dans la soirée, quand Sonia et Nina furent couchées, Victor demanda à Liocha de rester à la cuisine et lui exposa son plan : une fois à Split, il ne rentrerait pas à Kiev. Il ne savait pas quand il reviendrait.

Liocha acquiesça. Il était perplexe, mais c'étaient surtout les problèmes pratiques qui l'inquiétaient.

– Du coup, je vais devoir retourner vivre au foyer ?

– Non, pas forcément. Mais si tu restes ici, qui c'est qui va te porter pour monter et descendre les étages ?

– Nina, peut-être ? lança-t-il d'un ton interrogateur, comme s'il réfléchissait à voix haute.

– Oui, parle-lui en. Et sinon, j'aurais quelque chose à te demander... Je dois faire passer un objet à la douane... Avec tes affaires, éventuellement... Je ne sais pas encore...

– Si tu veux. Du moment que ça ne m'attire pas d'ennuis !

– Les ennuis, on devrait pouvoir les éviter grâce à ça, affirma-t-il en montrant sa carte d'assistant parlementaire.

98

Au cours de la nuit, il rêva d'une belle jeune femme, grande, déliée, énergique, dont le visage et le regard déterminé ne lui étaient pas inconnus. Il la tenait dans ses bras, tentait de la serrer contre lui. Il finit par se réveiller et glissa vers son côté du lit.

Il resta un moment assis au bord du matelas, puis enfila sa robe de chambre et gagna la cuisine.

Là, il demeura dans le noir et le silence, les mains posées sur la table. Il regardait par la fenêtre. Dehors, l'hiver se prolongeait. « Qu'il en profite, songea-t-il. Il n'en a plus pour longtemps. »

Ses pensées franchirent la frontière de l'Ukraine, l'entraînant jusqu'à Split, dont il avait trouvé quelques vues sur Internet. Il imagina le port, la multitude de voiliers, et l'un d'entre eux, le *Vesna*. Justement, ils allaient partir avec le printemps !

Deux semaines passèrent encore, apportant un nouveau dégel, éclatant cette fois. La belle saison approchait de plus en plus.

Sergueï Pavlovitch le chargea de réserver les billets d'avion de l'équipe et de l'envoyé spécial du *Kourier Oukraïny*, un certain Issaïev, un nom qui ne disait rien à Victor. Au guichet de la compagnie aérienne, il se renseigna sur les modalités de transport des petits animaux : ils devaient voyager dans des caisses spéciales en plastique, percées de trous.

Il ne lui restait plus qu'à attendre le grand départ, désormais tout proche.

Liocha avait fini par parler à Nina. Il était enchanté :

– Elle va m'aider, confia-t-il à Victor. Comme ça, je peux rester chez toi pour le moment. C'est quand même plus confortable que le foyer…

Victor opina, avec un petit rire plus sarcastique qu'il n'aurait souhaité. Liocha s'en aperçut mais ne dit rien.

– C'est parfait, ajouta Victor pour se rattraper. Essaye juste de ne pas négliger Sonia...

Il se demanda ce que Liocha pourrait bien faire pour elle. Il était incapable d'aller se promener avec la fillette ou de lui préparer à manger... Ils pourraient juste parler, s'amuser un peu...

– Tu devrais lui apprendre à jouer aux dames, aux échecs, lui suggéra-t-il.

– Elle sait déjà jouer aux échecs, l'informa Liocha. Et elle se défend !

Victor souffla. Il avait la désagréable impression d'être à côté de la plaque.

Le lendemain matin, pendant que Nina prenait sa douche et que Liocha attendait son tour au salon, Victor fit venir Sonia à la cuisine.

– Tu te souviens, je t'avais promis qu'un jour on irait dans un café discuter comme des adultes ?

– Oui.

– Alors dis-moi celui que tu préfères.

Elle se concentra. Victor observait sa frimousse, certain qu'elle allait choisir le McDo'.

– Tonton Vitia, au lieu d'un café, si on allait dans un restaurant qui fait plein de glaces à tous les parfums ?

Il resta perplexe.

– Tu sais, le matin, les restaurants sont fermés.

– On n'a qu'à y aller ce soir.

– Non, désolé, ce soir je risque d'être pris...

– Bon, tant pis, alors y a qu'à aller au McDo'.

Une heure plus tard, ils étaient place de l'Indépendance.

– Bien, attaqua Victor d'un ton posé. J'ai des choses importantes à te dire...

Sonia prit aussitôt un air attentif, les sourcils froncés, dans l'attente de ses graves déclarations.

– Micha et moi, on va partir. Je voudrais que tu deviennes la responsable de la maisonnée.

– Mais il y a tata Nina et tonton Liocha, c'est eux les adultes !

– C'est vrai, mais je te parle d'une autre sorte de responsabilité... Il faudrait que tu continues à faire semblant d'être une petite fille, avec des caprices de temps en temps, des exigences... Mais tu devras surveiller que tout se passe bien. Et qu'ils ne se disputent pas, surtout.

– Ils ne se disputent plus, maintenant, annonça-t-elle. Deux fois par jour, ils prennent le café dans la cuisine et ils parlent d'un tas de choses. Même qu'une fois, ils m'ont demandé de sortir. Mais j'ai tout entendu de derrière la porte !

– Et tu as entendu quoi ? demanda-t-il, le regrettant aussitôt. Non, se rétracta-t-il, ne me le dis pas ! Ce n'est pas bien d'écouter aux portes...

Sonia, qui avait déjà pris une grande inspiration pour tout lui raconter, exprima sa déception.

– Mais si on n'écoute pas, on peut jamais rien savoir !

– Si, bien sûr qu'on peut. Il faut juste apprendre à poser les bonnes questions. De toute façon, sois vigilante. Je te téléphonerai, tu me donneras des nouvelles. Et... demande-leur de t'emmener le plus possible aux spectacles de marionnettes et au cinéma, allez-y tous ensemble. Et là-bas, réclame-leur une glace, casse-leur les pieds jusqu'à ce qu'ils cèdent.

Cette perspective plut beaucoup à Sonia.

– Tu rentreras quand, alors ? demanda-t-elle en finissant son Coca.

– Je l'ignore. Dans longtemps. Mais en attendant, on se parlera au téléphone...

– Oui, appelle souvent !

99

C'est un bus spécial qui conduisit l'équipe à l'aéroport de Kiev-Borispol, un bus qui portait l'inscription: *Cadeau du Japon à la Fondation Tchernobyl.* Un 4x4 noir le précédait: Sergueï Pavlovitch avait tenu à accompagner jusqu'au bout les compétiteurs en partance pour leur premier tournoi international.

Tous avaient revêtu leurs survêtements Adidas complétés de chauds blousons assortis. Victor et le journaliste avaient chargé les sacs dans les soutes, y compris celui de Liocha, qui contenait le lingot d'or, en route pour un nouveau voyage. Victor s'efforçait de ne pas y penser, d'oublier les contrôles douaniers à venir et de ne pas envisager ce qui se passerait s'il était découvert. Micha, lui, était calé juste derrière le chauffeur, sur le siège côté fenêtre. À ses pieds se trouvait la caisse à trous, un peu petite, que Victor espérait bien ne pas avoir à utiliser.

Dans l'aéroport, le bus stoppa devant le terminal VIP, dissimulé par un rideau d'arbres couverts de neige. Sergueï Pavlovitch remit tous les passeports à une demoiselle aux longs cheveux châtains qui portait avec élégance l'uniforme de la police des frontières. Elle sourit et disparut, remplacée par un jeune steward qui conduisit tout le monde, y compris le député qui n'embarquait pas, dans une agréable salle meublée de tables et de fauteuils. Deux jolies employées leur proposèrent un choix de boissons. Victor nota que certains membres de l'équipe tournaient leurs regards vers Liocha, comme pour évaluer s'ils avaient le droit de demander ce qu'ils voulaient. Victor et Sergueï Pavlovitch furent les seuls à prendre de l'alcool, respectivement un gin tonic et un whisky. Les autres, en vrais sportifs, se contentèrent de jus de fruits ou de thé. Leurs affaires, passées directement du bus à un fourgon à bagages, avaient quitté le champ de vision de Victor. Il se signa mentalement, soupira et regarda Micha, qui se tenait près du fauteuil de Liocha.

L'une des jeunes femmes qui les servaient lui caressa l'épaule et l'admira un instant.

– C'est votre porte-bonheur? demanda-t-elle à Liocha.

Il acquiesça.

– Les basketteurs de Lougansk, eux, ils font suivre leur tortue, remarqua-t-elle en souriant.

On ne tarda pas à leur rendre les passeports. Ils furent ensuite invités à prendre place dans l'avion.

Quand ils eurent décollé, Victor se sentit enfin tranquille. Il sortit de la poche de son blouson Adidas flambant neuf le dernier message imprimé de Mladen, qui indiquait son numéro de portable. Il effleura son propre téléphone. Tout allait bien.

Il n'y avait eu aucun contrôle douanier. Voilà ce que c'était que de voyager sous le parrainage d'un député! Le personnel de l'aéroport avait aidé les sportifs à s'installer sur leurs sièges et replié les fauteuils roulants, rangés en soute.

Victor et le pingouin avaient hérité d'un rang de trois fauteuils. Le vol s'annonçait très confortable. Il souriait, caressait Micha, qui lui tournait le dos et regardait par le hublot. Il pensait à la traversée qui les attendait, et au passage le plus pénible, le détroit de Drake. Il lui en restait un goût amer dans la bouche, comme si le corps avait une mémoire. Quatre jours de nausée à tanguer avec *L'Horizon* à l'aller, mais un retour plus calme, qui avait toutefois duré une semaine. Il se demandait ce que lui réserverait la météo cette fois. Il se souvint des bateaux en piteux état qui arrivaient parfois à la base polaire, des navigateurs blafards et chancelants qui abordaient leur cale de mise à l'eau. Ils visitaient la base, restaient un peu pour se remettre de leurs émotions avant de repartir, d'aller plus loin ou de rentrer chez eux, en Australie ou en Nouvelle-Zélande.

L'avion ronronnait, ce bruit régulier le berçait. Un bar à roulettes apparut dans la travée centrale, et une prévenante hôtesse lui demanda ce qu'il désirait boire.

– Vous avez du gin tonic ?

Elle hocha la tête, versa en un clin d'œil du gin et du tonic dans un gobelet en plastique et passa au siège d'à côté.

– Que désirez-vous boi…

Elle resta coite en découvrant un pingouin.

Micha se tourna lentement, majestueux, et examina le chariot avec attention.

– Il prendra une eau minérale, répondit Victor.

Très professionnelle, l'hôtesse hocha de nouveau la tête.

– Plate ou gazeuse ?

– Plate.

Victor abaissa la tablette devant Micha et y déposa le gobelet d'eau. Le pingouin regarda dedans, intrigué, comme s'il espérait y trouver un poisson. Puis il y plongea tranquillement le bec et se désaltéra.

100

À leur arrivée à Zagreb, un bus les attendait pour les conduire à Split. Le trajet prit cinq heures.

Au moment où la route descendait vers les barres d'immeubles blanches de la banlieue de Split, derrière lesquelles on apercevait la mer, le portable de Victor sonna. C'était Sergueï Pavlovitch.

– Alors, ce vol, ça s'est bien passé ?

– Parfait ! Split est déjà en vue !

– Revenez avec la victoire, surtout ! Je rappellerai !

Victor eut un rictus triste en remettant son téléphone dans sa poche.

L'accueil à l'hôtel fut des plus chaleureux. L'équipe fut installée au deuxième étage, Victor et le journaliste au quatorzième. Ils n'avaient pas échangé plus de quelques phrases depuis le départ. Pour Victor, Issaïev était le prolongement d'Igor Lvovitch, l'extrémité de son bras, délégué de Kiev jusqu'à Split, ce qui l'avait incité à dresser entre eux un mur de Berlin, solide mais invisible pour les autres. Il avait en revanche toute confiance dans les hommes de l'équipe. Aucun d'eux ne connaissait ses projets, hormis Liocha, et ils savaient que c'était à lui et à lui seul qu'ils devaient leur statut de sportifs, salariés, sponsorisés, emmenés concourir à l'étranger.

Avant d'appeler Mladen, Victor décida de prendre un bain. Le soleil entrait par la fenêtre, il faisait bien meilleur qu'à Kiev. En Croatie, le début mars sentait vraiment le printemps.

Pendant que la baignoire se remplissait, il sortit sur le balcon. La beauté du panorama lui coupa le souffle : il avait vue sur la mer. De magnifiques voiliers étaient amarrés le long des quais, et un peu plus loin, sur la droite, un paquebot immaculé occupait la rade.

Il s'attarda sur les voiliers, déplia même l'appel à candidature de Mladen où on le voyait, en compagnie d'un autre homme et de la belle jeune femme blonde, devant leur bateau. Peut-être le reconnaîtrait-il parmi ceux qui étaient en bas ? Mais il était trop loin, et la photo ne montrait qu'une petite partie du voilier, sans le moindre signe distinctif. Comme il posait l'annonce sur la table de chevet, il entendit un « plouf ». Il alla voir à la salle de bains et découvrit Micha, dans l'eau jusqu'à la taille.

– Ça va pas, mon vieux ! Tu vas t'ébouillanter !

Il résolut de lui céder la baignoire et s'empressa de fermer le robinet d'eau chaude. Puis il appela Mladen. Quelqu'un décrocha et Victor se présenta.

– Qui ça ? lui demanda une voix rugueuse.

– Je suis Victor Zolotarev, de Kiev, répéta-t-il. Nous avions convenu... pour la traversée... pour l'Antarctique...

– Ah oui ! la voix se radoucit. Très heureux, *dobrodosli* ! Vous êtes où ?

Il le lui expliqua.

– Attendez-moi en bas de l'hôtel. Je passe vous prendre dans dix minutes, lui dit Mladen dans un russe teinté d'un fort accent balkanique. J'ai une vieille Mercedes bleu foncé. Et prenez votre argent, il y aura des choses à acheter pour le voyage.

Victor mit ces dix minutes à profit pour descendre au deuxième récupérer son lingot. Revenu dans sa chambre, il le glissa dans son sac où il heurta quelque chose de dur. Surpris, Victor plongea la main à l'intérieur, et en retira le quart Winnie. Il le considéra quelques instants, muet, comme si cette réapparition surprise était une mauvaise blague. Il prit alors son portable et appela chez lui.

– Allô ! s'exclama Sonia.

– Salut ! C'est toi qui as mis le gobelet de Winnie dans mon sac ?

– Oui, c'est mon cadeau, tu m'as dit que tu me l'offrais, et j'ai décidé de te le « roffrir » ! Je sais que tu l'aimes trop !

Il sourit. Ce n'était donc pas une mauvaise blague.

– C'est gentil, merci beaucoup.

– Comment va Micha ? Il n'a pas été malade ?

– Malade ? Dans l'avion, tu veux dire ?

– Ben oui, dans l'avion ! Tata Nina, elle dit que tout le monde est malade en avion !

– Dis-lui que tout le monde a été malade, sauf moi, Micha et Liocha.

– Ouah, c'est vrai ? se réjouit-elle.

– Bien sûr que c'est vrai. Bon, il faut que j'y aille ! Je rappellerai !

– Gros bisous à Micha !

Avant de partir, il jeta un coup d'œil à la salle de bains. De petites flaques brillaient sur le carrelage. Dans la baignoire, son pingouin agitait paresseusement l'eau et observait les vaguelettes qui se formaient.

Victor se pencha et l'embrassa sur la joue, ce qui ne fut pas sans étonner Micha.

– C'est de la part de Sonia ! lui expliqua-t-il. Je file, mais je reviendrai vite ! T'as une serviette là, sur la patère, dit-il en lui indiquant du doigt un drap de bain qui pendait jusqu'au sol.

101

La Mercedes bleu était une antiquité d'au moins trente ans. Mladen, en revanche, malgré sa soixantaine, semblait solide, en pleine forme. En tee-shirt et pantalon de survêtement, il descendit de voiture, salua Victor et l'invita à monter.

Ils roulèrent une demi-heure, avant de s'arrêter dans un superbe petit village qui surplombait la mer, devant un portail en bois vert pomme. Il klaxonna, et les deux autres personnages de la photo parurent peu après au portillon. C'était bien la même jeune femme, jean et sweat-shirt, et l'autre homme, costume gris et nœud papillon bleu, qui semblait plus vieux que sur le cliché. Il se présenta :

– Radko.

– Vesna, dit à son tour la jeune fille, accentuant la première syllabe[1], en tendant la main à Victor.

1. Alors qu'en russe, sur ce mot, l'accent tonique porte sur la seconde syllabe.

– Fais voir l'argent, demanda Mladen avant qu'ils ne remontent en voiture.

Victor sortit sa carte de crédit.

– J'ai là beaucoup plus que ce que vous demandez.

– Bien. On va vérifier. On va au bateau, puis dans un magasin.

Le voilier se trouvait dans une crique proche du village. Il était beaucoup plus court que ceux que Victor avait pu voir arriver à la base antarctique, et encore plus petit que ce qu'il avait envisagé.

– VesnA, lut-il sur le bateau.

– VEsna, corrigea Mladen.

Il comprit alors qu'il portait le nom de la future équipière.

Vingt minutes plus tard, ils arrivaient dans une petite ville, construite autour d'une baie. Sur le quai, ils trouvèrent le magasin de nautisme qui les intéressait.

Le vendeur, fortement hâlé, sans aucun doute plaisancier lui-même, commença à fournir de patientes explications à Mladen et Radko.

Le large comptoir se couvrit bientôt de winches, de fusées de détresse, de gaffes, et de toutes sortes d'équipements.

Quand leurs achats furent terminés, Mladen se tourna vers Victor.

– Donne-lui ta carte.

Le vendeur lui accorda un coup d'œil nonchalant, mais circonspect. Il l'inséra dans un lecteur manuel qu'il actionna, imprimant en deux exemplaires un ticket qui affichait un total équivalent à trois mille huit cents dollars. Victor apposa soigneusement la signature du défunt Bronikovski sur l'original.

Sur le chemin du retour, assis à l'arrière, il se sentit la cible des regards appuyés de Mladen et Radko. Seule Vesna semblait un peu désemparée, vaguement apitoyée. Il s'efforça aussitôt d'adopter une expression plus mâle, plus décidée.

– Fais voir ta carte, lui demanda Mladen en se garant près d'un supermarché, alors qu'ils étaient déjà dans Split.

Il scruta la signature qui figurait au dos et fit une grimace.

– Bon, tu es libre. J'achèterai les provisions moi-même avec cette carte !

– Mais je ne connais pas la ville, protesta Victor. Ramenez-moi au moins à mon hôtel !

– Il est là, ton hôtel ! dit Radko en le lui montrant de la main. Trois minutes à pied !

Et en effet, en se retournant, il découvrit l'hôtel, tout proche.

– On largue les amarres le 8 à six heures du matin, articula Mladen. Je viendrai te prendre demain à onze heures.

– Un peu plus tard, ce serait possible ? Vers quatorze heures ? On participe aux championnats d'Europe, je suis avec l'équipe de bras de fer.

Les regards de Mladen et Radko se croisèrent, pesants.

– D'accord, convint lentement Mladen.

– Encore une chose, commença-t-il, horrifié de sentir sa voix trembler et son visage n'exprimer aucune confiance en lui. Je voudrais prendre mon pingouin avec moi pour le relâcher en Antarctique. J'y suis déjà allé...

La figure ronde de Mladen resta impassible.

– On parlera demain. Tu as quelle chambre ?

– La 148.

Il opina et lui tendit la main.

Victor se dirigea vers l'hôtel, se forçant à ne pas se retourner. Il sentait dans son dos une tension persistante et ne parvenait pas à comprendre pourquoi on le traitait ainsi. Il finit par conclure qu'ils ne lui faisaient pas confiance. « Ma foi, ils vont tester la carte, ils verront bien que je ne cherche pas à les tromper, et tout rentrera dans l'ordre... »

102

À vingt heures, l'immense salle du restaurant de l'hôtel accueillit les sportifs pour un dîner officiel au cours duquel intervint l'arbitre qui supervisait le championnat, un Hollandais au nom imprononçable. L'un après l'autre, les capitaines des équipes furent présentés au vice-ministre des Sports de Croatie. Le tour des Ukrainiens arriva, et dans cette atmosphère solennelle retentit le nom de l'« Afghan de Kiev ». Liocha leva les deux mains, et l'équipe entière, à la même table, leva la main. La salle applaudit à tout rompre. L'émotion était palpable, tous les athlètes exprimaient ainsi leur admiration à la seule équipe de handicapés en lice.

Dans l'esprit de Victor, la honte le disputait à la fierté. Il avait honte, lui, le malin et demi, de se faire passer pour un entraîneur, mais en même temps il avait foi dans ses gars et les considérait désormais comme une véritable équipe. « Et s'ils gagnaient ? se demanda-t-il. Le mensonge deviendrait vérité ! » Peut-être devait-il en être ainsi. En Ukraine, du moins. Peut-être Sergueï Pavlovitch deviendrait-il un homme politique digne de ce nom et accomplirait-il quelque chose d'utile au pays ? Peut-être Igor Lvovitch transformerait-il sa feuille de chou propagandiste en journal sérieux, honnête et objectif ?

Tous buvaient déjà un âpre vin dalmate. Victor revint sur terre lorsque Liocha et l'équipe reposèrent leurs verres vides sur la table. Il se hâta de les rattraper et remplit son verre une seconde fois, mais remarqua que Liocha, comme pour donner l'exemple, se servait du Pepsi.

Le dîner ne dura pas : les compétitions démarraient le lendemain, dès neuf heures. L'Afghan devait affronter la Roumanie.

Vers vingt-trois heures, alors qu'il était déjà couché, bercé par le doux ressac de l'Adriatique, Victor entendit frapper. Il se leva, alluma la lumière et alla ouvrir. La stupeur le fit reculer d'un pas. Vesna se tenait sur le seuil, sa silhouette sportive moulée dans une petite robe mauve, ses cheveux clairs attachés en queue de cheval.

– Je dérange pas? s'enquit-elle en jetant un coup d'œil dans la chambre.

Debout en slip, Victor ne savait par quoi commencer, la faire entrer et refermer la porte, ou se jeter sur sa tenue de sport. Il choisit la seconde option, mais Vesna l'arrêta:

– Pas la peine... je reste pas longtemps...

Elle entra et ferma la porte.

– Assieds-toi, lui ordonna-t-elle en désignant le lit défait. Ou couche-toi si tu as froid.

Il se fourra sous la couverture en la dévorant des yeux.

– Il est où, ton pingouin?

– Sur le balcon.

Elle sortit. Il la vit s'accroupir près de Micha, l'entendit lui chuchoter quelques mots en croate. Ensuite, elle revint près de lui, saisit le bas de sa robe et l'enleva en la passant par-dessus sa tête. Elle ne portait qu'une petite culotte de soie blanche qui faisait ressortir son bronzage. Elle éteignit et le rejoignit sous les draps. Elle l'enlaça avec fougue. Il céda, vaincu par la force de son étreinte, capable de le briser, de le plier, de le broyer.

– Embrasse-moi, murmura-t-elle.

À quelques centimètres de son visage, il se figea. Il sentit ses doigts vigoureux lui serrer le coude. Elle l'attira à elle et il effleura ses lèvres.

Fourbu mais relaxé, terrassé par une délicieuse fatigue, Victor était allongé sur le dos et contemplait le plafond en écoutant le souffle de Vesna.

– Ne crois surtout pas que tu me plais! prévint-elle soudain. Quoi qu'on dise de mon père, il m'a bien élevée, et je ne sais pas mentir!

Victor se tourna vers elle.

– Alors, à quoi ça rime? s'étonna-t-il.

– Ça? dit-elle, étonnée aussi. Mais c'est pour toi, pour que tu vives!

Elle se leva, s'habilla en cinq sec et partit sans ajouter un mot.

103

La compétition se déroulait dans le vaste gymnase d'une école située à deux pas de l'hôtel. Panneaux et banderoles des sponsors avaient colonisé les murs, les couvrant de noms et de logos qui n'évoquaient rien à Victor. C'étaient essentiellement des marques très locales, mais il remarqua tout de même les sigles de deux banques croates.

Sous les publicités, le long des murs, trois rangs de chaises accueillaient le public, simples curieux ou amis des participants. Deux équipes disposées de part et d'autre de six tables carrées, petites mais massives pour assurer leur stabilité, attiraient ainsi une centaine de spectateurs. Les tables étaient alignées; des socles métalliques en forme de croix y maintenaient six mini-drapeaux roumains d'un côté et six ukrainiens de l'autre.

Les athlètes attendaient le signal. Enfin, l'arbitre hollandais frappa dans ses mains. Les bras prêts à en découdre se tendirent, et la tension gagna l'ensemble de la salle. L'arbitre commença à s'agiter. Il circulait à pas rapides d'une table à l'autre, tentant de surveiller les six duels en même temps. Le Roumain du fond avait pris le dessus sur l'Ukrainien, mais celui-ci, par un effort de tout son corps, redressa la situation et essaya de s'imposer.

Absorbé par ce premier affrontement, Victor se disait que son équipe était désavantagée, car les valides étaient plus lourds, leurs jambes leur fournissaient un équilibre, un contrepoids dont ne disposaient pas ses compétiteurs à lui.

Comme pour le démentir, un de ses Afghans, un beau blond, fit basculer le bras de son adversaire, qui demeura, encore marqué par la lutte, couché sur la table. L'arbitre se précipita, leva la main, cria quelques mots, les spectateurs les plus proches applaudirent. Victor sauta de sa chaise, euphorique. Il parcourut la salle des yeux, cherchant quelqu'un avec qui partager sa joie. En fait, il aperçut Issaïev, armé de son appareil photo, et plus loin, à l'autre bout de la salle, Mladen, assis, qui discutait avec un jeune homme tout de jean vêtu. Son sourire s'évanouit.

Un quart d'heure plus tard, à l'issue de la première manche, l'annonce du score de l'équipe d'Ukraine lui mettait du baume au cœur: pour leur première rencontre, ils venaient de l'emporter 5 à 1!

Il y eut trente minutes de pause. Deux jeunes en survêtements remplacèrent les drapeaux sur les tables. Les prochains à se mesurer seraient les Polonais et les Hollandais.

Sans raison, Victor paria sur ces derniers. Et ce furent les Polonais qui gagnèrent. Il se réjouit pour eux comme pour sa propre équipe. Il venait d'attraper le virus de la compétition.

À treize heures, le premier jour de championnat prit fin. Avant d'aller manger, Victor se rendit au supermarché voisin et acheta du poisson de l'Adriatique frais pour Micha. Il monta dans sa chambre et lui concocta, sur le balcon, un déjeuner de luxe avec vue sur la mer.

L'équipe était déjà à table, mais n'avait pas voulu commencer sans lui. Il sentit qu'ils attendaient un toast ou un discours.

Il les félicita donc et leur souhaita cinq victoires pour le lendemain, car les rencontres allaient désormais s'enchaîner. Il rendit un hommage appuyé au capitaine, qui hocha la tête, l'air soudain très digne.

À quatorze heures, Mladen vint le prendre. Victor l'attendait dehors. Il l'emmena dans une petite taverne où il dut avaler un nouveau déjeuner, nettement meilleur que celui de l'hôtel. Victor se délecta de grillades d'agneau et des premières tomates de la saison, qu'il arrosa de raki. Mladen l'interrogeait. Il voulait savoir où il avait travaillé, ce qu'il avait fait dans le passé. Victor préféra ne pas trop s'étendre, et expliqua qu'avant de se reconvertir dans le sport, il avait écrit pour divers journaux. Il réussit habilement à faire dévier la conversation sur la vie en Ukraine. Mladen écoutait, attentif, ne demandant des précisions que sur des détails.

À la fin du repas, il posa la carte de Bronikovski sur la table.

– Nous avons tout acheté, l'informa-t-il, bienveillant. On a aussi retiré les dix mille dollars prévus. Merci. *Hvala*, comme on dit en croate, ajouta-t-il en souriant.

Victor avait quartier libre. Il se balada en ville, puis revint vers la mer. Il s'installa à une terrasse, prit un café et un cognac.

Il se demandait si Vesna viendrait le retrouver dans la nuit. À vrai dire, il le souhaitait ardemment. La singulière détermination dont elle avait fait preuve pour parvenir à ses fins lui avait beaucoup plu. Il repensa à la poésie de Nekrassov apprise en classe bien des années auparavant, *elle peut arrêter un cheval au galop, elle peut pénétrer dans une isba en flammes*... Il était question de la femme russe, mais des femmes russes ou ukrainiennes de ce genre, Victor n'en avait jamais rencontré. C'était plutôt un fantasme qu'avait Nekrassov, une femme-patrie, une mère défendant ses enfants, ses fils, les armes à la main. Or voilà que cette poésie collait trait pour trait à une belle jeune femme blonde, croate. Vesna.

Une mélodie électronique vint interrompre sa rêverie.

– Allô !

– Ah, Sergueï Pavlovitch ! Bonjour !

– Alors, les nouvelles ? Vous bronzez ou quoi ?

– On gagne ! Ce matin, première victoire ! Nous avons battu les Roumains !

– Bravo ! Continuez ! Dis à tes gars que s'ils terminent premiers, je les augmente et je leur offre une prime de mille dollars ! Compris ?

– Compris.

– Je rappellerai ! À demain !

Victor posa son portable devant lui et replongea dans ses tendres pensées. Il finit son cognac et en commanda un second.

La vie de Split suivait son cours tranquille, bercée par les flots de l'Adriatique. Des jeunes gens déambulaient, un groupe de vieux buvait du raki dans un café voisin, en regardant du foot à la télé et en commentant bruyamment chaque action. Victor se sentait bien dans cette ambiance. Comme si ce bruit de fond était justement ce qui lui avait manqué toute sa vie.

104

Le voilier se révéla beaucoup plus spacieux qu'il n'y paraissait. Il renfermait trois cabines, un carré, une cambuse, une vraie douche et des toilettes. Une maison flottante…

Victor avait décidé de ne pas prendre congé de l'équipe, et encore moins d'Issaïev. Seul Liocha eut droit à un dernier adieu. C'est un ami de Mladen qui l'emmena jusqu'à la crique, sur la demande de Victor. Cet ami avait lui aussi la soixantaine, il était grand, fort, et s'appelait Mirko. Victor ne pouvait s'habituer à ce que des hommes d'une telle prestance, si robustes, n'utilisent pas de patronyme, comme en russe, et se désignent par leurs seuls prénoms, enfantins et sonores: Radko, Mirko, Mladen...

Mirko sortit le fauteuil roulant du coffre de sa voiture, le déplia et aida Liocha à s'y asseoir. Il le poussa jusqu'au rivage.

Vesna était déjà dans la cambuse, en train de préparer leur premier repas de marins.

– Continue comme ça! souhaita chaleureusement Victor à Liocha lui tendant la main.

L'Afghan avait presque tout gagné. La rencontre décisive devait avoir lieu le lendemain. Ils concouraient pour le titre de champions d'Europe, face aux Polonais.

Puis Victor se pencha et ils s'enlacèrent.

– Bonne chance, lui souffla Liocha.

Victor hocha la tête, des larmes dans les yeux. Il avait l'impression, avec Liocha, de dire adieu à toute sa vie, à Kiev, à Sonia, à son passé.

Il se tourna vers le voilier. Micha était là, à la poupe, et semblait les regarder.

– J'y vais, conclut-il avec un soupir.

Quand le bateau se fut éloigné de plusieurs milles et qu'il put distinguer son hôtel, Split et quelques autres villages le long de la côte, il attrapa son portable et appela Liocha. Il chercha du regard la crique qu'ils venaient de quitter. Il lui sembla apercevoir un point bleu, la vieille Mercedes abandonnée près de la grève.

– Allô, répondit Liocha. On te manque déjà?

– Y a de ça, constata Victor en rigolant. Tu sais qu'on est le 8 mars[1]? Appelle Nina et Sonia, souhaite-leur une bonne fête.

– Merde, c'est vrai! Sans toi j'aurais oublié! Merci! Je les appelle!

---

1. Jour de la Fête des Femmes, très solennellement marquée en URSS, et qui reste encore beaucoup célébrée en Russie, en Ukraine.

– Et téléphone-moi demain pour me dire le résultat de l'équipe !

– Promis ! J'espère que la liaison passera !

Ils déjeunèrent dans le carré, d'une salade et de jambon. Assis à côté de Vesna à la table en pin verni, Victor subissait encore les regards méfiants de Mladen et Radko. Il gardait le nez dans son assiette et s'efforçait de les oublier.

Le voilier fendait sans heurts une mer calme. Le ressac de l'Adriatique qui l'avait envoûté à Split était plus fort désormais.

On lui avait attribué une cabine pour lui tout seul. Ouvrant son sac de sport, il en tira le quart Winnie et quelques habits. Il ôta sa veste Adidas et enfila une chemise à carreaux. Il se sentit ainsi libéré de sa patrie, des derniers oripeaux de son passé.

La porte s'ouvrit, poussée par Vesna. Elle arborait un sourire confiant. Elle remarqua aussitôt le quart émaillé.

– Un souvenir d'enfance ?

Il acquiesça.

– Viens, j'ai quelque chose à te montrer.

Ils gagnèrent le pont, où elle lui désigna du doigt la proue du voilier. Micha, immobile, tel le Capitaine de Quinze Ans de Jules Verne, surveillait le cap.

Il sourit. Il aurait voulu éclater de rire, mais quelque chose le retenait, l'empêchait de se détendre, de couper les amarres qui le reliaient encore à la rive, aux diverses rives de sa vie.

– Tu connais l'histoire de Kolobok[1] ? demanda-t-il soudain à Vesna.

Elle prit un air étonné.

– Oui. C'étaient nos premières leçons de russe à l'école.

---

1. La Petite Boule de Pain : personnage d'un conte qui s'enfuit de sa maison pour rouler à travers le vaste monde où il fait maintes rencontres, échappant à mille dangers.

– Eh bien, Kolobok, c'est moi, dit-il tristement. J'ai quitté le grand-père, j'ai quitté la grand-mère, j'ai échappé au loup et au lapin… Et maintenant, j'ai l'impression que ma bonne étoile m'a abandonné.

Elle secoua imperceptiblement la tête et se plongea dans ses pensées, sans qu'il sache si elles se rapportaient ou non à lui.

– Demain, murmura-t-elle, demain, tu comprendras…

Elle disparut, le laissant seul sur le pont.

Quelques minutes plus tard, Mladen et Radko montaient à leur tour. Ils s'occupèrent des voiles, hissant, bordant, sans lui accorder la moindre attention. Cela le troubla. Pourquoi ne lui demandaient-ils pas de les aider? Pourquoi ne lui enseignaient-ils pas quelques gestes, quelques manœuvres? La traversée serait longue, ils allaient avoir du mal à mener le bateau à eux tout seuls…

En allant se coucher, il ferma sa porte de l'intérieur, tout heureux de disposer d'un verrou.

Micha était resté sur le pont, comme s'il attendait de voir apparaître son cher Antarctique à l'horizon, alors qu'ils en avaient pour des semaines de mer.

Au milieu de la nuit, on tenta de pénétrer dans sa cabine. Il ne dormait que d'un œil et fut aussitôt parfaitement lucide.

– Ouvre, chuchota Vesna.

Il la laissa entrer. Elle ferma délicatement.

– Tu as peur? Tu as raison.

Elle alla s'asseoir sur le bord de sa couchette.

– Tu m'as dit que demain je comprendrais… Mais qu'est-ce qu'il y a à comprendre?

Il scrutait l'expression de ses yeux, qui, à la faible lueur rouge de la loupiote, semblaient très verts.

– Mon père, Mladen, et son ami Radko ont été accusés de

crimes de guerre, commença-t-elle. Nous ne sommes pas d'ici, nous venons de Bosnie. Et nous n'allons pas en Antarctique, mais en Argentine. Mon père a des amis là-bas, des Serbes. Demain, on doit te tuer et jeter ton cadavre par-dessus bord.

– Et Micha ? demanda-t-il, les yeux exorbités.

Elle poussa un lourd soupir.

– Enferme-toi et dors, lui conseilla-t-elle en se levant.

– Et si je m'enfuyais ?

– Fuir ? Où ça ? Non, tu dois attendre, affirma-t-elle avec assurance.

– Attendre quoi ? Qu'on me tue ?

– Kolobok ne savait pas nager, murmura-t-elle en partant.

Il referma le verrou, s'assit. Il avait froid, et tout lui était indifférent.

105

Au matin, Victor dormait d'un sommeil de plomb, si profond que rien ne semblait pouvoir l'en extraire, quand il perçut malgré tout les coups violents frappés à sa porte. Il commença lentement à revenir à lui, parvint à bouger, se souleva, posa les pieds sur le sol mouvant. Les coups redoublèrent, bientôt accompagnés d'un rugissement. Il reconnut le timbre de Mladen, sans toutefois comprendre ce qu'il lui voulait. Son esprit était encore très embrumé, sinon il n'aurait jamais ouvert.

Le Serbe se rua sur lui, et s'arrêta en le découvrant aussi hébété. Depuis minuit, Victor avait cessé de redouter la mort. Mladen tourna la tête et interpella sèchement Vesna, qui entra à son tour.

– C'est vrai ? hurla-t-il à la figure de Victor, qu'ébouriffa un souffle de raki et d'embruns.

– Qu'est-ce qui est vrai ?

– Tu as couché avec elle à l'hôtel ! aboya-t-il en désignant sa fille du regard.

Elle conservait son expression imperturbable, ferme et sereine.

– Oui, c'est vrai…

À peine eut-il prononcé ces mots que la main droite de Mladen se ferma, ses muscles saillirent et il leva le bras. Victor se recroquevilla, attendant le coup de poing, mais celui-ci ne le visait pas. Il alla frapper Vesna, qui chancela et tomba.

Victor était stupéfait. Il s'était préparé aux pires ennuis, et même à mourir, mais en aucun cas à le voir rosser sa propre fille.

Il se pencha pour la relever, prêt à parer un second coup, mais Mladen se prit la tête dans les mains, s'écria : « Merde, merde ! », et remonta sur le pont.

Victor alla s'agenouiller auprès de Vesna, toujours assise dans l'étroit couloir, devant sa cabine. Un cocard magistral naissait sous son œil gauche, et son arcade sourcilière avait doublé de volume.

Il aurait voulu la consoler, lui dire un mot gentil. Il était enfin réveillé et comprenait qu'elle avait attiré sur elle les foudres de son père afin de l'épargner, mais il se demandait ce que cela allait donner. Il lui semblait qu'à présent, Mladen avait plutôt une bonne raison de vouloir l'assassiner.

Vesna tendit subitement la main vers lui, effleura ses lèvres, passa l'index sur sa bouche.

– Tout ira bien, dit-elle à voix basse. Je n'ai jamais eu d'homme avant toi.

Il l'aida à se redresser, l'assit sur sa couchette, passa un coin de serviette sous l'eau froide et le lui tendit pour qu'elle le pose sur son œil.

À travers le bruit des vagues, il entendit une démarche nerveuse, quelqu'un qui tournait en rond sur le pont. Les pas se rapprochèrent, et Mladen réapparut, Radko à sa suite. Le premier avait un air contrit, le second désemparé.

Mladen jeta un regard à sa fille, puis s'approcha de Victor et l'examina en silence, détaillant ses yeux, sa bouche, son menton. Il trouva enfin quelque chose et leva lentement la main. Victor se raidit. Assise derrière lui, Vesna était hors de portée des coups, il faisait écran.

Mais rien ne s'abattit sur lui. Mladen pointait simplement son index, épais et long, en direction de la cicatrice qui ornait sa tempe droite. Il suivit du doigt les deux marques qui subsistaient, une verticale et une horizontale.

– Tchétchénie, expliqua Victor.

Mladen poussa un soupir de soulagement et souleva son débardeur rayé, dévoilant les traces de plusieurs blessures par balles sur sa poitrine et ses épaules.

– Bosnie.

Une croix orthodoxe en or tenue par une cordelette émergea soudain d'un pli du vêtement. Elle était mal façonnée, artisanale. Victor la fixa comme s'il y cherchait, au-delà de la forme familière, une signification nouvelle, inconnue.

– Tu n'es pas juif, au moins? s'enquit Mladen, brusquement sur ses gardes.

– Non, je suis ukrainien. De parents russes.

– Nous, les Slaves, nous devons être unis, articula-t-il lentement, semblant réciter une leçon.

Il prit Victor par les épaules, l'attira à lui et lui donna l'accolade.

– Je suis heureux pour toi, mon fils, dit-il d'une voix vibrante. Si tu la traites mal, je te tue. Si elle te traite mal, c'est ton problème. Compris?

Il acquiesça.

Il desserra son étreinte; Victor faillit perdre l'équilibre.

– On va célébrer votre mariage aujourd'hui, décida

Mladen, pensif. Demain, à six heures, tu prendras le quart avec moi. Je te montrerai ce qu'il faut faire.

Il le laissa seul avec Vesna. Victor ferma la porte, sans tourner le verrou. Il se rassit près d'elle et la regarda dans les yeux.

– Ce n'est pas un assassin, murmura-t-elle. Il voulait sauver sa patrie... Crois-moi, c'est quelqu'un d'honnête. Il ne ment jamais.

– Comme toi ?

– Oui !

106

En fin d'après-midi, ils affalèrent les voiles et jetèrent l'ancre près d'une petite île. C'est là que se tint la cérémonie. Mladen et Radko avaient revêtu des costumes croisés sombres, avec chemises blanches et cravates. La table avait été sortie sur le pont et croulait sous les victuailles. Micha, posé sur un tabouret, avait été gratifié d'une grosse boîte de thon. Radko avait sorti son accordéon. Mladen et lui entonnèrent de belles mélodies de leurs voix fortes qui rivalisaient de puissance. Victor ne tenta pas de saisir les paroles. La musique, elle, avait quelque chose de tsigane, en plus impétueux.

L'équipage d'un voilier qui les doublait les interpella. Mladen fit taire la musique et clama en réponse : « On fête un mariage ! » Le bateau à voile blanche, arborant le pavillon d'un des nouveaux États des Balkans, parut interrompre sa course. Debout sur le pont, quatre solides gaillards et deux femmes bronzées s'écrièrent quelque chose en chœur, les yeux rivés sur la table garnie. Mladen se tourna vers sa fille et Victor.

– *Gorko*[1] ! s'exclama-t-il avec une fierté revendicatrice.

---

1. « C'est amer ! », exclamation traditionnelle lors des mariages pour réclamer « du doux », c'est-à-dire que les époux s'embrassent.

Un peu gêné, Victor regarda Vesna. Ils s'enlacèrent, leurs lèvres se fondirent en un baiser, d'abord léger, puis plus appuyé lorsqu'il sentit autour de ses épaules l'emprise vigoureuse de son épouse. Il entendit les encouragements des passagers de l'autre voilier, presque des cris de supporters, qui peu à peu s'éloignèrent et se turent. Le baiser se prolongeait; il dura jusqu'à ce que Victor soit au bord de l'asphyxie. Vesna desserra son étreinte. Elle le regardait. Ses yeux verts exprimaient l'absolue certitude qu'ils seraient heureux ensemble, aussi inébranlable que la foi de Staline dans son bon droit.

– Bravo! les félicita Mladen, tout sourire.

Il fit un signe de tête à Radko, qui se remit à jouer.

Ils burent du raki, mangèrent. Mladen porta plusieurs toasts. Étoilée, la nuit méridionale tomba doucement sur la mer, comme un drap transparent.

Soudain, dans la poche de Victor, le téléphone sonna. L'écran affichait un nom: « Liocha ».

– Salut! Alors, les nouvelles?

– On a gagné! s'écria Liocha. On est champions d'Europe! Médaille d'or! Tu t'imagines? Je viens d'appeler le patron, il est fou de joie!

– Super!

– C'est quoi, la musique qu'on entend?

– C'est un mariage.

– Sur ton voilier? Qui c'est qui se marie?

– C'est moi.

– Toi? Tu rigoles?

– Non.

– Alors, c'est le grand amour? ironisa-t-il.

– C'est plus que ça, répondit Victor avec conviction. C'est le destin. Mais ne dis rien à Sonia ou Nina pour l'instant.

– D'accord. Au fait, Issaïev t'a cherché. Tu sais qu'on rentre à Kiev demain... Je lui dis quoi?

– Dis-lui que j'ai décidé de rester à l'étranger. La patrie me pardonnera, j'espère.

– Dans ce cas, bonne chance! lui souhaita Liocha avec chaleur.

– Merci.

Il raccrocha et annonça aux autres la victoire de son équipe. Mladen leva aussitôt son verre:

– À l'Ukraine! déclara-t-il gravement, en se levant comme si l'hymne national allait retentir.

Victor se sentit gagné par la solennité du moment, et lui aussi faillit se lever, mais il se ravisa. Qu'est-ce que l'Ukraine venait faire là-dedans? Ils n'étaient pas en train de fêter la victoire de l'équipe, mais son mariage! Et on n'avait même pas encore porté de toast aux parents.

Il se leva, s'excusant:

– Je reviens tout de suite.

Il revint avec le lingot, et reprit son verre de raki.

– Je voudrais boire à la santé des parents des mariés, annonça-t-il d'une voix légèrement pâteuse. À vous, au père de Vesna! Pour en avoir fait une fille si forte, si droite… J'ai un cadeau pour vous…

Il trinqua pour la première fois avec Vesna, Mladen et Radko, puis tendit à deux mains le lingot à Mladen. Celui-ci le prit sans un mot, fasciné. Il le regarda longuement, avant de dégager un espace pour le placer au centre de la table.

– Ce n'est pas un cadeau pour moi, c'est pour nous tous, pour notre famille. Tu ne le sais pas encore, mais nous avons une grande maison où nous allons vivre. Mes frères ont acheté un restaurant pour nous. Et ça, déclara-t-il, la main sur le lingot, c'est ton avenir. Nous allons mener une vie paisible et je t'apprendrai le métier de mon père. Il était boulanger. Du pain, il en faut toujours. Avec ça, il y a assez pour une boulangerie, et il en restera, pour assurer l'existence de ta famille et de mes petits-enfants.

En entendant le mot « boulanger », Victor avait jeté un regard à Micha, sagement dressé sur son tabouret, surplombant la table de la tête et des épaules. Il aurait voulu lui murmurer : « Tu te souviens ? Tu te souviens de la Tchétchénie ? Là-bas aussi il y avait un garçon qui voulait faire du pain… » Le rêve de Siéva finirait donc par se réaliser…

– Et mon pingouin ? demanda-t-il subitement. On arrivera à le déposer en Antarctique ?

– Ça, non… On n'ira pas jusque là-bas, mais sur notre route, on va croiser beaucoup d'îles où il y a des copains à lui. Je t'assure ! J'ai vu ça sur Internet en préparant notre traversée.

Musique et chants se poursuivirent une demi-heure encore, puis Mladen accompagna les nouveaux mariés jusqu'à la cabine de Victor. Ils s'enfermèrent, et la première chose que dit Vesna en enlevant sa robe fut :

– Il nous faut d'abord un garçon ! Pense à un garçon, si tu y penses assez fort il nous en naîtra un.

Épilogue

Un mois plus tard, ils faisaient leurs adieux à Micha. Le vent était fort. Ils avaient jeté l'ancre près d'une grande île, et aussitôt, une foule de volatiles curieux s'était massée au bord de la falaise pour les observer.

Avant de laisser Micha plonger dans l'eau froide, Victor prit son portable et, à tout hasard, appela chez lui. À sa grande surprise, la liaison s'établit. De très loin, il perçut la voix aiguë de Sonia.

– Sonia, tu m'entends ?

– Oui, pas la peine de crier ! Tu es où ?

– Pas loin de l'Antarctique. On va dire adieu à Micha.

– Fais-lui un bisou de ma part ! lui demanda la fillette. Tu sais, quelqu'un a appelé pour ton travail. Et aussi tata Nina a dit que j'allais avoir un petit frère ou une petite sœur. Et tonton Liocha a une voiture maintenant. C'est un champion ! Il a accroché sa médaille en or sur le mur ! Il a un autre tournoi bientôt ! En Bulgarie !

– Alors tout va bien ! Dis bonjour à tout le monde. Je rappellerai dans quelques semaines. À plus tard !

Il rangea son portable dans sa poche, s'accroupit près de Micha et l'embrassa.

– De la part de Sonia.

Micha le regarda dans les yeux, hocha la tête et se tourna vers la rive. Il observa ses congénères rassemblés au sommet de la falaise. L'un d'eux se projeta en avant. Il entra dans l'eau comme un vrai plongeur olympique, sans la moindre éclaboussure. Micha, après avoir lancé un dernier regard à tous ses compagnons de voyage debout sur le pont, plongea à son tour. Lui aussi fendit l'eau en douceur, sans en faire rejaillir une seule goutte.

2002, Berlin - Paris - Kiev - Lazarevka

Première réimpression

Cet ouvrage a été achevé d'imprimer en octobre 2018
sur les presses de Normandie Roto Impression s.a.s.
61250 Lonrai
N° d'imprimeur : 1803785
Premier dépôt légal dans la même collection : mars 2015

Imprimé en France